Chaque jour est un festin

James Salter
&
Kay Salter

Chaque jour est un festin

traduit de l'anglais (États-Unis)
par Sophie Brissaud

**Éditions
de La Martinière**

Titre original
Life is meals

ISBN 978-2-7324-7154-9

Connectez-vous sur :
www.editionsdelamartiniere.fr

Je veux clore… mon œuvre littéraire de cinq cents volumes par un livre de cuisine.

Alexandre Dumas, 1869

Notre maison d'Aspen (Colorado) remontait au temps de la Ruée vers l'or. La cuisine était petite — à peu près trois mètres sur quatre —, le plan de travail minuscule et le sol usé, mais elle était fonctionnelle et l'on s'y sentait bien. Les assiettes étaient rangées dans un vaisselier et les provisions dans un placard peu profond, sans porte.

C'est dans cette pièce que nous avons commencé à cuisiner ensemble après notre installation dans cette maison, vers 1976. Nous n'avions, l'un et l'autre, que peu d'expérience de la cuisine, et cette pratique en commun ne fut pas le résultat d'une décision — cela s'est fait comme ça, c'est tout. Nous cuisinions côte à côte, ou dos à dos si nécessaire, et nous suivions des recettes. Celles de James Beard ou de Mireille Johnston, deux de nos auteurs culinaires préférés.

La salle à manger était tout aussi petite, elle faisait presque partie de la cuisine. Il s'y trouvait une cheminée et, sur un mur, un grand miroir encadré. Sur un autre mur, trois fenêtres branlantes donnant sur la rue, assez souvent sur une chute de neige, ou en été sur une clarté qui s'attardait jusqu'à 10 heures du soir. Nous recevions à dîner, toujours tôt dans la soirée, des amis ou des connaissances de passage. La vie était facile à Aspen en ce temps-là. Le goudronnage des rues ne datait que de quelques années. Les chiens étaient citoyens à part entière de la ville.

Lorsque nous réussissions particulièrement bien un plat, nous le refaisions encore et encore ; c'est un peu pour cette raison que nous nous sommes mis à noter, dans un gros cahier à couverture marron, ce que nous avions servi aux uns et aux autres afin de ne pas leur présenter deux fois la même chose, ou tout au moins pas trop souvent. Parallèlement, nous avons commencé l'écriture d'un manuscrit de recettes, et de variantes de ces mêmes recettes, que nous jugions bon de conserver, souvent assorties de la date de préparation et du nom des convives à qui nous les avions servies.

Petit à petit, au fil des ans, les descriptions notées dans le cahier à couverture marron — le livre des dîners, comme nous l'appelions — devinrent plus longues et plus détaillées : qui s'était assis à telle place, qui était saoul, plus quelques anecdotes mémorables rapportées par l'un ou l'autre. Un beau jour, nous arrivâmes au bout du cahier. Il y en eut un autre, puis un troisième. Ces cahiers devinrent des archives remplies d'anecdotes que nous aurions autrement oubliées, de séparations, de noms familiers ou plus obscurs. Le miroir encadré présentait une longue marque de brûlure sur un côté. Au beau milieu d'un dîner et d'une conversation passionnée, quelqu'un avait fait la remarque suivante : « Je crois que votre maison brûle. » Une bougie s'était mise à pencher et reposait contre le mur, qui s'enflammait. Nous l'éteignîmes et le repas reprit son cours.

Cette anecdote avait été notée dans le carnet des dîners. Ainsi que celle où quelqu'un, histoire de prendre l'air, s'était levé de table, était sorti, et avait été retrouvé une heure plus tard, endormi sur le tas de bois. Cette soirée où une femme en furie avait jeté le rôti de bœuf au sol, le déclarant immangeable. Nous connûmes aussi de grandes réussites, mais de toute façon nous notions tout — événements, oui, mais aussi citations extraites de livres, curiosités, petits faits historiques, opinions, incidents et bizarreries. Au petit déjeuner — qui se composait de thé et d'oranges à une certaine époque, comme dans la belle chanson de Leonard Cohen —, nous nous faisions mutuellement la lecture à haute voix et nous feuilletions des livres de cuisine afin de décider ce que nous allions préparer pour une réception ou tout simplement pour nous, le soir. Jamais la vie ne fut plus somptueuse.

Était-il possible de traduire cela en mots et, le cas échéant, sous quelle forme ? Nous nous mîmes à imaginer quelque chose qui trouverait sa place dans la cuisine, ou même à notre chevet ; un livre que l'on pourrait ouvrir au hasard ou lire au jour le jour, comme un journal ou une correspondance ; quelque chose d'intime, éventuellement décoré de taches de café à la dernière page ou souligné par endroits.

En 1999, nous proposâmes l'idée d'un livre à notre ami Nicholas Callaway, jeune éditeur avec qui nous dînions quelquefois. Non seulement la description lui plut, mais il nous confia qu'il avait de son côté collectionné des guides et des manuels de voyage, des raretés pour la plupart, qui éveillaient en lui le même intérêt.

D'année en année, notre cuisine avait évolué. Nous la faisions toujours ensemble, mais plutôt sur le principe « tu fais la salade, je fais la tarte ». Nous entreprîmes de rédiger le livre chacun de notre côté mais de la même manière, selon une idée commune de ce que le résultat devait être, après quoi chacun de nous relut et révisa ce que l'un et l'autre avaient écrit. Nicholas Callaway n'était plus si jeune quand notre travail fut terminé. Celui-ci avait nécessité des recherches, des voyages, et beaucoup plus de matière que nous ne l'avions d'abord envisagé.

Si nous avons écrit ce livre, ce n'est pas pour donner des réponses définitives, mais nous aimerions qu'il plaise à ceux pour qui manger est plus qu'un besoin de base. Il n'a pas pour objet de remplacer vos livres de cuisine préférés mais en quelque sorte de les compléter, d'élargir leur champ contextuel et, ce faisant, de vous donner une année de plaisir ou même davantage. Si vous y trouvez quelques inexactitudes, n'hésitez pas à les rectifier à la main sur la page. Si les recettes nécessitent quelques améliorations ou modifications, faites de même. Nous espérons que cet ouvrage sera lu mais aussi utilisé. La vie est faite d'une multitude de choses, et parmi les plus belles que compte cette multitude, il y a les repas.

JANVIER

▪ TOUT EST REPAS ▪ LA TOUR EIFFEL ▪ DÎNER AVEC LORD BYRON ▪ LE CAFÉ ▪ LA FÊTE DES ROIS ▪ LE SEL ▪ RUTH CLEVELAND ▪ DE L'IMPORTANCE DU REPAS ▪ LE *CREAMED CHIPPED BEEF* ▪ TALLEYRAND ▪ L'ANANAS ▪ LES DAMES À TABLE ▪ LA FOURCHETTE ▪ LE CORDON-BLEU ▪ RECEVOIR À DÎNER-I ▪ RECEVOIR À DÎNER-II ▪ RECEVOIR À DÎNER-III ▪ RECEVOIR À DÎNER-IV ▪ RECEVOIR À DÎNER-V ▪ RECEVOIR À DÎNER-VI ▪ JORIE GRAHAM SUR L'AMOUR ▪ JAMAIS ENSEMBLE ▪ LE *GRAND DICTIONNAIRE DE CUISINE* ▪ *AL DENTE* ▪ LES APHRODISIAQUES ▪ LA CUISINE DE JASON EPSTEIN ▪ LES LIVRES DE CUISINE ▪ LES GONCOURT ▪ LES SPAGHETTI ALLA CARBONARA ▪ LE VIN ▪ QUE SERVIR AVEC QUOI

1er JANVIER

TOUT EST REPAS

Le repas est l'acte essentiel de la vie. Il est la cérémonie quotidienne, la longue chronique de la vie conjugale, l'école des bonnes manières, le prélude à l'amour. Chez tous les peuples, à toutes les époques, chaque événement marquant de l'existence — noces, triomphe, naissance — est ponctué par un repas ou par l'acte de partager nourriture ou boisson. Le repas est l'emblème de la civilisation. Que saurions-nous de la vie, ou de nos nuits, telle qu'elles valent d'être vécues, sans le souvenir des repas ?

2 JANVIER

LA TOUR EIFFEL

Lors de sa construction pour l'Exposition universelle de 1889, la tour Eiffel n'était pas censée rester debout plus de vingt ans. Bien qu'elle eût toujours ses admirateurs, d'autres l'appelaient avec mépris « le plus haut mât du monde ». Guy de Maupassant la qualifiait de « squelette disgracieux et géant » et prenait chaque jour son déjeuner juste en dessous, car c'était le seul endroit de la ville où il n'eût pas à la voir.

En 1910, quand fut venu le temps de la démonter, elle fut sauvée par le développement du télégraphe, qui nécessitait l'usage d'une tour. Dix ans plus tard, elle échappa de justesse à une réquisition de l'industrie immobilière qui voulait la fondre pour récupérer le fer. Ce ne fut qu'en 1964 que les Français décidèrent de la garder pour de bon en la déclarant monument historique. Maupassant, si ses droits d'auteur y suffisaient, pourrait aujourd'hui éviter de la voir en dînant à l'un des plus célèbres restaurants de Paris, le Jules Verne, un lieu élégant et animé, souvent réservé des mois à l'avance tant pour sa cuisine que pour sa vue exceptionnelle, au deuxième étage de la tour, à 115 mètres au-dessus de l'endroit où il déjeunait quotidiennement.

3
JANVIER
DÎNER AVEC LORD BYRON

Samuel Rogers (1763-1855) était un poète mineur et fort riche dont l'élégante demeure londonienne de St. James's Street accueillait régulièrement ses amis du monde des lettres, parmi lesquels William Wordsworth et Charles Lamb. Dans ses mémoires intitulés *Table Talk*, Rogers raconte sa première rencontre avec lord Byron, qu'il avait invité à dîner chez lui.

« Lorsque nous nous assîmes pour dîner, je demandai à Byron s'il désirait un peu de soupe. Non, il ne prenait jamais de soupe. Un peu de poisson ? Non, il ne mangeait jamais de poisson. Alors je lui demandai s'il désirait du mouton. Non, il ne mangeait jamais de mouton. Je lui demandai ensuite s'il prendrait un verre de vin. Non, jamais de vin.

« Il fallut bien alors lui demander ce qu'il consentait à manger et à boire ; telle fut la réponse : uniquement des biscuits de marin et de l'eau de Seltz. Malheureusement rien de cela, ni biscuits de marin ni eau de Seltz, n'était à portée de main. Il dîna donc de pommes de terre écrasées sur son assiette et arrosées de vinaigre. Mes invités restèrent chez moi très tard à discuter des mérites comparés de Walter Scott et de Joanna Baillie.

« Quelques jours plus tard, rencontrant Hobhouse, je lui demandai : "Combien de temps lord Byron compte-t-il encore s'astreindre à ce régime ? — Aussi longtemps que vous continuerez de le remarquer", me répondit-il.

« J'ignorais alors ce que je sais maintenant de source sûre : Byron, à peine sorti de chez moi, s'était rendu à un club de St. James's Street et y avait commandé un repas très copieux, avec beaucoup de viande. »

4

JANVIER

LE CAFÉ

Il y a en Turquie un breuvage qu'on appelle café...
Noir comme la suie, et d'arôme très puissant...
Les Turcs le prennent, après l'avoir pilé en poudre,
dans de l'eau, aussi chaud qu'ils peuvent le boire ;
et pour le prendre ils s'installent dans leurs Maisons
de café, qui sont comme nos tavernes.
Sir Francis Bacon

Une quarantaine d'années après la mort de sir Francis Bacon, le café, venu de Turquie, fit sa première entrée en France avec l'ambassadeur du sultan, à la cour de Louis XIV où Mme de Sévigné, nettement moins perspicace qu'à son habitude, annonça que la mode d'aimer le café passerait comme la mode d'aimer Racine. Elle vécut assez longtemps pour s'apercevoir qu'elle s'était trompée sur l'un comme sur l'autre.

Le caféier, arbuste à feuilles persistantes aux fleurs blanches odorantes qui fructifient en baies rouge sombre renfermant deux graines, serait originaire d'Éthiopie. L'Afrique de l'Est continue d'en produire, après l'Amérique du Sud où le Brésil est le premier producteur. Le breuvage, préparé à partir des baies torréfiées puis moulues, fut probablement inventé en Arabie. Il passa ensuite en Égypte et en Turquie, où il devint si essentiel à la vie quotidienne qu'à Constantinople, quand un mari refusait de donner du café à son épouse, on considérait cela comme un cas de divorce. Au XVIIe siècle, quand le café se répandit en Europe et aux Amériques, c'était encore le liquide épais, non filtré, que l'on sert toujours en Turquie, en Grèce et au Moyen-Orient. Progressivement, au cours de ses pérégrinations, on adapta sa préparation au goût du public en le filtrant ou en lui ajoutant lait, sucre ou divers aromates.

Encore très apprécié de nos jours pour ses vertus stimulantes, le café est la boisson qui contient le plus de caféine. Une tasse de café filtre en contient à peu près entre 100 et 150 milligrammes et une tasse obtenue par la méthode du percolateur entre 65 et 125 milligrammes, ce qui est à peu près deux fois la quantité que contient le thé. L'expresso, bien que plus fort en goût parce que plus concentré, est en réalité moins riche en caféine que le café ordinaire. Le décaféiné, que nous connaissons depuis un siècle, représente environ vingt pour cent des ventes de café aux États-Unis.

Balzac avait coutume d'en boire jusqu'à trente tasses quotidiennes au cours de ses séances de travail de douze heures d'affilée où il rédigeait son impressionnante œuvre littéraire tout en cherchant à sortir de l'endettement. S'il mourut à cinquante ans, ce n'était pas à cause du café, bien que de nos jours les médecins s'accordent à dire que l'on peut consommer au maximum quatre tasses par jour sans ressentir les effets négatifs de l'excès de caféine.

5

JANVIER

LA FÊTE DES ROIS

La fête des Rois, ou veillée de l'Épiphanie, célébrée la douzième nuit après Noël, commémore la venue des trois Rois mages qui, la nuit de la naissance de Jésus, virent l'étoile et la suivirent jusqu'à Bethléem.

C'est en 336 de notre ère, pas avant, que la date de Noël fut officiellement fixée par l'Église au 25 décembre. Cette période de l'année fut choisie pour faire coïncider cette fête avec des célébrations païennes déjà immensément populaires. L'Épiphanie, en effet, est issue de rituels beaucoup plus anciens liés au solstice d'hiver, période où les jours commencent à rallonger et où les anciens, pendant une douzaine de jours, célébraient le retour du soleil.

Les fêtes d'après-Noël, dans le monde entier, incluent encore certaines coutumes païennes autrefois pratiquées en cette saison ; parmi celles-ci, le gâteau ou la galette des Rois. On faisait cuire la galette avec une fève à l'intérieur, et quiconque obtenait cette fève devenait roi pour un soir. De nos jours, en France et en Espagne, la galette des Rois et le *gastel à fève orroriz*, « gâteau à la fève du roi », sont encore servis à la fin de la période des fêtes, tout comme le *Dreikönigskuchen*, ou « gâteau des Trois Rois », en Suisse et en Allemagne, afin de porter chance à celui qui obtient le précieux talisman.

6
JANVIER
LE SEL

Le sel est mentionné dans la Bible et dans les œuvres d'Homère, qui qualifie de pauvres les nations qui ne l'emploient pas pour relever leurs aliments. On retrouve son nom presque à l'identique dans de nombreuses langues : *sel, sal, salz, sale, sol, salt*, etc. Le mot « salaire » vient de la quantité de sel comprise dans la solde des légionnaires romains, ou de celle qu'ils acquéraient au moyen d'une allocation spéciale.

Extrait du sous-sol ou de l'eau de mer par évaporation, le sel est depuis toujours essentiel à la vie, ainsi qu'au goût de la nourriture, qu'il améliore en révélant ses saveurs fondamentales. Il peut extraire l'eau de certains légumes (tomate, concombre et surtout aubergine) et aviver la couleur d'autres, comme celle des épinards et des haricots verts s'il est ajouté à l'eau de cuisson. Depuis des millénaires, il joue un rôle primordial dans la conservation de la nourriture.

Une croyance tenace veut qu'on ne sale pas les viandes avant de les faire rôtir ou griller, mais seulement après les avoir saisies et dorées, pour éviter les déperditions de jus. Mais tous les cuisiniers ne s'accordent pas sur ce point. Quoi qu'il en soit, il faut toujours en mettre dans l'eau de cuisson des pâtes, et une pincée de sel, si étrange que cela paraisse, met en valeur les notes sucrées de l'ananas ou du pamplemousse.

La dose quotidienne de sel idéale est d'environ sept grammes, mais l'alimentation moderne en contient sans doute plusieurs fois cette quantité. La médecine conseille de modérer autant que possible la consommation de sel, surtout pour les personnes âgées et celles qui souffrent d'hypertension ou d'affections du cœur, du foie ou des reins.

Le sel gemme vient des mines, et le sel marin — souvent préféré par les chefs pour son goût — de l'évaporation de l'eau de mer. La fleur de sel et le sel marin gris ne contiennent aucun additif, mais le sel de table en contient parfois, pour supplémenter la consommation d'iode ou pour éviter que les grains ne s'agglomèrent sous l'effet de l'humidité.

« La meilleure odeur est celle du pain, la meilleure saveur est celle du sel, écrivait Graham Greene, qui ajoutait : et le meilleur amour est celui des enfants. »

7 JANVIER

RUTH CLEVELAND

1904. Ruth Cleveland, la fille du président des États-Unis Grover Cleveland, meurt de la diphtérie un 7 janvier, à l'âge de treize ans, quatre ans avant son père. Ils sont ensevelis l'un près de l'autre au cimetière de Princeton (New Jersey). Née entre les deux mandats de son père, elle était adorée du public. Son nom, Baby Ruth, fut même donné à une confiserie (une barre au caramel et aux cacahuètes).

8 JANVIER

DE L'IMPORTANCE DU REPAS

Un empereur chinois aurait rédigé ainsi la première ligne d'un édit : « Le monde repose sur l'agriculture. » La nourriture façonne la société humaine depuis le commencement des temps. Manger est un acte plus vital que l'acte sexuel, le besoin qu'on en a est plus fréquent. Le rythme du travail et des repas définit l'existence de chaque individu, et l'édifice formidable que composent toutes les civilisations et toutes les tribus de l'histoire se fonde sur la nourriture.

L'homme primitif ne mangeait pas à heures fixes mais quand il avait faim. Peu à peu, une régularité s'établit. Les familles et les clans mangèrent ensemble, et d'ailleurs, pendant une grande partie de l'histoire, on a toujours mangé en communauté.

La nourriture est indissociable de la religion — sacrifice animal, bénédiction des champs, Eucharistie, festins traditionnels — et réside au cœur de la science médicale, laquelle, pendant des siècles, fut organisée sur des principes diététiques. De tout temps, l'acte de manger a semé les graines dont sont sorties les cités, a façonné la vie politique, s'est trouvé aux racines de la prospérité ou de la guerre.

Les relations humaines les plus importantes sont célébrées ou entretenues par le partage de la nourriture. Même pour la mort, on sert à manger et à boire.

9

JANVIER

LE *CREAMED CHIPPED BEEF*

Notre très cher ami et voisin Lorenzo Semple passait souvent prendre le thé chez nous le matin. Il venait d'abandonner un régime de son invention à base d'aliments qu'il définissait comme sans calories : tout ce qu'on piquait dans l'assiette de quelqu'un d'autre, tout ce qu'on mangeait au cinéma, tout ce qui était marron. Récemment, on le vit porter un sac à dos plein de cailloux pour augmenter sa dépense en calories chaque matin en allant au travail. Un jour, arrivant chez nous, il découvrit sur la table de la cuisine une grande terrine de gâteau de riz que nous venions de sortir du four. Nous avions prévu de le manger plus tard dans la journée, mais nous savions qu'il adorait ça. Nous l'invitâmes donc :

« Sers-toi !

— Non, non, pitié ! J'essaie de perdre du poids, insista-t-il. Et de toute façon, j'ai déjà pris mon petit déjeuner. »

Nous lui versâmes une tasse de thé.

« Bon, alors juste une bouchée, une petite bouchée, pour voir si c'est bon », dit-il.

Vingt minutes plus tard, il avait vidé toute la terrine. Il sortit de chez nous furibard, nous accusant de l'avoir tenté au-delà de son pouvoir de résistance. La recette de ce riz au lait, trouvée dans *The Art of Jewish Cooking*[1] de Jennie Grossinger, méritait donc bien de figurer dans notre livre de recettes personnel. Nous notâmes : « Pour huit personnes ou pour Lorenzo ».

Le lendemain, en signe de pardon, il revint chez nous pour nous préparer l'un de ses petits déjeuners favoris, le *creamed chipped beef on toast*. Dans le *Manual for Army Cooks*, édition de 1910, la recette porte le numéro 251 et, depuis des décennies, les soldats l'appellent peu affectueusement SOS (*Shit On a Shingle*, autrement dit de la merde sur toast). Mais ils auraient sans doute été plus indulgents si on leur avait servi la recette de Lorenzo.

CREAMED CHIPPED BEEF

1 BOCAL DE BŒUF SÉCHÉ
2 CUILLERÉES À SOUPE DE BEURRE
FARINE WONDRA : ENVIRON 2 CUILLERÉES À SOUPE, MAIS IL EST INUTILE DE LA MESURER
20 CL DE LAIT DEMI-ÉCRÉMÉ OU ÉCRÉMÉ (SELON L'ÉPAISSEUR DÉSIRÉE)

Faites tremper le bœuf séché dans de l'eau froide pour éliminer l'excédent de sel. Déchirez-le en petits morceaux. Faites fondre le beurre dans un poêlon sur feu moyen à moyen-vif, ajoutez le bœuf. Ajoutez la farine Wondra en pluie et faites sauter en remuant délicatement. Versez peu à peu le lait, tout en mélangeant, et continuez la cuisson jusqu'à ce que la sauce épaississe. Ajoutez du lait jusqu'à obtention de la consistance souhaitée. Servez sur toasts. Pour deux personnes[2].

Il a même pu le manger avec nous, car le bœuf séché contient très peu de gras et de calories (et c'est marron).

1. *The Art of Jewish cooking*, publié par Random House en 1958 et constamment réédité (dernière édition en 2012). Plus bas, le *Manual for Army Cooks*, ouvrage collectif publié par l'armée américaine, fut souvent remanié et republié depuis la fin du XIXe siècle. Plusieurs éditions (1896, 1898, 1916) sont consultables et téléchargeables sur Internet. Toutes les notes sont de la traductrice.
2. Le bœuf séché peut être remplacé soit par du corned beef, soit par de la bresaola ou de la viande des Grisons. Il est inutile de les faire tremper. Le Wondra est une farine précuite utilisée aux États-Unis comme épaississant pour les sauces et les entremets, car elle évite la formation de grumeaux. Utilisez de la farine antigrumeaux.

10
JANVIER
TALLEYRAND

Talleyrand, qui fut évêque d'Autun avant de devenir un grand homme d'État, était presque aussi célèbre pour sa table que pour son sens de la diplomatie. Ses connaissances culinaires étaient impressionnantes, et il passait beaucoup de temps chaque jour dans ses cuisines à choisir la composition du dîner et à interroger ses domestiques sur ce qu'ils avaient retenu des conversations de ses invités la nuit précédente.

Le petit déjeuner et le déjeuner étaient de peu de conséquence pour lui. Mais le soir, dit-on, il aimait savourer « des choses lourdes en compagnie de femmes légères ».

Pendant l'hiver 1803, alors qu'il était pratiquement impossible d'obtenir du poisson à Paris, Talleyrand donna un dîner officiel. À un moment, sous les exclamations enchantées des convives, un laquais entra, portant un énorme saumon sur un grand plat d'argent. À l'horreur de tous, il trébucha, et plat et poisson se répandirent au sol.

Voyant cela, Talleyrand ordonna calmement : « Qu'on en apporte un autre. »

Et presque immédiatement, un autre saumon fit son apparition. L'incident avait été planifié.

11
JANVIER
L'ANANAS

C'est le 11 janvier 1813 que les premiers ananas furent plantés à Hawaï. Ils venaient probablement du Brésil, mais selon certaines sources, Christophe Colomb aurait été le premier à les découvrir en Guadeloupe, leur véritable origine. Comme pour leur rendre hommage, c'est aussi à cette date qu'Amelia Earhart, en 1935, décolla de Honolulu pour accomplir le premier vol en solitaire entre Hawaï et la Californie.

Parfumés, d'aspect remarquable, les ananas vendus aux États-Unis viennent pour la plupart de Hawaï. Il y a cinquante ans, dans le hall du Royal Hawaiian Hotel, il y avait un distributeur de jus d'ananas frais.

L'ananas cesse de mûrir après sa récolte. Il se conserve quelques semaines, mais il ne doit pas être gardé au réfrigérateur ; les températures en dessous de 7 °C ne lui réussissent pas. Une odeur suave est le signe distinctif d'un bon ananas, et le fruit doit aussi être lourd pour sa taille. Comme il est toujours plus sucré vers la base, si l'on veut le servir frais, il vaut mieux que ce soit en tranches longitudinales.

Le sorbet à l'ananas est un délice sans égal. En France, on trouve parfois de l'ananas givré, qui est un ananas vidé et rempli d'un sorbet réalisé avec sa pulpe. Parfois, c'est l'ananas entier qui est congelé. Quel que soit le moment de la journée, c'est irrésistible. Balzac, qui adorait les beignets d'ananas, fit un jour le projet de s'enrichir en cultivant des ananas dans sa propriété des environs de Paris, mais il n'avait pas les moyens de se payer une serre.

Il existe beaucoup de recettes de sorbet à l'ananas, qui se ressemblent toutes plus ou moins. En voici une :

SORBET À L'ANANAS

1 ANANAS FRAIS
450 G DE SUCRE
80 CL D'EAU
RHUM À VOLONTÉ

Faites fondre le sucre dans l'eau. Coupez la chair de l'ananas en morceaux, ajoutez-la au sirop. Laissez reposer quelques heures, puis passez le tout au mixeur et ajoutez du rhum vers la fin de cette préparation. Passez le mélange en sorbetière en suivant les instructions du fabricant. Pour quatre personnes.

12
JANVIER

LES DAMES À TABLE

Il n'y a guère que cinq cents ans, peu ou prou, que les femmes, qui depuis l'Antiquité prenaient leurs repas à part des hommes, peuvent les rejoindre en toute liberté. Au début, on leur dispensa des conseils pour bien se conduire à table et exercer une influence civilisatrice, par exemple dans *The Ingenious Gentlewoman's Delightful Companion* (*L'Agréable Compagnon de la dame avisée*), écrit en 1653 par un auteur anonyme :

« Ne parlez pas quand vous avez de la nourriture en bouche, et ne claquez pas du bec comme un cochon, ni ne vous hasardez à manger à la cuillère des mets si chauds que les larmes vous viennent aux yeux ; c'est aussi malséant que cette dame qui prétendait avoir l'estomac aussi petit que la bouche, et qui par conséquent ne mangeait pas ses petits pois par cuillerées, mais les prenait un par un et coupait chacun en deux avant de daigner le manger. Il est très disgracieux de boire à si grandes gorgées que vous en perdiez le souffle, et deviez ensuite inspirer profondément pour reprendre vos sens ; ou de vous projeter le vin dans le gosier comme en un entonnoir, geste qui sied mieux à un jongleur qu'à une dame. [...] L'usage d'une fourchette apparaîtra très distingué et fort décent ; ne touchez donc à aucun mets sans elle. »

13
JANVIER

LA FOURCHETTE

Comparée à la cuillère et au couteau, en usage depuis la préhistoire, la fourchette a fait une entrée tardive. Vers l'an 100 de notre ère, elle apparut sur les tables du Proche-Orient ; et un siècle plus tard, une princesse de Byzance, arrivant à Venise pour épouser l'héritier du doge, en apportait une boîte pleine dans son trousseau. Les Italiens de l'époque furent outrés qu'elle préférât un outil de métal aux dix doigts que Dieu lui avait donnés, et quand elle mourut peu après, ils y virent une rétribution divine.

Durant les cinq siècles qui suivirent, la fourchette fut progressivement adoptée par les classes supérieures dans toute l'Europe. On s'en servait surtout pour saisir les confiseries collantes ou tout autre mets qui risquait de tacher les doigts. Les Anglais la jugeant efféminée, elle prit son temps pour traverser la Manche. Un Anglais du nom de Thomas Coryat prétendait être le premier à s'en servir, et il dut se rendre en Europe pour le faire. Dans son livre *Coryat's Crudities* (*Les Crudités de Coryat*), publié en 1611, il écrit : « L'Italien ne peut souffrir en aucune manière que le contenu de son assiette soit touché avec les doigts, car tout homme n'a pas les doigts d'une égale propreté. » La fourchette, tenue de la main gauche, maintenait la nourriture dans l'assiette pendant que la main droite la coupait à l'aide d'un couteau, puis elle portait le morceau directement à la bouche.

Vingt ans plus tard, la fourchette avait émigré aux Amériques, mais à peine. John Winthrop, gouverneur de la colonie de la baie du Massachusetts, était censé posséder la seule fourchette du continent américain. Les gens du commun continuaient à harponner leurs mets avec leurs couteaux pointus pour les porter à leur bouche. Lorsque les couteaux pointus cédèrent la place aux couteaux à bout rond, il leur fallut utiliser la cuillère de la main gauche pour maintenir la nourriture dans l'assiette en la coupant ; on la passait ensuite à la main droite pour ramasser ce qu'on avait coupé. Voilà pourquoi, lorsque l'usage de la fourchette se répandit, les Américains continuèrent de la passer de la main gauche à la main droite pour s'en servir.

14 JANVIER

LE CORDON-BLEU

L'expression « cordon-bleu » fait allusion au large ruban bleu auquel était suspendue la croix du prestigieux ordre des chevaliers du Saint-Esprit, créé par Henri III, roi de France, en 1578. Les banquets d'investiture de cet ordre étaient aussi fameux que sa décoration.

Un siècle plus tard, Mme de Maintenon donna à ce cordon bleu un sens beaucoup plus large. Ancienne gouvernante des enfants naturels de Louis XIV, elle devint ensuite sa seconde femme lors d'un mariage tenu secret en raison de l'infériorité de son statut social. Toujours intéressée par l'éducation, elle passait beaucoup de son temps à Saint-Cyr, l'école pour jeunes filles de la noblesse pauvre et orphelines de l'armée française. Elle y instaura le Cordon bleu de la cuisine, et le ruban bleu d'honneur finit par symboliser toute forme d'excellence, et particulièrement d'excellence culinaire.

Ce jour même, en 1896, l'école du Cordon-Bleu donnait ses premiers cours d'art culinaire à Paris, au Palais-Royal. C'est actuellement l'institut d'études culinaires le plus prestigieux du monde. Il compte parmi ses enseignants quelques grands chefs du moment, et d'illustres cuisiniers en sont aussi sortis. Parmi eux, Julia Child, autorisée à suivre les cours de niveau professionnel après la Seconde Guerre mondiale, lorsque l'école du Cordon-Bleu fut devenue une école accréditée par le GI Bill[1].

15

JANVIER

RECEVOIR À DÎNER – I

Vous décidez de recevoir à dîner. Quelqu'un est de passage dans votre ville, ou vous pensez qu'il serait bon de présenter une personne à une autre, ou vous avez juste envie de passer une soirée avec des amis. Vous pouvez décider que ce sera demain soir, dans quelques jours ou dans quelques semaines.

Comme le disait W. S. Gilbert : « Dans l'organisation d'un dîner, ce qu'il y a sur les chaises est plus important que ce qu'il y a sur la table. » La première chose à faire est d'inviter

1. Le GI Bill (*Servicemen's Readjustment Act of 1944*) était une loi américaine de financement (entre autres) d'études universitaires pour les soldats démobilisés.

les convives les plus importants. Les autres sont choisis pour compléter — un mélange de couples et de célibataires, ou d'hommes et de femmes, est préférable, mais nous ne visons pas l'équilibre parfait. Pas plus de sept, en règle générale, nous deux inclus, car c'est le maximum de personnes pouvant s'asseoir confortablement à notre table. En général, la conversation la plus intime se déroule quand on est deux, bien que cela ne s'appelle pas vraiment « recevoir à dîner ». Trois à table non plus, bien que cette configuration produise les conversations les plus révélatrices. Quatre à table, c'est sympathique, et cinq est le nombre le plus intéressant, avec son petit déséquilibre. Six, c'est agréable, mais l'ambiance risque d'être conventionnelle si trois couples sont réunis, surtout s'ils se connaissent déjà.

On peut être plus nombreux, bien sûr, en joignant deux tables ou en proposant un buffet où les convives se servent et mangent dans des assiettes posées sur leurs genoux ou sur des tables basses. Mais il est alors impossible de s'insérer dans une conversation et, pour peu que les invités soient intéressants, tout le monde finit par penser que où que l'on soit assis, on a toujours raté quelque chose.

Si vous avez invité des amis longtemps à l'avance, il est bon de leur téléphoner le jour du dîner pour leur rappeler l'heure.

16

JANVIER

RECEVOIR À DÎNER – II

LE MENU

Selon les principes de la chose, un dîner est plus festif s'il comporte deux plats avant le dessert. Le premier plat peut, de façon évidente, consister en un potage (chaud ou froid), une salade, du saumon fumé et des toasts, des *bruschette*, un légume grillé (poireaux, poivrons rouges) accompagné d'une sauce, ou, plus consistant, un risotto ou des pâtes.

Le plat principal a besoin d'un accompagnement : pommes de terre ou riz s'il s'agit de viande, de poisson ou de volaille, avec peut-être un légume supplémentaire. Lorsque des pâtes forment le plat principal, vous pouvez les servir seules et ajouter un autre plat — salade, plateau de fromages si les pâtes n'en contiennent pas trop.

À moins que votre dîner ne soit particulièrement lourd, vous pouvez servir un dessert riche, par exemple au chocolat. Quant à nous, nous optons souvent pour une tarte aux fruits ou des fruits à la liqueur.

LES PRÉPARATIFS

Une fois passés en revue les alcools et les boissons de base — gin, vodka, bière, scotch, bourbon —, vérifiez votre bar pour vous assurer d'être pourvu en eau gazeuse, tonic, olives et/ou oignons au vinaigre et/ou zeste de citron (pour le dry martini). Préparez beaucoup de glace ou achetez-en. Décidez-vous sur le vin et mettez le blanc à rafraîchir avant le début de la soirée. Si vous comptez servir à boire après le dîner, disposez les boissons et les verres à portée de main.

Parfois, pour une occasion spéciale, vous pouvez écrire le menu à la main sur une feuille de papier et le présenter à table.

Quand vous avez fini les courses pour le dîner, préparez tout ce que vous pouvez à l'avance : le dessert, la salade et sa vinaigrette ; assemblez le plat principal s'il doit aller au four, et réalisez chaque préparation jusqu'au stade de la cuisson.

Dans l'Égypte ancienne, lorsqu'un invité de marque était attendu, toute la maisonnée se mettait frénétiquement à briquer la maison, à brasser la bière et à faire le pain des semaines à l'avance. Mais ça, c'était autrefois. Maintenant, ne vous épuisez pas à faire le ménage comme si vous attendiez des inspecteurs de l'hygiène. Nettoyez la salle de bains et les toilettes que les invités utiliseront, rangez correctement et n'en faites pas davantage. Consacrez-vous plutôt à ce dont vous vous souviendrez réellement plus tard : la cuisine et la conversation.

17
JANVIER
RECEVOIR À DÎNER – III

De ses années dans l'Air Force, Jim a appris la valeur de la planification : savoir exactement ce qui va arriver et quand cela arrivera. C'est un talent essentiel pour recevoir à dîner. Il dessine le schéma de la préparation du repas en commençant par la fin, le passage à table. Les moments où certains plats vont au four ou sont prêts à servir revêtent une importance particulière. Si les pommes de terre au four ne sont pas prêtes quand le rôti est encore saignant, vous mangerez soit des pommes de terre dures au centre, soit de la viande trop cuite. Le fils d'un couple de nos amis, Gavril Lourie, a été formé dans des restaurants deux-étoiles en France ; il pousse cet art de la planification jusqu'à réaliser des diagrammes de chaque plat, des étapes de sa réalisation et de sa disposition dans les assiettes, puis il les punaise sur le mur avant de se mettre au travail.

Nous aussi, nous avons un planning de base : mettre la table, organiser le bar, sortir les amuse-gueule, ouvrir les bouteilles, allumer le feu dans la cheminée, préparer les tasses et les assiettes pour le café et le dessert. Et juste avant de passer à table, remplir les verres à eau, allumer les bougies.

Enfants, nous apprenons que la ponctualité est une vertu ; nous avons quelques amis qui arrivent pour dîner exactement à l'heure indiquée. Comme nous les connaissons bien, les soirs où ils viennent, nous sommes fin prêts. Mais ordinairement, les gens arrivent un quart d'heure ou vingt minutes plus tard, et les hôtes que nous sommes savent faire bon usage de ce temps supplémentaire. Et si tout est déjà prêt à l'heure H, nous pouvons nous asseoir quelques minutes et nous féliciter mutuellement.

Nous comptons entre quarante-cinq minutes et une heure pour l'apéritif, les amuse-bouche et la conversation, pour la détente aussi, et pour laisser arriver les invités en retard. Nous servons en général des choses légères à l'apéritif : olives, amandes, cacahuètes, parfois une tapenade avec des crackers. Cela dépend de la consistance du menu qui va suivre.

La fin du dîner n'est pas moins importante que ce qui l'a précédée. Elle est comme la finale d'un vin, sa rétro-olfaction. Nous apportons souvent à table un plateau de chocolats ou d'autres friandises — toffee aux amandes, écorces d'orange confites au chocolat. Ils seront peut-être suivis de liqueurs servies dans des petits verres ou même, parfois, de cognac dégusté dans une autre pièce. À ce point de la soirée, l'énergie s'est atténuée, mais il ne faut pas qu'elle s'effondre. Il est bon de la terminer sur une note enlevée, par exemple — pourquoi pas ? — une partie de poker.

18

JANVIER

RECEVOIR À DÎNER – IV

C'est plus amusant de cuisiner à deux, même si l'un et l'autre expriment des opinions différentes sur la bonne façon de s'y prendre. Beaucoup d'hommes se débrouillent fort bien en cuisine et s'y plaisent énormément. Il serait bon aussi de se rappeler que la personne qui fait les courses, prépare les ingrédients et, en général, joue un rôle subordonné ne bénéficie d'aucun éloge et ne sera peut-être pas très disposée à faire partie de l'équipe la prochaine fois. Tout cuisinier aime avoir un plat fétiche, une recette qui le met en gloire — cette vinaigrette somptueuse, cette tarte mémorable — et lui assure des compliments.

Le service doit être étudié à l'avance. Par exemple, l'entrée peut déjà être servie sur la table quand les invités s'asseyent. Ensuite, vous pouvez faire passer autour de la table le plat principal et ses accompagnements, soit que les invités se servent eux-mêmes, soit qu'il soit déjà dans les assiettes. La souplesse est primordiale : un programme, c'est fait pour être modifié. Si celui qui est chargé du dessert se trouve, au moment crucial, profondément absorbé dans une conversation sur la mort et ses implications philosophiques, l'autre peut s'en charger à sa place.

La question « Qui veut du café ? » est généralement suivie d'un moment gêné où les invités se demandent s'ils n'abusent pas de vous en répondant par l'affirmative. Le mieux est d'aller carrément faire le café à la cuisine sans rien demander, puis de l'apporter à table et de demander qui en veut.

19 JANVIER

RECEVOIR À DÎNER – V

Desservir la table, tout comme faire la cuisine, est moins ennuyeux quand on n'est pas seul à le faire. N'importe qui sait remplir un lave-vaisselle et disposer des restes, mais il faut quelqu'un de proche et d'intime pour prendre part à l'analyse post-dînatoire, au débriefing de minuit au cours duquel on revient sur les plats, les invités, les choses révoltantes ou révélatrices qui ont été dites. Et comme, inévitablement, l'un d'entre vous devait être en cuisine une partie du temps, c'est aussi le moment de lui répéter ce qu'il n'a pas pu entendre.

20 JANVIER

RECEVOIR À DÎNER – VI

N'oubliez jamais ceci : tout est dans l'état d'esprit. Comme disait Horace : « Un hôte est pareil à un général d'armée : son génie se révèle dans l'adversité. »

RÉGIMES

Il arrive qu'un invité soit soumis à des restrictions alimentaires : il est allergique aux crustacés, ne digère pas les pépins de tomate ou est simplement végétarien. Si vous êtes prévenu, ces détails doivent influencer le menu mais non en décider du tout au tout, à moins que l'intéressé ne soit invité d'honneur. Quoi qu'il en soit, vous n'êtes pas restaurateur et l'heure de l'apéritif n'est pas le bon moment pour préparer un autre plat en hâte.

SUPPLÉMENTS

Cela arrive si souvent qu'on peut difficilement parler d'imprévu. Un invité téléphone pour dire qu'un ami ou un parent vient de faire son apparition, et demande s'il peut venir aussi. Mais bien sûr, avec plaisir, surtout s'il n'y en a qu'un. Un de nos plus beaux invités surnuméraires est venu chez nous le soir où John Irving nous avait appelés pour nous dire qu'il avait bien l'impression d'être amoureux, mais qu'il ne l'avait encore présentée à personne. Pouvait-il l'amener ? Et comment ! Ils se marièrent l'année suivante.

AGENDA

C'est rare, mais ça arrive : des invités se trompent de jour. Quatre options se présentent alors : commander des pizzas ; leur servir un verre pendant que vous vous changez, après quoi tout le monde va au restaurant ; les supplier de rester et leur servir ce que vous vous êtes fait pour dîner, ou alors des pâtes ; ou enfin, si ça ne vous arrange vraiment pas ce soir-là, les renvoyer chez eux.

CATASTROPHES NATURELLES OU HUMAINES

Les deux requièrent une approche similaire. Les invités se présentent sous une pluie diluvienne ou en plein blizzard alors qu'un orage vient d'anéantir votre four et votre réfrigérateur. Un soir, au milieu d'un dîner très élaboré, nous entendons des coups violents à la porte. Apparaissent deux hommes qui nous apprennent que leur voiture, à l'entrée de notre allée, est en feu — pourrait-on appeler les secours ? Ce doit être une nuit calme à la caserne, car cinq camions de pompiers rappliquent en vitesse. Les deux hommes, munis de leurs pizzas rescapées du siège arrière en flammes, s'asseyent à table avec nous. Mais ce qu'on attend d'un dîner, c'est qu'il soit inoubliable, pas vrai ?

21
JANVIER
JORIE GRAHAM SUR L'AMOUR

« Tout a meilleur goût dans une petite maison », déclara un jour la reine Victoria. Dans notre maison d'Aspen, la cuisine et la salle à manger sont d'un seul tenant, et il y a aussi une cheminée. Six personnes, huit en se serrant, peuvent prendre place à table. La poétesse Jorie Graham et quelques amis sont venus dîner chez nous un soir de janvier. Nous avons parlé d'amour et des années 60 et 70, époque où de nouvelles méthodes de contraception plus efficaces et l'inexistence du sida avaient ouvert la voie à des mœurs plus ouvertes et à une grande liberté sexuelle.

La passion dévorante, fit observer Jorie, cette passion qui vous coupe littéralement le souffle, est depuis plus de mille cinq cents ans l'impulsion de base et le thème principal de la littérature occidentale. « C'est sa signature, l'élément qui la caractérise », dit-elle.

Ces propos déclenchèrent, autour de la table, l'évocation de nos grandes premières fois : apercevoir quelqu'un sur un bateau qui passe, tomber instantanément amoureux et se marier plus tard avec cette personne ; un éveil sexuel lors d'un voyage à travers l'Amérique en compagnie d'un garçon de vingt ans.

« Vingt ans ? Tu avais quel âge ?

— Quinze ans. »

Du stilton servi avec des poires, le toffee aux amandes de la maison Endstrom à Grand Junction — le meilleur du monde, nous sommes tous d'accord. La neige tout autour. Ciel plein d'étoiles. Personne n'a envie de partir.

22
JANVIER
JAMAIS ENSEMBLE

La mise en relation de gens qui ne se connaissent pas mais qui pourraient s'apprécier contribue au plaisir de recevoir à dîner.

Il est inévitable qu'on rate son coup de temps à autre — le grand champion de base-ball Babe Ruth en a bien raté près de mille trois cents. Pour ne courir aucun risque d'oublier l'un ou l'autre de ces échecs complets, nous avons réservé à la fin de notre carnet de dîners une page intitulée « Jamais ensemble ».

Il y a des gens que, d'emblée, on ne doit jamais réunir : les invités dotés d'opinions fortes et divergentes ayant tendance à donner leur avis sur la politique, l'avortement ou le permis de port d'armes ; ou ceux qui ont été autrefois liés amoureusement, mais qui à présent ne peuvent plus se voir.

Ensuite, les antipathies qui normalement devraient s'effacer avec le temps, sauf pour certains convives. Par exemple Gloria, qu'un homme avait mise en fureur lors d'une partie de poker et qui disait de lui : « Ce type est une merde, et je me contrefous qu'il sache ou non ce que je pense de lui. » Ou, potentiellement plus dangereux encore, un romancier qui s'est fait descendre par un critique qui se trouve être de nos amis.

Cependant, la plupart des entrées de la liste « Jamais ensemble » doivent leur existence à la simple mention « Je ne peux pas le sentir », ou à quelque allusion négligemment jetée au téléphone le lendemain du dîner. Par exemple :

« J'en ai appris beaucoup plus que je ne l'aurais voulu », ou :

« Elle a tendance à radoter après deux ou trois verres de vin », ou :

« Ça lui arrive, de temps en temps, de laisser les autres en placer une ? », ou :

« Ça lui arrive parfois de cesser de parler de lui-même et de poser une question à quelqu'un ? », ou :

« C'est l'expert universel sur tous les sujets ? »

D'un autre côté, qui aurait envie de passer une soirée ennuyeuse parce que tous les convives le sont ?

23
JANVIER

LE *GRAND DICTIONNAIRE DE CUISINE*

L'idée d'écrire un livre de cuisine trottait depuis des années dans la tête d'Alexandre Dumas. Il en commencerait l'écriture, disait-il, dès qu'il apercevrait la mort à l'horizon ; et en 1869, il se retira en Normandie en compagnie de sa cuisinière pour jouir de la tranquillité requise. Il avait soixante-sept ans.

Homme doté d'une immense énergie et d'une forte personnalité, sans oublier une vanité d'enfant, Dumas était l'un des plus fameux écrivains français de son temps. *Les Trois Mousquetaires*, *Le Comte de Monte-Cristo*, parmi ses nombreux romans, pièces et nouvelles, généralement écrites avec l'aide d'assistants et de collaborateurs (ou entièrement par eux), lui rapportèrent de copieuses sommes d'argent qu'il dépensait généreusement en maisons, en repas, en amis et en maîtresses. En grande partie autodidacte, très porté sur les aventures amoureuses, il était décrit comme un géant mulâtre — son grand-père était un marquis français et sa grand-mère une esclave haïtienne — aux yeux minuscules mais vifs et attentifs d'un hippopotame et aux traits ramassés au centre d'un énorme visage. Il se vantait, s'il se trouvait enfermé dans une pièce avec cinq femmes, des plumes, de l'encre, du papier et une pièce à écrire, d'être capable au bout d'une heure d'avoir terminé l'écriture des cinq actes et d'avoir couché avec les cinq femmes.

Six mois après son installation en Normandie, il acheva l'écriture de son gigantesque *Grand Dictionnaire de cuisine*. Plus de mille cinq cents pages foisonnantes et tentaculaires, bourrées d'erreurs, pleines à craquer de recettes mais aussi de souvenirs précis et d'histoires à dormir debout, paru en 1872 et constamment réédité sous sa forme initiale jusqu'aux années 50. Ce fut une publication posthume. Dumas avait vu juste : il mourut d'une attaque cérébrale en décembre 1870.

24

JANVIER

AL DENTE

Les pâtes doivent être cuites dans une grande quantité d'eau salée à forte ébullition. L'eau bouillante scelle la surface des pâtes et leur permet de se mouvoir librement tout en prenant du volume. Un peu d'huile d'olive ajouté à l'eau de cuisson les empêche de coller entre elles. Ce n'est qu'à partir de l'ébullition qu'il faut minuter, et la casserole ne doit pas être couverte. Ne brisez pas les longs filaments de pâtes en les remuant, mais repoussez-les lentement dans l'eau à mesure qu'ils s'assouplissent.

Testez la cuisson des pâtes, ne vous contentez pas de la chronométrer. Le temps de cuisson peut varier : de huit à dix minutes pour les pâtes sèches et environ trois minutes pour les fraîches. Égouttez-les quand elles sont encore légèrement sous-cuites, c'est-à-dire *al dente*.

Cette recommandation du *al dente*, cette légère résistance sous la dent, se retrouve dans tout ouvrage sérieux sur le sujet. C'est ainsi que les Italiens mangent les pâtes, ou du moins c'est ce qu'ils aimeraient faire croire. Comme les pâtes continuent de cuire après leur égouttage et jusqu'au moment où vous les mangez, il est souvent conseillé d'interrompre la cuisson lorsqu'elles sont juste assez souples pour être croquées sans casser net, ce qui implique tout de même une sérieuse résistance sous la dent. Selon l'opinion courante, une fois que vous serez habitué à cette texture légèrement raide, vous ne pourrez plus jamais manger de pâtes molles. C'est possible ; en réalité, les pâtes servies en Italie sont souvent bien au-delà de ce point de cuisson, même s'il est vrai que partout ailleurs on les sert généralement trop cuites, pâteuses et désagréables.

25

JANVIER

LES APHRODISIAQUES

Le mot « aphrodisiaque » vient d'Aphrodite, déesse grecque de l'Amour. Depuis des temps immémoriaux, les hommes mangent des huîtres, des épices et d'autres substances pour augmenter leurs capacités sexuelles, et malgré la probabilité que rien de tout cela ne soit bien efficace, la croyance en leurs pouvoirs suffit peut-être à obtenir des résultats. Sur la truffe, Brillat-Savarin écrivait : « cet éminent tubercule passe non seulement pour délicieux au goût ; mais encore [...] on croit qu'il élève une puissance dont l'exercice est accompagné des plus doux plaisirs » ; Casanova, le marquis de Sade et Napoléon y recouraient, tandis que Montezuma, l'empereur aztèque, était réputé boire cinquante tasses de chocolat pour se préparer à l'amour.

Le chocolat contient en réalité de la phényléthylamine, un euphorisant naturel. Mme de Pompadour en buvait dans l'espoir d'attiser sa passion pour le roi Louis XV, qui la disait « froide comme une macreuse ». Des années plus tard, il se tourna vers Mme du Barry, ardente au plus haut point, et qui, avant d'être introduite dans le lit du roi, avait coutume d'offrir du chocolat à ses amants pour les aider à être à la hauteur.

Les denrées épicées comme les chilis, les piments ou les currys accélèrent le rythme cardiaque et favorisent la sécrétion d'endorphines qui produisent naturellement une légère euphorie. L'asperge, de forme phallique, est une source de vitamine E, stimulante des hormones sexuelles. Une douzaine d'huîtres fournit à l'organisme plus de zinc — élément ayant la vertu d'élever le niveau de testostérone masculine et la fertilité du sperme — qu'il n'en a besoin quotidiennement.

Quelques aliments tels que figues, caviar, ris de veau et fraises, bien que non aphrodisiaques, passent pour tels à cause de leur ressemblance avec certaines parties du corps ou de leur association avec l'activité amoureuse. En aztèque, avocat se dit *ahuacatl*, « testicule », et autrefois, durant leur période de récolte, il était interdit aux jeunes filles de sortir de chez elles.

26
JANVIER

LA CUISINE DE JASON EPSTEIN

2003. Par une froide journée de janvier, assis dans la cuisine de Jason Epstein à Sag Harbor. C'est une pièce assez petite, à peu près quatre mètres sur quatre, et nous y parlons gastronomie. La cuisine, du moins son aménagement, est à peu près la même qu'à l'époque où il a acheté sa maison, il y a trente ou quarante ans. La cuisinière est au même endroit, mais ce n'est plus la même cuisinière. La table ronde en bois sombre à laquelle nous sommes assis était là à l'origine, ainsi que les chaises brinquebalantes.

Cette maison, grande, située sur un vaste terrain délimité par deux rues, est la maison de vos rêves, intensément confortable et civilisée. Pleine de livres et de bibliothèques, de parquets à larges lames couverts de tapis d'Orient, de tableaux aux murs, de coins pour s'asseoir et lire ou écrire, le tout entouré d'un grand jardin sur deux niveaux, planté d'arbres et traversé par des allées pavées de pierre dont le tracé semble aller au hasard.

Jason Epstein, qui fut presque toute sa vie un grand éditeur — issu de la meilleure élite intellectuelle de Nouvelle-Angleterre —, est aussi un cuisinier remarquable et un excellent écrivain culinaire. Depuis quand aime-t-il faire la cuisine ? Il ne s'en souvient même pas, bien que cette passion semble dater du temps où il rendait visite à sa grand-mère dans le Maine. Elle habitait une grande maison sans chauffage où tout le monde, en hiver, se rassemblait dans la cuisine où rougeoyait le fourneau à bois. Jason, alors âgé de six ans, s'asseyait sur le buffet bleu juste à côté du fourneau pour regarder sa grand-mère porter à table la soupe et les tourtes qu'elle venait de sortir du four.

Dans la cuisine de Jason, il y a une cheminée surélevée dont le foyer est à hauteur du genou, un fauteuil capitonné et un plan de travail en billot de boucher dont la partie utilisable ne mesure pas plus de soixante à quatre-vingts centimètres de longueur. Les soixante centimètres restants sont occupés par une machine à expressos sophistiquée. Il n'a donc pas besoin de davantage de place pour cuisiner ? « Pas du tout. Plus on a de place, plus on salit. » La règle d'or est de nettoyer au fur et à mesure qu'on travaille. Il y a déjà préparé des repas pour cinquante personnes sans le moindre problème.

Il y a aussi un réfrigérateur dont la porte est couverte de photos, un vieil évier en émail blanc, diverses casseroles et poêles suspendues à une grille en hauteur. Au mur est fixé un très long aimant à couteaux chargé d'une bonne vingtaine ou trentaine de couteaux de taille échelonnée. Pas un seul livre de cuisine. Il y en a dans la pièce à côté, mais Jason ne s'en sert jamais. Dans sa vie d'éditeur, il en a publié beaucoup, et il lui arrive d'en lire un pour se détendre. Sa cuisine est faite pour lire, boire un verre, grignoter quelques amuse-bouche avant le dîner, ou simplement pour s'asseoir et parler. La cuisine est le cœur véritable de la maison, le cœur de la vie.

27

JANVIER

LES LIVRES DE CUISINE

Dans les livres de cuisine d'autrefois, les quantités d'ingrédients étaient signalées par « un peu de ceci » et « un peu de cela », et les instructions étaient du style « faites cuire jusqu'à ce que ce soit prêt ». La plupart du temps, les recettes n'étaient pas notées, et quand elles l'étaient, elles se reposaient sur un certain niveau d'expérience et d'expertise de la part du cuisinier. Tout cela changea en 1863 lorsque parut en Angleterre le *Book of Household Management*[1] (*Livre d'économie domestique*) d'Isabella

1. Tous les ouvrages cités dans cette notice sont à titres divers des classiques de la littérature culinaire américaine, genre très prolifique depuis plus d'un siècle. Beaucoup sont liés à des restaurants, à des quotidiens ou à des traiteurs, comme l'ultra-populaire *Silver Palate Cookbook* de Julee Rosso et Sheila Lukins, paru en 1982. *The Loaves and Fishes Cookbook*, écrit par Anna Pump et Gen Leroy, est un autre de ces classiques, paru en 1985.

Beeton. L'auteur y précisait les quantités et recommandait à ses lecteurs d'utiliser des balances et des poids afin de s'assurer non seulement que le résultat serait bien tel qu'ils l'espéraient, mais aussi qu'ils pourraient l'obtenir de nouveau le jour où ils recommenceraient. Quant à Fannie Farmer, connue comme la mère des cuillerées à soupe rases, elle publia en 1896 un livre de recettes resté célèbre.

Depuis, des milliers d'ouvrages de cuisine ont paru. Aux États-Unis, le grand best-seller, depuis sa première édition en 1930, reste le *Better Homes and Gardens New Cookbook*, suivi de *Joy of Cooking* (*La Joie de cuisiner*), qui parut l'année suivante. Comme tant de jeunes mariées ou de jeunes filles quittant le foyer familial, Kay reçut un exemplaire de *Joy*, qui traversa par la suite toutes les épreuves possibles, y compris une inondation dans la cuisine, et qu'elle consulte encore malgré ses pages gondolées et son absence de couverture.

Nous préférons, parmi les livres culinaires, ceux dont les recettes sont fiables et les ingrédients faciles à trouver. Parmi ceux-ci, *Bistro Cooking* de Patricia Wells, le premier *Silver Palate Cookbook* et, pour compléter *Joy of Cooking*, quelques recueils de base tels que le *New York Times Cookbook* de Craig Claiborne et le *James Beard Cookbook*, « nouvelle édition revue et corrigée » en 1996, maintenant épuisé. Notre exemplaire tient grâce à des élastiques. Il y a aussi les livres que nous consultons moins souvent, mais qui ne nous le font jamais regretter : *The Loaves and Fishes Cookbook* (*Le Livre des pains et des poissons*) et *The Union Square Café Cookbook*.

Et puis il y a aussi ceux que l'on adore parcourir sans avoir jamais l'intention de s'en servir.

Le peintre Toulouse-Lautrec adorait cuisiner ; il avait compilé et illustré ses propres recettes. Inoubliable est sa recette de poulet qui commence par une description détaillée du calibre des plombs à insérer dans le fusil et où l'auteur recommande, avant de tuer le poulet, de le poursuivre un peu dans la cour de la ferme afin que sa chair soit plus tendre.

28
JANVIER
LES GONCOURT

« La femme, l'amour, écrit Edmond de Goncourt dans le fameux journal qu'il rédigea avec son frère entre 1851 et 1896, c'est toujours la conversation d'une réunion d'intelligences, en train de boire et de manger. »

Dînant avec les Goncourt et d'autres convives à Paris en 1878, Tourgueniev fut prié de raconter la rencontre amoureuse la plus marquante qu'il eût jamais faite. Après avoir réfléchi quelques instants, Tourgueniev, qui était issu d'une riche famille de propriétaires terriens, confia que c'était à l'âge de quinze ans. Il n'avait encore aucune expérience sexuelle. Il y avait chez lui une jolie femme de chambre, une fille serve dont le visage n'avait rien d'exceptionnel à part une espèce de grandeur stupide, et voilà qu'un jour de pluie, à la tombée du soir, alors qu'il rêvassait en se promenant dans le jardin, elle vint à lui, le saisit par les cheveux et lui dit simplement : « Viens ! » C'est ainsi qu'il fut initié à l'amour. Chaque fois qu'il se souvenait de cet épisode, ajouta Tourgueniev, il se sentait heureux.

29
JANVIER
LES SPAGHETTI ALLA CARBONARA

Jusqu'au XVIIe siècle, les pâtes, cuites à l'eau et sans fioritures, restèrent un plat de pauvre, bien qu'on en eût servi au banquet de mariage de Catherine de Médicis en 1533. Lors de son séjour à Paris de 1784 à 1789, Thomas Jefferson découvrit les pâtes, qui lui plurent à tel point qu'il en acheta deux caisses et les rapporta chez lui. Pourtant, c'est avec les grandes vagues d'immigration italienne, vers la fin des années 1880, que les pâtes firent leur véritable entrée en Amérique. On les appelait alors « macaroni », terme générique qu'emploient encore les Italo-Américains.

Une sauce doit légèrement enrober les pâtes ; en ajouter trop est une erreur fréquente. Si la sauce contient de l'huile d'olive, versez-en encore un peu juste avant de servir pour réveiller la saveur. Le saladier où vous mélangez les pâtes et la sauce doit être chaud ; l'eau de cuisson des pâtes peut servir à le chauffer. Ajoutez les pâtes à la sauce dans le saladier, puis remuez délicatement en tournant, comme si vous mélangiez une salade.

Lorsque la préparation exige du fromage râpé, mélangez-le d'abord aux pâtes avant d'ajouter celles-ci à la sauce. N'utilisez que du véritable parmesan reggiano. Les fromages râpés achetés dans le commerce n'en sont qu'un substitut médiocre.

En dehors d'un peu de beurre et de sel, il existe une infinité de recettes de sauces pour pâtes. Nous préparons depuis des années une recette de spaghetti délicieuse à tous les coups : les *spaghetti alla carbonara*, ou spaghetti du charbonnier. À base de quelques ingrédients simples, elle peut être réalisée sur l'inspiration du moment. Voici la recette d'une amie italienne, Franca Tasso.

SPAGHETTI ALLA CARBONARA

3 GROS ŒUFS TRÈS FRAIS
50 G, OU PLUS, DE PARMESAN FRAÎCHEMENT RÂPÉ
SEL
POIVRE DU MOULIN
6 TRANCHES DE POITRINE FUMÉE
OU DE PANCETTA D'ENVIRON 3 MM D'ÉPAISSEUR
2 CUILLERÉES À SOUPE D'HUILE D'OLIVE EXTRA-VIERGE
500 G DE SPAGHETTI (LA MARQUE DECECCO EST EXCELLENTE)

Dans un grand saladier, battez les œufs, le fromage, le sel et le poivre jusqu'à l'obtention d'un mélange plus épais qu'une crème liquide mais plus liquide qu'une pâte à crêpes. Taillez la poitrine ou la pancetta en petits morceaux et faites-les revenir doucement dans l'huile d'olive. Par ailleurs, faites cuire les pâtes dans trois ou quatre litres d'eau bouillante salée. Lorsque les pâtes sont *al dente*, égouttez-les et ajoutez-les rapidement dans le saladier contenant le mélange d'œufs et de fromage, et mélangez. Ajoutez la pancetta chaude avec l'huile d'olive de cuisson, et continuez de mélanger pour cuire les œufs. Pour quatre personnes.

30

JANVIER

LE VIN

Le vin, sous tous ses aspects, est un sujet vaste et complexe. Il a ses experts, feints ou véritables, et ceux qui en savent beaucoup plus qu'on en a raisonnablement besoin. Le vin, c'est comme tout le reste : si vous aimez ça, vous apprendrez.

Il existe des règles simples et fondamentales qu'il est bon de connaître d'emblée : à un repas, servir le vin blanc avant le rouge, servir le vin jeune avant le vieux et les vins secs avant les vins doux. La règle courante exigeant de servir du rouge avec la viande et du blanc avec le poisson a pu avoir son utilité autrefois, mais elle est aujourd'hui moins pertinente compte tenu de la grande variété d'assemblages et de cépages disponible. Rust Hills, écrivain et rédacteur en chef d'*Esquire*, en avait une autre qui n'était pas pire : vin blanc au déjeuner, vin rouge au dîner.

Tout aussi nombreux et variés sont les points de vente, du supermarché au caviste distingué. Si vous n'avez pas affaire au second, souvenez-vous que le bon vin, sans être fragile, ne doit pas avoir été malmené durant son transport ou son stockage, ni soumis à de fortes variations de température. Le bouchon est un moyen de vérifier cela. Si, sous sa cape de métal ou de plastique, il dépasse légèrement du col de la bouteille, cela indique que le vin a été exposé à des températures trop élevées ou trop basses. Choisissez une autre bouteille. Et ne vous souciez pas de la présence de lie ou de résidu : elle n'est pas mauvais signe dans un vin vieux. Au contraire.

Si vous avez la chance d'avoir un bon caviste, celui-ci vous donnera de précieux conseils. Autrefois, les cavistes et les marchands de vins jouissaient d'un statut respecté. Au Moyen Âge, sur une période de vingt ans (1307-1327), quatre marchands de vins devinrent maires de Londres.

31
JANVIER

QUE SERVIR AVEC QUOI

Il existe des centaines de crus différents, produits dans de nombreux pays ou régions, et on ne peut attendre du consommateur moyen qu'il en connaisse plus d'un petit nombre, ni qu'il puisse, doté de ce savoir rudimentaire, répondre à la question éternelle de l'accord mets-vins.

Il est vrai que les vins blancs sont en général plus acides que les rouges, ce qui les rend plus adaptés aux poissons et fruits de mer qui nécessitent l'usage de citron. On peut dire sans risque d'erreur que les chardonnays, pour la plupart, vont bien avec les poissons. La viande, en général — notamment le bœuf et l'agneau, mais non le veau —, s'accorde avec un vin rouge corsé ou moyennement corsé.

Quelques sages principes à retenir :

- Le champagne rosé et le champagne brut vont avec tout.
- Le vin rouge ne va pas avec le fromage, et surtout pas avec les fromages frais. Le blanc sec convient mieux, particulièrement avec les chèvres.
- Aucun vin ne va avec un dessert au chocolat ou une salade à la vinaigrette.
- Le vin prend un goût métallique associé aux artichauts ou aux asperges.
- Un vin simple convient le mieux aux plats élaborés. Inversement, un vin complexe va mieux avec des plats simples ; *a fortiori* un vin exceptionnel.

Voici aussi quelques ingrédients qui, au cours d'un repas, risquent d'interférer dans l'appréciation d'un vin : le vinaigre, les oignons, l'ail, les épices, le curry et la moutarde.

FÉVRIER

■ NOTRE CARNET DE RECETTES
■ NELL GWYN ■ LES OLIVES ■ À POINT
■ LA SOUPE À L'OIGNON ■ LE CAVIAR
■ ROOM SERVICE ■ LA SALADE CAESAR
■ RUSKIN ■ LA GARNITURE FORESTIÈRE
■ LE CADEAU À L'HÔTESSE ■ LE BOUQUET
■ LE RÉGIME PARFAIT ■ L'ŒUF À LA COQUE
■ ÊTRE CONSTANT ■ LE CHOCOLAT
■ LE GRAND VÉFOUR ■ LE RIZ ■ MOLIÈRE
■ LE DESSERT ■ LE SENS DU GOÛT
■ LE POIVRE ■ LE CURE-DENTS ■ BEAUVILLIERS
■ LUIS BUÑUEL ■ LA BANANE
■ LE JUS DE CITRON ■ HAUT-BRION
■ LE POISSON ■ GOÛT ET MÉMOIRE
■ LE PETIT DÉJEUNER ■ LA MATURATION
DU BŒUF ■ ROSSINI

1er
FÉVRIER

NOTRE CARNET DE RECETTES

Nos recettes préférées, obtenues d'amis, de restaurants et de livres, sont réunies dans notre cahier. Elles sont notées à la main, pour la plupart, et organisées en catégories, même si à la longue les salades ont dérivé jusqu'au chapitre des pâtes et qu'il y a des entrées parmi les soupes. Au moins, nous savons à peu près où trouver chacune d'entre elles. Des commentaires ont été ajoutés dans les marges : combien de fois s'est resservi un convive qui raffolait du plat ; modifications d'ingrédients ou de préparation inspirées par l'expérience.

Notre fils, à l'adolescence, tint aussi son carnet de recettes. À l'âge de dix-huit ans, il y avait déjà inscrit le bœuf braisé de sa tante, la salade Caesar, une sauce pour pâtes maison, l'*apple crisp* d'un ami artiste et, pour plus tard, la recette du dry martini.

2
FÉVRIER

NELL GWYN

2 février 1650. Nell Gwyn, fille d'une tenancière de bordel, voit le jour à Londres. Si l'on en croit le diariste Samuel Pepys, elle grandit en remplissant les verres des clients et devint actrice très jeune sous l'aile protectrice (pour employer ce terme) d'un acteur célèbre appelé Charles Hart. Elle s'éleva ensuite à la dignité de maîtresse d'un lord, puis, à dix-neuf ans, de maîtresse du roi Charles II en personne. Spirituelle, généreuse et illettrée, elle fut la seule des maîtresses de ce souverain à être adorée du peuple et conserva seize ans sa place dans le lit royal, jusqu'à la mort de Charles II en 1685. Elle lui donna deux fils, qui devinrent lords, et distrayait le roi et ses amis par ses extravagances. Elle mourut à l'âge de trente-sept ans, deux ans après le roi.

Nell Gwyn avait commencé comme *orange girl*, une de ces jeunes filles qui, dans les théâtres, vendaient des oranges et parfois elles-mêmes à un prix nettement plus élevé, ainsi que le remarque Waverley Root[1]. Les oranges n'étaient pas tant destinées à être mangées qu'à être respirées pour se protéger de la puanteur du public.

Le statut de l'orange, qui se tient aux côtés de la pomme et du raisin comme un des fruits les plus vénérés au monde, n'a rien d'usurpé. Probablement originaire de Chine, l'orange a le privilège de ne pas être mentionnée dans la Bible, et sa couleur vive n'est pas un signe de maturité mais plutôt des températures auxquelles le fruit a été soumis durant sa croissance. La riche couleur orangée que nous connaissons résulte souvent de teinture ou de traitements destinés à éliminer la couleur verte.

3

FÉVRIER

LES OLIVES

Selon une légende de la Grèce antique, deux divinités de l'Olympe se querellaient pour savoir laquelle des deux donnerait son nom à une nouvelle ville sur la mer Égée. Elles décidèrent de concourir : chacune ferait un don à l'humanité, qui déciderait ensuite lequel aurait la plus grande valeur. Poséidon offrit le cheval. Athéna frappa le sol de sa lance, faisant apparaître un olivier. Les hommes nommèrent cette ville Athènes.

Les olives étaient un aliment de base dans l'Antiquité et le sont restées dans les traditions culinaires méditerranéennes. En authentique Athénien, Platon les déclarait sa denrée favorite. Il en existe des dizaines de variétés, de toutes tailles et de toutes formes, mais à quelques exceptions près les olives vertes sont récoltées avant maturité, encore amères. La plupart, comme les olives d'Italie et les fameuses olives de Kalamata en Grèce, sont laissées sur l'arbre pour y mûrir et y prendre une couleur noire,

1. Voir le 15 avril.

violette ou brune, une consistance plus tendre et une chair plus grasse.

La majorité des olives sont pressées pour obtenir une huile qui, dans les temps anciens, ne servait pas seulement d'ingrédient pour cuire et assaisonner les aliments mais aussi de combustible pour des lampes, de lubrifiant pour déplacer des objets lourds — par exemple la pierre de taille — et même de parfum. Elle avait également un usage médicinal : on s'en frottait la peau pour favoriser la santé et la longévité.

Le fruit et l'huile contiennent des « bonnes » graisses, c'est-à-dire des acides gras mono-insaturés, dépourvus de cholestérol. Quand on n'en fait pas de l'huile, les olives sont généralement marinées dans la saumure, dans l'huile, dans l'eau ou même dans la chaux — comme on le fait en Espagne —, ou dans un mélange de tout cela, puis conservées dans l'huile, la saumure ou le vinaigre ; parfois elles sont dénoyautées et farcies, ou aromatisées aux herbes. Elles peuvent aussi être marinées au sel, ce qui les dessèche et leur donne un aspect ridé tout en intensifiant leur saveur.

4

FÉVRIER

À POINT

Maîtriser le temps est essentiel, dit-on ; c'est particulièrement vrai en cuisine. Comme le notait l'écrivain anglais Launcelot Sturgeon : « Il est plus facile de saisir le moment crucial au boudoir qu'en cuisine. »

Toutes les cultures ont une expression pour désigner ce qui a atteint l'exact point de cuisson, le minutage parfait, à la seconde près. En Italie, les pâtes sont prêtes quand elles sont *al dente*, c'est-à-dire légèrement sous-cuites, offrant une petite résistance sous la dent. Les Chinois emploient le terme *cui* pour indiquer qu'un ingrédient est au meilleur de sa qualité ou parfaitement cuit. L'expression française « à point » qualifie les fruits parfaitement mûrs, en anglais *perfectly ripe*, et la viande cuite à cœur, en anglais *medium*.

LA SOUPE À L'OIGNON

Dans les années 60, Samuel Beckett et Harold Pinter, au terme d'une nuit de beuverie à Paris, s'échouèrent aux Halles à 4 heures du matin, à la recherche d'une soupe à l'oignon. Pinter s'endormit à table, épuisé et souffrant de crampes d'estomac. Quand il se réveilla, il apprit que Beckett avait traversé toute la ville pour lui trouver du bicarbonate de sodium. « Je compris alors, écrit Pinter, que j'avais affaire à un homme qui n'ignorait rien de la condition humaine. »

5

FÉVRIER

LE CAVIAR

Déjà dans les années 1890, quand les caviars d'esturgeon américain et français se vendaient pour presque rien, le caviar russe était d'un niveau supérieur en prix comme en qualité. De nos jours, la pollution a presque entièrement fait disparaître l'esturgeon, sauf dans la région de la mer Caspienne. Le caviar est rare, son importation fut parfois interdite, les prix ont continuellement monté en flèche. Les tsars et plus tard Staline contournèrent cet inconvénient en s'appropriant des tonnes de ce produit.

Anna Grigorievna, l'épouse de Dostoïevsky, bien qu'occupant une place moins élevée sur l'échelle du pouvoir, était néanmoins capable de se procurer ce délice. Chaque fois que son mari terminait l'écriture d'un chapitre de *Crime et Châtiment*, elle le récompensait en lui servant du caviar puis en l'invitant au lit.

Les différentes catégories de caviar portent le nom des variétés d'esturgeon qui les produisent : béluga, oscietre et sevruga. Les œufs minuscules sont conservés au sel, mais moins on emploie de sel, meilleur est le goût. Le caviar très haut de gamme est le malossol, qui signifie « légèrement salé » en russe. Quant au caviar très salé de l'Hudson, il était autrefois si abondant qu'on le servait gratuitement dans les bars de New York pour donner soif aux clients.

6
FÉVRIER

ROOM SERVICE

Les serveurs de restaurant, c'est une chose, la relation se fait face à face. Le *room service*, c'est tout autre chose. On discute au téléphone avec quelqu'un qu'on ne voit pas et qui se trouve Dieu sait où.

Irving Lazar, plus connu sous le surnom de Swifty, petit homme d'une grande pugnacité, fut pendant plus de quarante ans, à partir des années 40, un célèbre agent d'écrivains et d'acteurs. Séjournant dans un hôtel de l'Ouest américain, un matin, il appela le *room service* pour commander son petit déjeuner.

« Oui monsieur, que désirez-vous ? »

Il désirait des toasts. En fait, il désirait des toasts brûlés sur une face mais blancs sur l'autre. Il aimerait bien aussi un œuf à la coque, mais pas tout à fait cuit : un peu baveux au sommet. Et du café, mais pas chaud, juste tiède. Dans combien de temps pouvait-on lui servir ça ?

« Désolé, monsieur, lui fut-il répondu, mais nous ne sommes pas équipés pour produire cela.

— Vous l'étiez bien hier », répondit sèchement Lazar.

7
FÉVRIER

LA SALADE CAESAR

Il y a peu de gens qu'une bonne salade Caesar ne comble pas de bonheur, surtout quand elle est préparée selon la recette originale de Caesar Cardini, le chef d'origine italienne qui la créa dans son restaurant de Tijuana en 1924. Selon l'anecdote, des clients étaient arrivés tard dans la soirée ; il avait rassemblé quelques ingrédients qui lui restaient en cuisine, puis demandé à un serveur de les assembler et de les mélanger à table, comme si la salade résultante avait été une spécialité de la maison.

Depuis, d'innombrables variantes ont été développées, la plupart se faisant passer pour la recette originale qui, en réalité, ne contenait que de la romaine, de l'ail, de l'huile d'olive, du parmesan râpé et de la sauce Worcestershire, mais ni anchois ni œuf. Nous-mêmes, nous avons éliminé les anchois, beaucoup de nos invités ne les aimant pas, ainsi que les œufs à la coque, car l'œuf cru peut transmettre la salmonellose.

Les croûtons sont meilleurs faits maison et le fromage râpé à la main à partir d'un bloc de véritable parmesan italien. Les feuilles extérieures de la romaine, plus sombres et plus coriaces, doivent être éliminées ; seul le cœur vert tendre et croquant doit être utilisé, déchiré à la main en petits morceaux.

Voici notre version de la sauce classique :

SALADE CAESAR

1 CUILLERÉE À CAFÉ DE SAUCE WORCESTERSHIRE
1 GOUSSE D'AIL ÉCRASÉE
2 CUILLERÉES À SOUPE DE JUS DE CITRON FRAIS
5 CUILLERÉES À SOUPE DE BONNE HUILE D'OLIVE
1 ROMAINE
PARMESAN
1 BONNE PINCÉE DE SEL

Dans un bocal en verre muni d'un couvercle, réunissez les quatre premiers ingrédients et le sel, fermez et secouez jusqu'à ce qu'ils soient bien mélangés. Goûtez et rectifiez si nécessaire. Versez cette sauce sur la romaine, puis ajoutez le parmesan râpé et les croûtons que vous aurez préparés en coupant en petits dés de 1 à 1,5 cm de côté des tranches de vrai pain blanc, campagne ou au levain, débarrassées de leur croûte. Mélangez-les avec de l'huile d'olive et un peu d'ail écrasé, puis faites-les dorer au four ou à la poêle. En France, on spécifierait que le pain doit être rassis. Mélangez la salade et servez immédiatement. Pour environ 6 personnes.

8
FÉVRIER
RUSKIN

Le 8 février 1819, John Ruskin naît dans une maison de Brunswick Square, à Londres, de parents fortunés. Il partage avec la reine Victoria la même année de naissance : tous deux vont régner ensemble sur le siècle, Ruskin dans le domaine de l'esthétique. Il fut en effet le plus grand critique d'art anglais, ou plus exactement un véritable dictateur de l'opinion artistique. Son seul ouvrage *Modern Painters* comprend cinq volumes et l'écriture en a pris dix-sept ans. C'était aussi un grand théoricien social qui proposait des idées outrageusement radicales, par exemple une retraite pour les personnes âgées ou un système d'éducation nationale.

Bien qu'il connût intimement la Bible et tout aussi intimement la peinture et l'architecture, il paraît s'être senti moins assuré, voire complexé, avec les femmes. On dit que la simple vue d'un corps féminin dénudé le mettait mal à l'aise jusqu'à le rendre parfois physiquement malade. Il se maria une fois ; ce mariage dura six ans et, apparemment, ne fut jamais consommé.

Il conseillait aux jeunes épouses de pratiquer à la fois, dans leur foyer, « la méticulosité anglaise, le raffinement français et l'hospitalité arabe ». Il y a, déclarait-il, trois vertus féminines. La première était d'être intensément heureuse. La deuxième, de s'habiller magnifiquement et d'étendre cette beauté à la maison. La troisième vertu, ajoutait-il, était de cuisiner.

9
FÉVRIER
LA GARNITURE FORESTIÈRE

C'est probablement en mangeant pour la première fois, à Chamonix ou à Megève, des médaillons de veau forestière — petits, ovales, servis avec des champignons, des lardons blanchis et un jus lié — que je découvris cette expression aux accents de la plus parfaite honnêteté. « Forestière » paraissait évoquer un mets préparé par un bûcheron, ou par une famille menant une vie simple et honnête. Mon œil ne va jamais plus loin quand il la trouve sur un menu. Avec des pommes de terre, des carottes, et même un œuf mollet, et des champignons sautés au beurre avec des lardons. Vaut le détour.

J. S.

LE CADEAU À L'HÔTESSE

Quand on est invité à dîner, la solution de facilité est d'apporter une bouteille de vin. Pour ceux qui invitent, ce n'est pas si simple. Si le vin ne s'accorde pas au repas, on se demande avec gêne s'il faut l'ouvrir, *a fortiori* si c'est une bonne bouteille, car l'invité s'attend peut-être à en boire. L'autre solution, c'est de ne pas l'ouvrir et de la ranger. On peut y inscrire le nom de l'invité afin de se souvenir de la ressortir quand il reviendra.

En Europe, les invités tiennent pour acquis que l'hôtesse a déjà soigneusement choisi les vins en accord avec son menu ; apporter du vin serait presque une insulte. La même logique s'applique à tout ce qui pourrait trouver place dans le repas, comme des confiseries. Les fleurs sont un choix fréquent, mais elles exigent que l'hôtesse interrompe ses préparatifs pour les mettre dans un vase, les disposer et leur trouver une place.

Plus haut sur l'échelle sociale, la tendance à apporter des cadeaux diminue, peut-être parce que les invités considèrent que leurs hôtes ont déjà tout.

10

FÉVRIER

LE BOUQUET

Des mots magnifiques sont liés au vin, sans doute en raison de la place qu'il occupe depuis si longtemps dans nos cœurs. « Robe », par exemple, pour décrire sa couleur. « Bouquet » est un terme moins précis qui décrit l'odeur, pour laquelle il existe d'ailleurs deux termes : « arôme » et « bouquet ». « Arôme » est employé pour l'odeur simple de raisin et de fermentation que l'on trouve généralement dans les vins jeunes, tandis que « bouquet » est une notion plus complexe : c'est la qualité olfactive d'un vin qui a évolué en bouteille — son parfum, pour ainsi dire. C'est un bon indicateur de qualité, du caractère et de la profondeur du vin. Les vins jeunes et les vins blancs, normalement, ne le possèdent pas.

Pour apprécier le bouquet d'un bon vin rouge, il faut le servir entre 16 et 18 °C ; c'est aussi la température qui permet le mieux d'apprécier sa saveur, mais elle est bien en dessous de la moyenne des pièces d'habitation aux États-Unis. Si le vin est trop froid, il dégagera peu d'odeur, mais à plus de 18 °C l'alcool commence à se faire sentir en même temps que les autres notes olfactives. Par conséquent, lorsqu'on recommande de servir un vin à température ambiante, il faut comprendre que celle-ci est en général légèrement inférieure à celle de la pièce. Si vous gardez environ trente minutes au réfrigérateur un vin rouge qui vient d'une pièce à température normale, vous le rafraîchirez à 16 °C.

La température correcte pour un vin blanc est légèrement plus fraîche, mais non glacée : la plupart des experts s'accordent à la situer entre 13 et 16 °C, ce qui équivaut à une heure au réfrigérateur au maximum. Sous cette limite, si la température descend trop, le goût commence à n'être plus perceptible.

11

FÉVRIER

LE RÉGIME PARFAIT

Les héros de la guerre de Troie paraissent s'être nourris principalement de mouton et de porc rôti. En réalité, les Grecs de l'Antiquité, la mer entourant leur territoire de toute part, mangeaient beaucoup de poisson : sole, turbot, thon, poulpe. Ils ne manquaient pas de gibier non plus.

Aucun type d'aliment en soi ne peut assurer à l'homme la totalité de ses besoins nutritionnels ; ce principe ne s'applique pas aux animaux. Les modes d'alimentation varient de pays en pays et d'époque en époque, mais chacun fournit plus ou moins, sous une forme ou une autre, tous les éléments nécessaires. Socrate recommandait aux citoyens d'Athènes de se nourrir principalement de pain, de fromage, de légumes, d'olives et de fruits. Ce régime, disait-il, les garderait en bonne santé toute leur vie durant et leur assurerait de mourir à un âge avancé. Pourtant Galien, médecin grec dont la doctrine influença fortement la science médicale pendant des siècles, se méfiait des fruits. Il affirmait que si son père était mort centenaire, c'était parce qu'il n'en mangeait jamais.

Au Moyen Âge, la notion encore vivace que l'alimentation était plus importante que les remèdes dominait la médecine occidentale. Quelle alimentation, c'était une autre histoire. Il était admis que toutes choses sur terre étaient constituées de quatre éléments : l'air, le feu, l'eau et la terre. Dans le corps humain, cela se traduisait par quatre humeurs correspondantes : le sang, la bile jaune (colère ou bile), le phlegme (calme ou apathie) et la bile noire (mélancolie). Ainsi, un homme de tempérament cholérique (feu) devait éviter les aliments « chauds », tandis que les aliments « froids » tels que les fruits lui convenaient.

On peut imaginer que nos conversations à table, elles aussi, puissent être chaudes ou froides. Les sujets portant sur la religion, la politique et le sexe peuvent être qualifiés de chauds, bien que, selon George Bernard Shaw, ce soient les seuls thèmes de conversation qui puissent convenir aux gens intelligents.

12

FÉVRIER

L'ŒUF À LA COQUE

« Surtout, faites simple ! » disait Escoffier à propos de grande cuisine.

Qu'y a-t-il de plus simple et de plus pur qu'un œuf à la coque dans son coquetier, sur la table du petit déjeuner, accompagné d'un toast beurré ? Le coquetier joue un rôle essentiel. Tout en étant le support permettant que l'œuf, encore trop chaud pour être touché, puisse être décalotté avec précaution, il est aussi un piédestal exaltant sa beauté. Une pincée de sel, peut-être une noisette de beurre, et une cuillère assez petite pour pénétrer à l'intérieur : vous avez devant vous un des grands festins de l'existence. Aucune omelette, aucune préparation élaborée à base d'œufs pochés, en sauce, brouillés, etc., ne saurait le surpasser.

Pour obtenir un œuf à la coque, déposez un œuf à température ambiante dans de l'eau à très légère ébullition pendant environ six minutes.

Pour un œuf dur, laissez l'œuf entre dix et douze minutes dans l'eau frémissante, puis plongez-le de six à sept minutes dans de l'eau froide pour interrompre la cuisson et écaler plus facilement. Si les œufs sont trop cuits, le blanc devient caoutchouteux et le jaune a tendance à s'effriter.

13

FÉVRIER

ÊTRE CONSTANT

1895. À Londres, ce soir a lieu la première de la pièce d'Oscar Wilde *L'importance d'être constant*. Dans une scène, Jack et Algernon, alors qu'ils prenaient le thé dans le jardin de Jack, ont été pris en flagrant délit de mensonge par leurs fiancées, qui viennent de les quitter précipitamment.

> JACK : Comment peux-tu rester assis ici, à manger tranquillement des muffins, quand nous sommes dans une situation si abominable ? Ça me dépasse. Tu m'as l'air complètement insensible.
>
> ALGERNON : Je ne peux pas manger des muffins dans l'agitation. Le beurre coulerait inévitablement sur mes manchettes. Il faut toujours manger des muffins dans le plus grand calme. Il n'y a pas d'autre moyen de les manger.

JACK : Et moi, je dis qu'il faut être parfaitement insensible pour manger des muffins dans les circonstances où nous sommes.
ALGERNON : Quand j'ai des ennuis, manger est la seule chose qui me console. Et même, quiconque me connaît bien te dirait que quand j'ai vraiment de très gros ennuis, je refuse tout, sauf de manger et de boire. En ce moment, je mange des muffins parce que je suis malheureux. De plus, j'aime beaucoup les muffins.

14
FÉVRIER
LE CHOCOLAT

Il n'y a rien d'étonnant à ce que le chocolat, muni de sa réputation d'aphrodisiaque, soit un des cadeaux de Saint-Valentin les plus répandus. Cette fête de l'Amour et des Amoureux tire son nom, selon la légende, d'un prêtre romain martyr qui mariait des couples en bravant l'interdit de l'empereur Claude II, lequel était persuadé que les célibataires faisaient de meilleurs soldats.

Sans prêter au chocolat des vertus de stimulant sexuel, la science moderne nous apprend qu'il est un stimulant naturel de l'humeur. Son nom vient du maya *tchocolatl*. Chez les anciens Mayas, d'ailleurs, les fèves de cacao étaient si précieuses qu'elles servaient de monnaie. Il en fallait quatre pour acheter une courge, dix pour un lapin, et douze pour les faveurs d'une prostituée.

Christophe Colomb, lors de son quatrième et dernier voyage en 1502, fut le premier Européen à goûter du chocolat. Il n'en fit pas grand cas, mais d'autres se mirent à l'apprécier. À l'origine, il fut une denrée réservée à la noblesse, mais à la longue il trouva le chemin des foyers bourgeois. Brillat-Savarin, qui le recommandait pour lutter contre la léthargie et même la gueule de bois, remarquait : « Les personnes qui font usage de chocolat sont celles qui jouissent d'une santé plus constamment égale, et qui sont le moins sujettes à une foule de petits maux qui nuisent au bonheur de la vie. »

Consommé pour le léger effet stimulant de la caféine qu'il contient et pour sa saveur, le chocolat fut servi sous forme liquide tant que l'on n'eût pas maîtrisé l'art de le solidifier correctement, ce qui advint au XIXe siècle. En moyenne, chaque Américain en mange presque six kilos par an, mais les États-Unis n'arrivent qu'à la huitième place pour sa consommation mondiale. La Suisse, avec plus de dix kilos par personne, est en tête.

Il contient près de trente grammes de matière grasse pour cent grammes, mais c'est une graisse qui n'augmente pas le taux de cholestérol. Pour ceux qui ont besoin d'une excuse supplémentaire, le chocolat noir contient quinze fois plus d'antioxydants que les brocolis.

15

FÉVRIER

LE GRAND VÉFOUR

Nous allons rarement dans les restaurants trois-étoiles. Tant les prix que l'attitude révérencieuse des clients qui murmurent à demi diluent le plaisir que nous pourrions en tirer. Pourtant, un certain mois de février, à la fin d'une semaine à Paris largement consacrée à la visite du Louvre, nous décidâmes de terminer sur une note grandiose en déjeunant au Grand Véfour, « célèbre dans le monde entier », ainsi que l'indique le guide Michelin. Nous l'avions choisi à la fois pour son somptueux décor du XVIIIe siècle, pour sa cuisine et pour son service.

Seul un monument historique prestigieux peut se permettre de fermer tout le mois d'août, de Noël au jour de l'An inclus et une semaine en avril, sans oublier le jeudi soir et chaque week-end de l'année.

Situé à l'extrémité Nord du Palais-Royal, il eut pour première incarnation le Café de Chartres, qui devint un rendez-vous de révolutionnaires. Comme il faut vivre avec son temps, sa clientèle fut bientôt composée de bonapartistes ; Joséphine y dînait avec Napoléon. En 1820, après être passé entre les mains de plusieurs propriétaires successifs, le lieu fut acquis par

Jean Véfour, qui lui donna son nom. Victor Hugo fut parmi les premiers habitués, suivi entre autres par Colette à un siècle de distance. Lorsque ses rhumatismes lui interdisaient de marcher, elle s'y faisait porter à bras d'hommes depuis son appartement du Palais-Royal.

Le menu du déjeuner coûte environ l'équivalent de 85 dollars quand le dollar est fort. Ça vaut le coup. L'association de cette riche cuisine et du vin du déjeuner ayant donné à Jim un teint violacé, la dame du vestiaire crut bon de lui demander s'il n'était pas indisposé. Il parvint à la rassurer : « Non, rien qu'une balade dans les jardins du Palais-Royal ne saurait guérir. »

Il lui fut alors rappelé le récit que feu Warner LeRoy, propriétaire corpulent et haut en couleur des restaurants The Tavern on the Green et The Russian Tea Room à New York, avait fait d'une expérience au Grand Véfour. Comme il venait de terminer un superbe repas, de l'amuse-bouche au cognac en passant par le chateaubriand, ses accompagnements, le dessert et le café, le serveur lui demanda : « Monsieur, puis-je vous apporter encore autre chose ? »

LeRoy répondit : « Oui. Tout ça, encore une fois. » Et tout fut non seulement resservi, mais aussi consommé.

16

FÉVRIER

LE RIZ

Les Japonais ont la plus longue espérance de vie au monde : 79,9 ans contre 76,7 ans aux États-Unis. Et jusqu'à la fin, ils gardent des os plus solides, subissent moins d'attaques et souffrent moins de maladies cardiaques ; peu sont en excès de poids. La génétique a probablement son mot à dire, mais leur alimentation y est sans doute pour beaucoup. Constituée principalement de riz, de poisson et de légumes, elle est peu calorique, peu grasse et pauvre en cholestérol.

Le riz, excellente source d'hydrates de carbone et de protéines, figurait naguère à tous les repas des Japonais. Même s'il est maintenant plutôt présent à deux repas sur trois, il reste essentiel à la cuisine japonaise. Le mot qui signifie « riz », *gohan*, est synonyme de « repas ». Originaire de Chine et cultivé au Japon depuis deux mille ans, il servait de salaire, par exemple pour les samouraïs, et la richesse d'un propriétaire terrien ne se mesurait pas en surface foncière mais en quantité de riz produite.

Au Japon, les terres agricoles sont rares, mais le riz continue d'être cultivé partout où l'on peut établir une rizière, et cela malgré l'énorme quantité de travail humain nécessitée par le repiquage des pousses. Cependant, le rendement est élevé, et le riz n'est pas seulement une source de nourriture mais aussi de boisson. Il existe aujourd'hui plus de six mille marques de saké, toutes issues de riz mais subtilement différentes par le parfum, le goût et le degré d'alcool. La plupart titrent entre 15 et 20 degrés, variation comparable à celle que connaît le vin de raisin. Que le saké soit bu chaud ou froid, la règle consiste à ne jamais se resservir soi-même ; mais si vous dînez avec des Japonais, vous n'aurez pas à attendre longtemps que quelqu'un le fasse pour vous.

17

FÉVRIER

MOLIÈRE

Ce jour, en 1673, Molière, fatigué et malade mais n'en assurant pas moins son rôle dans *Le Malade imaginaire* — la dernière pièce qu'il devait écrire —, fut pris de violentes quintes de toux. On le ramena chez lui après le tomber de rideau, et l'on dit qu'une fois au lit, il refusa le bouillon et demanda du parmesan, la dernière chose qu'il voulait goûter sur cette terre. Il mourut peu après d'une hémorragie causée par la violence de sa toux.

LE DESSERT

Le mot « dessert » vient de « desservir », qui signifie soit débarrasser la table, soit retirer un élément qu'on y a servi. Son sens a glissé jusqu'à recouvrir tout ce que l'on sert après un repas.

Autrefois, il s'agissait de fruits ou de fromages, qui sont encore un excellent choix : simple comme l'antique, difficile à laisser passer.

Dans les restaurants, les chariots de desserts, chargés de leur assortiment de douceurs, sont réputés avoir été inventés en Italie pour inciter les jeunes filles à ne pas sortir de table pendant les réunions de famille.

18

FÉVRIER

LE SENS DU GOÛT

L'être humain possède en moyenne dix mille papilles gustatives, la plupart situées sur la langue, mais aussi sur le palais et même dans la gorge et le larynx. Les vaches en ont plus du double, ce qui est un peu du gâchis.

Nos papilles sont des cellules cutanées modifiées disposées de façon à capter le sucré (bout de la langue), l'acide (bords latéraux), le salé (surface de la langue) et l'amer (arrière de la langue). Certains individus sont doués d'un sens gustatif plus aiguisé que d'autres, mais tous les humains paraissent naître avec un penchant pour le sucré décelable même chez les nouveau-nés, alors que le goût pour les saveurs épicées ou acides doit s'acquérir. Les papilles sont remplacées environ tous les dix jours et de moins en moins souvent avec l'âge, ce qui explique que nous perdions un peu de notre sens du goût en vieillissant. Et comme les connexions complexes qui s'établissent dans notre cerveau font intervenir l'odorat comme partie intégrante de notre sens gustatif, le goût des aliments s'atténue ou même disparaît lorsque nous sommes enrhumés.

19
FÉVRIER

LE POIVRE

Poivre noir, poivre blanc et poivre vert sont tous le fruit de la même plante, une liane qui s'enroule autour des arbres dans la chaleur tropicale. Le poivre rouge, que l'on appelle aussi poivre de Cayenne, n'est pas un poivre mais un piment, victime d'une erreur d'identification de Christophe Colomb alors qu'il croyait avoir débarqué aux Indes et non aux Caraïbes.

Dans la Grèce et la Rome antiques, le poivre, qui arrivait d'Inde par caravane, était d'un prix si élevé qu'on le préférait à l'argent, métal dont la valeur était sujette à d'énormes fluctuations. On payait donc des loyers en poivre, ainsi que des taxes, des dots et même des pots-de-vin. Le poivre, qui reste l'épice la plus largement utilisée dans le monde, fut d'abord employé comme remède contre les troubles gastriques avant de devenir progressivement une épice pour relever les aliments. C'est grâce à lui que Venise s'enrichit au temps des croisades, comme le firent plus tard le Portugal, la Compagnie hollandaise des Indes orientales et la Compagnie anglaise des Indes orientales, qui répandirent leur influence tout en contrôlant le commerce du poivre.

À maturité, sur la plante, les baies de poivre virent au rouge. Les baies de poivre vert sont récoltées avant ce changement de couleur. Pour obtenir le poivre noir, on laisse les baies mûrir encore avant de les récolter et de les mettre à sécher au soleil jusqu'à ce qu'elles noircissent.

Les baies destinées à devenir du poivre blanc mûrissent encore plus longtemps sur la plante avant récolte. Elles sont ensuite trempées dans l'eau pour assouplir la peau, puis celle-ci est retirée par frottement. Le poivre blanc est en général plus cher, car il faut une plus grande quantité de baies pour obtenir un même poids d'épice.

20 FÉVRIER

LE CURE-DENTS

Ce jour, en 1872, Silas Noble et J. P. Cooley recevaient leur patente pour une machine à fabriquer les cure-dents. Ce n'était pas trop tôt. On a trouvé des marques de cure-dents sur les dentitions d'hommes de la préhistoire, et s'il est fait mention de mastication de bâtonnets dans des documents chinois datant de 1600 avant Jésus-Christ, la pratique en existait déjà à Babylone depuis plus de trois mille ans.

Les premiers cure-dents étaient des brindilles taillées dans des branches d'arbre, aromatisées et parfumées, et servaient à nettoyer les dents. Plus tard, ces brindilles évoluèrent jusqu'à ressembler à des brosses à dents rudimentaires, avec une extrémité pointue et l'autre plus souple, écrasée. Celle-ci devint ensuite une brosse en soies de porc. Les soies furent remplacées par des fibres de Nylon à la fin des années 30, après quoi les brosses à dents électriques ne se firent pas attendre longtemps.

En 1941, à bord d'un bateau voguant vers le Brésil, le romancier et nouvelliste Sherwood Anderson, qui avait influencé Hemingway, mourut d'une péritonite après avoir avalé accidentellement un cure-dents lors d'un cocktail. Il avait soixante-cinq ans.

21 FÉVRIER

BEAUVILLIERS

Jusqu'à la fin du XVIIIe siècle, quand on visitait Paris, il était impossible d'y dîner autrement que chez des amis. Il y avait bien des lieux d'hébergement — auberges et hôtels — où l'on servait à manger, mais seulement à ceux qui avaient loué une chambre.

Le premier vrai restaurant parisien fut ouvert en 1782 par un ancien chef et maître d'hôtel de maison noble, Antoine Beauvilliers. L'établissement, à l'enseigne de La Grande Taverne de Londres, était situé au 26, rue de Richelieu. Le décor y était élégant, les serveurs dignes et bien formés, et la cuisine excellente. Beauvilliers était lui-même fort bien mis et portait toujours l'épée. Le menu comptait plus de cent soixante-dix plats, dont perdrix au chou, côtes de veau grillées en papillotes et canard aux navets. En 1800, il s'était ouvert à Paris près de cinq cents restaurants, et le privilège de se faire servir était désormais à la portée des masses, du moins de celles qui avaient de l'argent.

L'immense succès de Beauvilliers était dû principalement à son savoir et à son style. Il savait s'y prendre pour satisfaire et flatter les riches clients, prenant soin d'eux personnellement, leur déconseillant un plat de la carte et leur en suggérant un autre, après quoi il leur commandait un troisième plat qui n'y figurait pas, ordonnant en même temps qu'on fît monter de la cave quelques bouteilles bien choisies. Doté d'une prodigieuse mémoire, il était capable d'accueillir par leur nom des clients qui n'étaient pas venus depuis vingt ans.

Son restaurant survécut à la Révolution, à la Terreur qui s'ensuivit, à l'Empire puis à l'occupation de Paris en 1814 et 1815. D'ailleurs, Beauvilliers fit de très bonnes affaires ces années-là. Il connaissait nommément les chefs d'État et les généraux d'armées étrangères et savait, si nécessaire, parler leur langue. La Grande Taverne perdura jusqu'en 1825, et le nom de Beauvilliers continua de briller pendant une centaine d'années.

22

FÉVRIER

LUIS BUÑUEL

1900. Luis Buñuel, réalisateur au talent unique, naît à Calanda, ville d'Espagne fondée par les Romains, après avoir été conçu à Paris lors d'un séjour de ses riches parents.

Toute sa vie, Buñuel aima les bars, ces lieux sombres et tranquilles où il pouvait boire et méditer. Il portait une dévotion particulière au dry martini. Certes, il ne buvait pas que cela

— vin, vodka pour accompagner son caviar, aquavit avec le saumon fumé —, mais il attribuait au gin un effet stimulant pour sa fameuse imagination, et il manquait rarement — si tant est qu'il l'ait manqué un jour — son cocktail quotidien.

Chez lui, sa recette personnelle de dry martini, qui n'est pas sans rappeler celle de Richard Nixon, était : garder les verres, le shaker et la bouteille de gin anglais au congélateur depuis la veille ; verser « quelques gouttes » de Noilly Prat et la moitié d'une cuillerée à moka d'Angostura Bitters sur les glaçons qui doivent être, précisait-il, trop froids et trop durs pour fondre, puis secouer, éliminer le liquide qui laisse un léger arôme sur les glaçons, et pour finir verser le gin très froid sur la glace, secouer de nouveau et servir.

Buñuel eut vaguement le projet d'ouvrir un bar à New York. Ce devait être le bar le plus cher du monde, équipé des meilleurs alcools de tous les pays et d'un canon que l'on aurait fait tonner à chaque fois qu'un client dépenserait mille dollars.

Je n'ai jamais rencontré Buñuel dans aucun de ses bars favoris, par exemple l'Oak Room de l'hôtel Plaza à New York, mais durant quelques mois à Paris — où il déclarait n'avoir jamais pu trouver un seul bar digne de ce nom —, je logeai dans le même hôtel que lui. Et même dans la chambre à côté de la sienne. Ses chaussures en lézard, qu'il laissait devant sa porte pour les faire cirer, étaient comme sa carte de visite, mais je ne vis jamais Buñuel, et je n'appris que plus tard l'affection que nous partagions tous les deux pour son cocktail favori.

J. S.

23
FÉVRIER

LA BANANE

La mythologie indienne ainsi que le Coran affirment que le fruit défendu du jardin d'Éden n'était pas la pomme mais la banane, dont les immenses feuilles étaient à coup sûr plus aptes à cacher la nudité que celles du figuier. Les variétés de banane que nous connaissons actuellement ont été modifiées de façon à ne pas contenir de graines ; elles sont donc stériles, et le bananier, contrairement à Adam et Ève, a besoin d'aide pour se reproduire.

Originaire d'Asie du Sud-Est ou peut-être d'Inde, où Alexandre le Grand le découvrit en 327 avant Jésus-Christ, le bananier est, botaniquement parlant, la plus grande herbe du monde, dotée de feuilles assez grandes pour couvrir les toits et envelopper des aliments pour la cuisson. Il croît sous les tropiques, et son nom vient du guinéen *banema* ou *banana*.

Pour l'exportation, les bananes sont transportées encore vertes et continuent de mûrir après récolte. Aux États-Unis, on peut les acheter à leurs sept stades de maturation, du vert au fauve tacheté de brun. Elles ne supportent pas la réfrigération : les basses températures les font noircir, ce qui toutefois n'affecte que la peau, pas la chair. En mûrissant, les bananes, comme la plupart des fruits, se mettent à dégager de l'éthylène, ce qui accélère encore leur mûrissement. Cependant, comme elles contiennent beaucoup plus d'éthylène que la moyenne, elles sont très efficaces pour aider d'autres fruits à mûrir et à prendre de la couleur pour peu qu'on les conserve avec elles en milieu fermé. C'est le cas, entre autres, des tomates et des avocats.

LE JUS DE CITRON

Pour empêcher les pommes de terre crues épluchées et les pommes découpées de brunir, on peut les arroser légèrement de jus de citron, dont l'acidité empêche l'oxydation. La même précaution vaut pour les bananes, les endives et les avocats.

24
FÉVRIER

HAUT-BRION

Parmi quelques objets posés sur le plan de travail de notre cuisine se trouvait une bouteille vide de château-haut-brion. Nous l'avions laissée là un peu comme un souvenir et aussi, en quelque sorte, pour donner un indice sur notre système de valeurs. Kay s'interrogea : « Nos invités vont nous demander pourquoi nous ne leur en servons jamais. Qu'allons-nous leur répondre ?

— Donnez-moi ce que me donne ma femme et vous aurez du haut-brion », répondit Jim.

25 FÉVRIER

LE POISSON

Autrefois, Peter Matthiessen passait déposer chez nous des tassergals[1] qu'il avait pêchés une heure auparavant sur les plages de Long Island, au bord de l'Atlantique. Il est rare d'obtenir un tel degré de fraîcheur, même chez les meilleurs poissonniers de la côte. Il arrive beaucoup plus souvent, lorsqu'on s'attable devant du poisson chez soi ou au restaurant, que le produit ait été sorti de l'eau depuis au moins deux jours, parfois une semaine entière.

Le meilleur chemin du produit vers la table est toujours le plus court. Les pêcheurs sportifs préfèrent le poisson d'une journée de pêche ou du dernier des quatre ou cinq jours d'une pêche au gros — thon ou espadon — pratiquée au large. Le poisson de mer peut être contaminé par la pollution, comme d'ailleurs le poisson d'élevage tel que la truite ou le saumon, lesquels sont en général commercialisés dans les deux jours suivant leur sortie de l'eau.

Le poisson ne subira aucun dommage s'il est surgelé rapidement ou conservé dans la glace sans interruption ni contact avec la moindre source de contamination potentielle. Même les poissons frais de pêche locale doivent être gardés sur glace pendant six à huit heures avant de s'assouplir et d'atteindre la consistance idéale pour être écaillés et levés en filets. Si vous achetez des filets de poisson préemballés, vous n'avez d'autre

1. *Bluefish* (*Pomatomus saltatrix*), poisson commun dans l'Atlantique Nord-Ouest (donc sur la côte Est des États-Unis) mais rare dans l'Atlantique Est au-dessus du Portugal.

choix que de faire confiance au magasin. Si vous achetez du poisson entier, vous pouvez en principe voir et sentir sa fraîcheur. L'œil doit être vif et brillant ; même si le contact avec la glace l'a rendu opaque, il ne doit pas être enfoncé. Les ouïes doivent être rouge vif et non brunes. Le ventre doit être ferme, la peau doit rebondir sous la pression du doigt.

La préparation du poisson cru, par exemple le sushi ou le *ceviche*, doit être de la plus haute qualité et d'une parfaite pureté. Cuite, la chair d'un poisson doit être opaque et s'effeuiller aisément à la fourchette. La surcuisson rend le poisson sec et filandreux. Vous pouvez toutefois le préférer un peu plus cuit que ne l'exigeait le capitaine Achab dans *Moby Dick* : « La prochaine fois que tu prépareras un steak de baleine pour ma table, voici comment tu dois procéder si tu ne veux pas me le gâcher en le faisant trop cuire. Le steak à plat sur une main, prends de l'autre main un tison ardent et approche-le du steak. Ensuite, pose le steak sur l'assiette. Me suis-je bien fait comprendre ? »

26

FÉVRIER

GOÛT ET MÉMOIRE

Le cas d'école des souvenirs lointains évoqués par le sens du goût est évidemment la madeleine de Proust, qui, trempée dans du thé, faisait remonter à la conscience des images d'enfance d'une parfaite clarté. Mais nous préférons, sur ce thème, l'anecdote d'une amie anglaise dont le placard renferme des centaines de pots de confiture et de marmelade.

Entièrement élevée aux confitures familiales, elle avait une préférence pour la marque anglaise Tiptree, dont les ingrédients, la texture et le goût sont identiques à ceux des confitures maison. Quand elle s'installa aux États-Unis, elle y retrouva cette marque et en eut toujours plusieurs parfums chez elle. Un jour, elle rencontra l'homme qu'elle devait épouser. Peu après cette rencontre, celui-ci la gronda parce qu'elle avait plusieurs pots ouverts en même temps. Elle lui fit comprendre sans ambages que sa gestion des pots de confiture ne le regardait pas. Ces quelques pots qu'elle gardait chez elle, correctement fermés, pouvaient tenir des années.

Il n'aborda plus jamais le sujet avec elle. Pourtant, dans les années 70, durant un voyage en Angleterre, il proposa une halte à l'usine Tiptree, en Essex, au nord-est de Londres. Dans une salle de préparation qui ressemblait davantage à une cuisine familiale qu'à un atelier d'usine, ils découvrirent des dames qui découpaient des fruits frais en devisant joyeusement, ainsi qu'un octogénaire qui, muni de l'expérience d'une vie entière, goûtait chaque fournée de la marmelade *tawny orange* extra-spéciale, cuite deux fois, que l'on préparait ce jour-là.

Dix ans plus tard, son mari, la soixantaine passée, mourut d'une crise cardiaque. Un après-midi, elle vit un camion Tiptree se garer devant leur maison. Son conducteur se mit à décharger six cents pots de ses confitures préférées — framboise, abricot et bien entendu *tawny orange*. C'était un cadeau d'adieu de son mari, afin qu'elle se souvînt de lui chaque matin après sa mort.

27

FÉVRIER

LE PETIT DÉJEUNER

Deux ou trois fois ces quarante dernières années,
ma femme et moi, nous avons essayé de prendre
le petit déjeuner ensemble, mais ce fut une expérience
si désagréable que nous avons dû arrêter.
Winston Churchill

La première fois que nous prîmes le petit déjeuner ensemble, c'était à Santa Fe, devant des *huevos rancheros*. Par la suite, nous avons partagé des petits déjeuners romantiques dans des chambres d'hôtel parisiennes — croissants, baguette, beurre, le tout apporté sur un plateau chargé de lourde argenterie, avec un pichet de lait chaud pour le thé et le café. Lorsque le petit déjeuner à deux devint pour nous une habitude, il consista souvent en thé, pain grillé, oranges et chocolat. À certains moments, il y eut aussi de la halva. Nous avons traversé une période d'œufs à la coque et une autre de porridge d'avoine irlandais, dont la cuisson exigeait une demi-heure. Assez récemment, nous nous sommes levés un matin à 5 heures pour aller, d'un pas mal assuré, sur la pelouse du jardin contempler une spectaculaire pluie de météorites. Une heure plus tard, nous nous attablions devant des œufs brouillés avant de retourner au lit.

Il peut être pratique, comme le *power breakfast* à la mode de nos jours, pris juste avant de commencer la journée de travail. Il peut être agréablement solitaire : selon Emily Post[1], c'est le seul repas que l'on peut prendre en lisant le journal ou un livre (de son temps, la télévision n'entrait pas encore dans le raisonnement). Quelque forme qu'on lui donne, le petit déjeuner, selon les experts de santé, est essentiel pour faire redémarrer notre métabolisme après son ralentissement nocturne. Pour l'énergie physique et l'éveil mental qu'il procure, voire la perte de poids qu'il permet, il reste le repas le plus important de la journée.

28

FÉVRIER

LA MATURATION DU BŒUF

Comme le vin, le bœuf s'améliore en vieillissant, bien que ce temps se mesure en journées plutôt qu'en années. La viande acquiert sa tendreté durant les dix jours qui suivent l'abattage, et la saveur s'accentue au cours des trois semaines suivantes ; tout cela résulte d'un processus naturel. Le bœuf vendu dans le commerce a été maturé entre cinq et sept jours, ce qui suffit généralement pour obtenir tous les effets bénéfiques de la maturation. Les bons restaurants servent parfois du bœuf maturé vingt et un jours et imputent le coût de cette maturation au client.

Il existe deux méthodes de maturation : la maturation à sec, qui consiste à suspendre la viande dans une chambre froide humide avec circulation d'air entre 1 et 2 °C, et la maturation

1. Emily Post (1872-1860), romancière américaine particulièrement connue pour ses traités de bonnes manières.

humide, pratiquée actuellement par quatre-vingt-dix pour cent des grossistes en viande. Le bœuf est emballé sous vide et réfrigéré. Cette méthode est préférée car la viande y perd moins de volume et risque moins d'absorber les odeurs ambiantes.

29
FÉVRIER

ROSSINI

« Manger et aimer, chanter et digérer, tels sont, à vrai dire, les quatre actes de cet opéra-bouffe qu'on appelle la vie, et qui s'évanouit comme la mousse d'une bouteille de champagne », écrivait Gioacchino Rossini. Fils d'une cantatrice et d'un corniste, il naquit à Pesaro un 29 février 1792. La première de son plus fameux opéra-comique, *Le Barbier de Séville*, eut lieu quand il avait vingt-quatre ans, et il en écrivit trente-sept autres avant de cesser brusquement son activité en 1829.

Pendant le quart de siècle qui suivit, il substitua la passion de manger, entre autres, à celle de la musique. Bien qu'habitant Paris, il se faisait envoyer des produits d'Italie, par exemple du *zampone*, pied de cochon farci, et des saucisses triangulaires appelées *cappelli del prete* du fait de leur ressemblance avec un tricorne de curé. Un jour, recevant un colis de *sardone* — grosses sardines dont il était particulièrement friand —, Rossini pria un homme qu'il avait invité à dîner de ne pas venir, expliquant qu'il préférait les déguster dans le calme et la solitude. Bien qu'il refusât de les partager, il fit une exception pour sa maîtresse, qui fut gratifiée d'une unique sardine.

Il créa aussi ses propres recettes, dont la composition reposait principalement sur deux ingrédients : le foie gras et les truffes. S'il est vrai qu'il appelait les truffes blanches d'Alba « le Mozart des champignons », il se contentait généralement de truffes noires, qu'il associait à du foie gras d'oie pour garnir son tournedos dit Rossini et ses œufs dits Rossini. On disait que sa recette de macaroni pouvait rivaliser avec sa musique la plus ensorcelante. Comme Dumas lui avait demandé la permission de l'inclure dans son opus gastronomique d'un millier de pages[1], Rossini l'invita à la déguster chez lui. Dumas accepta, mais une fois arrivé, il expliqua à son hôte qu'il ne mangeait jamais de macaroni. Rossini, qui avait consacré de gros efforts à préparer ce repas, lui refusa la recette. Il n'en reste aucune trace.

1. Il s'agit bien entendu du *Grand Dictionnaire de cuisine*.

MARS

■ LA QUINTINIE ■ TOURGUENIEV SUR L'AMOUR ■ PREMIÈRES FOIS ■ CHEF ■ LE VERRE DU ROI ■ LES RÉGIMES ■ LE BEURRE ■ CÉZANNE ■ LE SIROP D'ÉRABLE ■ PORTER UN TOAST ■ LA NAISSANCE DE THEO ■ LES ABEILLES ■ L'AU-DELÀ SELON LES ÉGYPTIENS ■ LES POISSONS PLATS ■ TAILLEVENT ■ LE MIEL ■ ANNA KARÉNINE ■ L'EAU ■ L'AVOCAT ■ GROVER CLEVELAND ■ L'EAU BOUILLANTE ■ LA PASTA ■ *A NIP* ■ LUCULLUS ■ L'ŒUF ■ LA VINAIGRETTE ■ FAIM ET APPÉTIT ■ LES SERVEURS ■ LA SOUPE AUX POIS CASSÉS ■ ARCHESTRATE ■ LE CAFÉ AU LAIT ■ LE PETIT DÉJEUNER ■ L'AGNEAU ■ LES COUTEAUX ■ LE POIS CHICHE

1er MARS

LA QUINTINIE

Né ce jour en 1624, Jean-Baptiste de La Quintinie abandonna une carrière juridique une fois qu'il eut découvert les joies du jardinage. Sa réputation suscita l'admiration de Louis XIV, qui le fit venir à Versailles pour superviser les vergers et les potagers cultivés pour la table de la cour. Son ouvrage épique *Instructions pour les jardins fruitiers et potagers* décrit en détail non seulement la plantation et la culture des plantes vivrières et fruitières, mais aussi toute l'esthétique nécessaire à la réalisation du plus beau jardin possible.

Dans son potager de Versailles, pratiquement toutes les variétés de fruits étaient représentées, dont un verger de cinq cents poiriers. C'est en termes lyriques que La Quintinie décrit la variété de poire dite bon-chrétien, qu'on appelait Williams en Angleterre : « mais particulièrement le coloris incarnat, dont le fond de son jaune est relevé, quand elle est à une belle exposition, luy attire l'admiration de tout le monde ; [...] elle réjouit tous les jours le curieux qui la veut regarder, tout de même que la vue d'un bijou, ou d'un trésor, réjouit le maître qui en est le possesseur ». Elle était sucrée, comme toutes les poires, et comme toutes les poires, elle contenait plus de fibres qu'un petit bol de pruneaux.

Plus tard, elle traversa l'Atlantique pour atteindre les États-Unis, où elle fut baptisée Bartlett, du nom d'un horticulteur local.

2 MARS

TOURGUENIEV SUR L'AMOUR

Dînant avec Flaubert et quelques amis un 2 mars 1872, Tourgueniev parlait d'amour. Pas un seul livre, rien au monde, disait-il, ne saurait prendre la place d'une femme dans son cœur. L'amour produisait un épanouissement de la personnalité que rien d'autre ne serait capable de susciter.

Il raconta alors une anecdote de son passé. Dans sa jeunesse, il avait eu une maîtresse, la fille d'un meunier, qu'il voyait quand il allait à la chasse. Elle était délicieuse, pâle, avec un léger strabisme divergent, et elle n'acceptait jamais rien de lui. Ni argent ni cadeau.

Un jour, pourtant, elle lui demanda un présent. Elle voulait qu'il lui apportât du savon. Lorsqu'il revint avec ce savon, elle le prit, disparut un instant, puis réapparut toute rougissante, tendant des mains désormais parfumées. Elle lui demanda de les embrasser, comme il baisait les mains des dames dans les beaux salons de Saint-Pétersbourg. Il tomba à genoux devant elle. Jamais, dit-il, il n'y eut dans sa vie un moment comparable à celui-ci.

3
MARS

PREMIÈRES FOIS

Modération en tout : les Grecs de l'Antiquité y croyaient. Mais ce n'est pas toujours vrai : quand on est jeune et qu'on découvre le monde, on goûte parfois des denrées qui suscitent l'émerveillement. Baklavas : impossible d'en manger moins de cinq à la file. Jambon de Parme et melon : accord stupéfiant. Cocktail Bellini : inoubliable. On finit par comprendre, évidemment, que c'est tout aussi bien le lieu, la compagnie, l'âge que nous avons qui transforment une saveur particulière en souvenir indélébile. Baklavas sur le pont d'un bateau, la mer Égée tout autour. Jambon de Parme et melon au Rainbow Room, avec vue panoramique sur Manhattan, avant d'assister pour la première fois à une comédie musicale de Broadway. Champagne et purée de pêche fraîche à Venise. Des années plus tard, le goût de ces premières fois est toujours présent.

4
MARS

CHEF

Le mot « chef » en est venu à désigner communément toute personne ou presque qui fait la cuisine, mais c'était autrefois la marque d'un rang hiérarchique. Le chef dirigeait la cuisine et tous ceux qui y travaillaient.

Dans la Rome antique, le chef était assis dans un fauteuil surélevé dans la cuisine, dont il surveillait l'activité. Les cuistots et les serveurs étaient de jeunes garçons en tunique légère ouverte dans le dos. Il y avait des esclaves dédiés pour chasser les mouches de la table et d'autres pour dresser et débarrasser. Certains chefs finissaient par être récompensés de leur valeur en se faisant affranchir — car tous les serviteurs d'une maison romaine, ou peu s'en faut, étaient esclaves. Plus tard, certains chefs renommés furent même anoblis.

Ce fut Marie-Antoine Carême[1], fondateur de la grande cuisine française au début du XIXe siècle, qui définit au cours de son éblouissante carrière le rôle du chef de cuisine moderne : celui qui compose les menus, commande tous les produits et dirige les cuisiniers, toutes tâches jusqu'alors dévolues à plusieurs personnes. Le chef artiste était né.

Thackeray, dans son roman *L'Histoire de Pendennis*, décrit un de ces chefs : « C'était une chose merveilleuse de le voir composer un menu en robe de chambre. Il s'asseyait toujours au piano et en jouait quelques instants avant de commencer. Tout artiste, disait-il, a besoin de solitude pour mener son œuvre à la perfection. »

5 MARS

LE VERRE DU ROI

À l'époque médiévale et même plus tard, la crainte d'être empoisonné était bien réelle chez les rois et leurs rivaux. À la cour de France, la fourchette royale, le couteau royal et la serviette royale étaient soigneusement tenus sous clé. Avant usage, tous leurs ustensiles, couverts et récipients de table étaient frottés de boulettes de pain qu'on forçait ensuite les serviteurs à manger.

1. Voir le 8 juin.

Le vin destiné au roi et à la reine était d'abord goûté par l'échanson et par le sommelier, puis les verres étaient couverts jusqu'au moment de servir.

Ce rituel strict fut observé jusqu'à la Révolution française, puis réinstitué sous l'Empire.

6

MARS

LES RÉGIMES

Tout régime a ses adeptes et son heure de gloire, mais la règle infrangible de la perte de poids, comparable au conseil de Mr. Micawber[1] dans *David Copperfield*, reste la même : absorber moins de calories qu'on en brûle, sinon, résultat : misère.

Plus facile qu'un régime, avec des résultats similaires : un voyage au Japon, où il n'existe pratiquement pas d'obèses, et où deux semaines de cuisine japonaise — soupes, sushi, riz, nouilles *soba* ou *udon*, pas de sucreries — peuvent entraîner la perte de trois ou quatre kilos.

Les Japonais consomment aussi des algues, notamment la laminaire brune du Pacifique (*kombu*) dont les longs thalles sont riches en iode et en potassium. Il ne saurait y avoir de banquet de mariage sans cette algue, car elle symbolise aussi la fécondité.

7

MARS

LE BEURRE

Le beurre est fabriqué à partir de crème barattée, généralement maturée à l'aide de ferments lactiques. Son goût varie selon le lieu et l'alimentation des vaches. En France, par exemple, le beurre de Normandie est fort estimé. Les Grecs et les Romains

1. « Vous connaissez mon second conseil, Copperfield, dit Mr. Micawber :
Revenu annuel, vingt livres sterling ; dépense annuelle, dix-neuf livres, dix-neuf shillings, six pence ; résultat : bonheur.
Revenu annuel, vingt livres sterling ; dépense annuelle, vingt livres six pence ; résultat : misère (...) » (*David Copperfield*, chapitre XII.)

de l'Antiquité se servaient du beurre de façon quasi médicinale et pour nettoyer les blessures. Au Moyen Âge, il était devenu un produit alimentaire que l'on vendait sur les marchés et que l'on conservait dans de l'eau fraîche salée.

Tout ce qu'on fait cuire au beurre a meilleur goût et, si on le fait dorer, une plus belle couleur. Pourtant, chauffé à l'excès, le beurre noircit et donne un goût de brûlé. Ce n'est pas le cas du beurre clarifié, que l'on recommande parfois pour faire sauter des aliments délicats tels que les blancs de poulet sans peau ou le poisson.

La confection du beurre clarifié ne demande aucun effort. Dans une casserole, faites doucement fondre un quart de livre ou une demi-livre de beurre, coupé en morceaux si vous voulez, et retirez l'écume qui se forme en surface. Ensuite, décantez avec précaution le liquide transparent — le beurre clarifié —, en laissant au fond de la casserole le résidu laiteux. Si vous le versez dans des petits pots en terre cuite ou en verre, vous pourrez le garder pendant des semaines au réfrigérateur. Le beurre frais, conservé au réfrigérateur, doit être bien enveloppé, car il absorbe les odeurs. Il contient aussi beaucoup de graisses saturées, ce qui n'est pas particulièrement bon pour la santé.

CÉZANNE

Manet, Utrillo et Toulouse-Lautrec, entre autres, peignaient des scènes de restaurant. Il arrivait parfois à des artistes de chercher à payer leur repas avec une toile. Le Kronenhalle, à Zurich, et la Colombe d'Or, à Vence, tirèrent à la longue un énorme profit des tableaux qu'ils acceptèrent, mais un jour, M. Bise, patron d'un petit restaurant sur le lac d'Annecy, en refusa un. Il eût sans doute mieux fait d'accepter, car la toile était offerte par un certain Paul Cézanne, alors à peine connu.

8

MARS

LE SIROP D'ÉRABLE

Le sirop d'érable est excellent sur les pancakes, à condition de pouvoir en verser dessus. Ce que vous avez pris pour du sirop d'érable au magasin est tout sauf cela. Pour en fabriquer un litre, il faut 43 cl d'eau, 225 g de sucre, 300 g de sirop brun de maïs, 1 pincée de sel et 1 cuillerée à café d'« arôme érable ». Le mot « érable » ne figure même pas sur l'étiquette du produit et d'ailleurs n'a rien à y faire.

Le produit véritable s'appelle tout simplement « sirop d'érable » et cette dénomination figure sur l'étiquette. Le prix, à juste titre plus élevé que celui du mélange à base de sirop de maïs, est un autre indicateur d'authenticité. Le sirop d'érable est produit dans le nord-est des États-Unis et dans le Minnesota à partir de sève d'érable à sucre, prélevée aux premiers jours du printemps, quand les journées se font plus douces mais qu'il gèle encore la nuit. Ces contrastes de température provoquent la circulation de la sève, qui s'écoule dans un seau par une incision dans le tronc. L'arbre doit être assez développé — il doit avoir plus de quarante ans d'âge — pour pouvoir supporter cette saignée effectuée au moyen d'un trou de plus de deux centimètres de diamètre et de près de huit centimètres de profondeur. Chaque saignée produit à peu près quarante litres de sève, très peu en comparaison de ce que contient l'arbre entier, et sur ces quarante litres il ne restera qu'un litre de sirop d'érable quand toute l'humidité contenue par cette sève se sera évaporée par ébullition. Les arbres les plus grands et les plus vigoureux peuvent fournir de la sève pendant au moins cent ans, avec parfois plus d'une saignée annuelle.

9

MARS

PORTER UN TOAST

En Angleterre, au XVIe siècle, l'eau était dangereuse à boire. La reine Élisabeth Ire buvait de la bière ou du vin au petit déjeuner.

Même le vin pouvait être gâté : pour y remédier, on aimait faire flotter un morceau de pain grillé aux épices dans la coupe à boire pour améliorer le goût et apporter un peu à manger par-dessus le marché. À la longue, le geste consistant à lever son verre prit le nom de ce morceau de pain : toast.

10

MARS

LA NAISSANCE DE THEO

1985. Les premières douleurs se sont déclarées ce matin, à Paris, peu après notre départ en voiture pour Versailles où nous comptions nous promener dans les magnifiques jardins et nous inscrire à une visite guidée. « Pas la peine d'aller à l'hôpital trop tôt pour se retrouver à attendre, m'avait-on conseillé au cours d'accouchement sans douleur. Occupez-vous. » Voilà pourquoi, en fin d'après-midi, en pleine galerie des Glaces, j'informe Jim qu'il va falloir sauter l'étape cartes postales : nous devons rentrer à Paris.

Des amis pleins d'expérience nous ont vivement recommandé de ne pas nous éloigner de notre pays natal à l'approche de cet accouchement, d'une part pour bénéficier de soins médicaux de pointe et d'autre part pour favoriser ce qu'ils appellent « mon instinct de nidification ». Mais nous avons tout de même choisi Paris comme lieu idéal pour commencer cette vie à trois. Un duvet vert tendre commence à revêtir les marronniers d'Inde. Les vitrines des confiseurs sont pleines d'animaux en chocolat, car Pâques est proche. Nous avons trouvé un obstétricien grisonnant et distingué, le Dr Bazin, breton de surcroît, comme nous l'avons appris plus tard ; or les Bretons, par tradition, sont plutôt laconiques. Enfin, nous avons visité l'hôpital américain de Neuilly, où tout doit se passer.

Jim a lu quelque part que, jadis, on humectait de bon vin français les lèvres des futurs rois de France nouveau-nés afin qu'ils n'en oublient jamais le goût. Il a donc apporté une bouteille de château-latour, pour son excellence mais aussi pour sa valeur historique : à l'origine, ce château était une forteresse bâtie pour résister aux pirates. Durant la guerre de Cent Ans, elle fut occupée tour à tour par les Anglais et les Français. La tour en ruine est le seul vestige de cette forteresse et reste la pièce maîtresse du domaine de Latour[1].

Pendant que l'aide-soignant me pousse vers la salle d'accouchement, Jim s'entretient brièvement avec Bazin qui, convoqué en plein dîner, est encore en habit de soirée. Il y a quelques complications, Bazin aimerait commencer sans tarder, mais ne voudrait pas nous inquiéter non plus.

« Nous vous faisons toute confiance, docteur, lui dit mon mari. Mais il y a juste un petit détail.

— Lequel ? demande Bazin.

— Quand le bébé sera né, nous aimerions lui humecter les lèvres d'un bon vin français. »

Bazin, qui parle un anglais correct jusqu'à un certain point, met quelques secondes à comprendre. Son regard parcourt la pièce, tombe enfin sur la bouteille de château-latour posée sur l'étagère au-dessus du lavabo. Il s'avance, soulève la bouteille.

« C'est ça, le vin ?

— Oui.

— Vous auriez pu choisir pire », observe-t-il avant de me rejoindre en salle d'accouchement.

Ensuite, tout se passe à peu près comme prévu, et à 1 heure du matin, Jim, debout dans le couloir devant la porte de la salle d'accouchement, entend le cri vigoureux d'un nouveau-né, suivi de près par une autre exclamation, de Bazin cette fois :

« Débouchez-la ! »

Nous frottons les lèvres de Theo de quelques gouttes de vin, après quoi tout le monde — médecin, infirmières, Jim, plus un ami qui s'est précipité à l'hôpital en apprenant l'imminence de l'événement — partage la bouteille pour fêter ça. Le vin est à la hauteur de sa réputation.

Sept semaines plus tard, nous rentrons aux États-Unis. Deux années s'écoulent ; voyant passer une caisse d'un autre bordeaux, château-léoville-barton 1985 — l'année de naissance de Theo —, nous l'achetons. 1985 se révèle être l'un des grands

1. En réalité, cette tour ronde, à toit en dôme, est un pigeonnier construit au XVIIe siècle. Rien ne subsiste de la forteresse médiévale à Château-Latour.

millésimes du dernier quart du XXe siècle. Plus tard, lorsque Theo a l'âge d'en boire, nous lui demandons, pleins d'espoir :

« Tu reconnais le goût ? »

Oui, il a l'air de s'en souvenir.

K.S.

11
MARS

LES ABEILLES

1989. C'est notre dernier dîner entre amis à Aspen avant de quitter la ville à la fin de la saison. Corned beef accompagné de navets, de carottes, de chou et de sauce au raifort. Neuf personnes à table. Deux des convives masculins parlent des abeilles et de leur société qu'ils jugent idéale, car seules les femelles travaillent. Les mâles, beaucoup moins nombreux, prennent soin de la reine.

Si vous êtes piqué par une abeille, débarrassez-vous du dard en frottant, sans chercher à l'extraire de votre peau, car un sac à venin et un muscle pulsatile y restent attachés. On dit que seules les femelles piquent et que les reines ne piquent que les autres reines.

L'AU-DELÀ SELON LES ÉGYPTIENS

Selon la croyance des anciens Égyptiens, les défunts devaient parvenir dans l'autre monde munis de tout le nécessaire pour refléter les conditions de leur vie sur terre, et emporter notamment de quoi boire et manger.

Il y a près de quatre mille cinq cents ans, sous l'Ancien Empire, dans les tombes de ceux qui avaient les moyens de s'en offrir une, on déposait des modèles en albâtre représentant des oies rôties ou des statuettes de serviteurs pétrissant le pain. Mille cinq cents ans plus tard, sous le Nouvel Empire, ceux des organes internes du défunt qui pouvaient provoquer la faim étaient retirés de son corps et entreposés dans des jarres funéraires sous la garde d'esprits magiques à tête d'animal.

Même dans la sépulture des pauvres, simplement ensevelis sous un mètre de sable du désert, on laissait des bols de nourriture et des breuvages. Mais contrairement aux riches, ces morts-là n'étaient pas honorés par le sacrifice d'un bœuf ou d'un taureau, dont le cœur et les cuisses, considérés comme les meilleurs morceaux, étaient offerts aux dieux tandis que le reste de l'animal était cuit pour nourrir les proches endeuillés.

12

MARS

LES POISSONS PLATS

Flet[1], sole, turbot, plie et flétan font partie des poissons qui reposent à plat sur les fonds marins et ont les yeux sur un côté de la tête. Ils ne naissent pas ainsi. Au début de leur existence, ils nagent verticalement, un œil de chaque côté de la tête, mais petit à petit l'un des yeux se déplace soit vers la droite (flet, sole) soit vers la gauche (turbot), et le poisson commence à nager en biais, puis dans un axe horizontal. Il se cache dans le sable, côté camouflage vers le haut, les yeux affleurant légèrement pour guetter la nourriture ou, éventuellement, le danger. Le flet, dont le corps est bordé de nageoires sur presque toute sa circonférence, est décrit comme un poisson qui traverse l'eau d'un mouvement ondulant en direction du fond, où il s'ensable.

Le plus gros poisson de cette catégorie, le flétan, peut mesurer jusqu'à deux mètres soixante de longueur et peser deux cent soixante-dix kilos.

Le flet, la sole et les autres poissons plats sont faciles à cuisiner, car d'épaisseur uniforme, et faciles à lever en filets. Petit détail intéressant : le temps de cuisson d'un filet de poisson de cinq centimètres d'épaisseur n'est pas le double de celui d'un filet de deux centimètres et demi d'épaisseur, mais quatre fois plus long.

Un jour, nous avons vu Pierre Franey et Craig Claiborne, tous deux collaborateurs du *New York Times*, tester une recette — si l'on peut appeler cela ainsi — de poisson plat, en l'occurrence du flet. C'était du flet à l'anglaise : parsemez les filets de petites

1. Flet ou *flounder* : famille de poissons plats relativement peu consommés en Europe mais courants et très appréciés sur la côte Est des États-Unis.

noisettes de beurre, saupoudrez-les légèrement de chapelure et passez-les cinq minutes sous le gril sans les retourner et en les positionnant assez près de la flamme. Ils seront joliment dorés et aussi délicieux qu'un poisson peut l'être. Un filet de citron les élève à la perfection.

13 MARS

TAILLEVENT

Le plus célèbre cuisinier du Moyen Âge fut Taillevent, dont le nom a traversé l'histoire alors même que les architectes et les maçons des grandes cathédrales sont restés anonymes. Né vers 1310, il s'appelait en réalité Guillaume Tirel, mais on l'avait toujours connu sous son sobriquet, allusion probable à son long nez. Il commença comme commis de cuisine, avec la charge infernale de tournebroche, au service de Jeanne d'Évreux, future reine de France. Sa progression fut rapide et régulière : toujours employé dans les grandes maisons, il atteignit le sommet de sa carrière au service de Charles VI, qui l'anoblit.

Son livre de cuisine *Le Viandier*, qui exerça une influence considérable, est un recueil de recettes et de descriptions dont la pertinence resta intacte pendant deux cents ans, et qui nous apprend encore beaucoup sur les habitudes alimentaires au XIVe siècle, époque où la cuisine était fortement épicée et où les principales techniques de cuisson consistaient à rôtir et à bouillir. On consommait alors très peu de légumes verts, mais la gamme du gibier à plume incluait le cygne, la cigogne, le héron, le cormoran et la tourterelle.

14 MARS

LE MIEL

Le miel, nourriture estimée depuis la plus haute antiquité, est déjà mentionné dans des textes égyptiens vieux de sept mille cinq cents ans. Il est considéré comme plus nutritif que le sucre ordinaire, d'abord en vertu de sa richesse en sels minéraux et en protéines et ensuite parce que les éléments dont il est composé, le dextrose et le fructose (qui sont des sucres simples), sont plus vite absorbés par le sang que le sucre raffiné. Dans l'*Iliade*, des héros épuisés se régénèrent avec du miel, et Plutarque avait remarqué que les anciens Bretons, grands consommateurs de miel, ne commençaient à donner des signes de vieillesse qu'à partir de cent vingt ans d'âge.

Le goût et la couleur du miel dépendent de la fleur dont est extrait le nectar. La cire du rayon de miel, parfois présente, n'a aucune valeur nutritive.

Une abeille est capable de faire plus de cinq cents voyages pour rapporter trente grammes de nectar, c'est-à-dire une bonne cuillerée à café. Bien que la présence de pollen puisse rendre le miel trouble, tous les miels sont *a priori* transparents, mais leur couleur peut s'assombrir à la longue. Si le miel cristallise, il faut chauffer le récipient au bain-marie sur feu doux pour lui rendre son aspect liquide. Soigneusement bouché, gardé dans un endroit frais, le miel se conserve indéfiniment. Il n'est pas nécessaire de le mettre au réfrigérateur.

Mme du Barry, et elle n'était pas la seule, ajoutait du miel à la préparation de ses recettes de beauté ; et quand Sherlock Holmes prit sa retraite, son créateur fit de lui un apiculteur — on dit en effet que les apiculteurs vivent longtemps — dans les collines du Sussex.

15
MARS

ANNA KARÉNINE

Il y a des repas qui vous font oublier tous les autres, des restaurants qui effacent la mémoire des autres restaurants, et des livres qui règnent sur toute la littérature. *Anna Karénine,* le chef-d'œuvre de Tolstoï, écrit et réécrit jusqu'à six fois d'avril 1873 à 1877, reste un monument depuis plus d'un siècle, même à une époque d'image toute-puissante, de vulgarité, d'esprit grégaire et de cacophonie. Tolstoï était âgé de quarante-cinq ans quand il en commença la rédaction ; l'idée lui en était venue trois ans auparavant, et le temps de s'immerger profondément dans cette écriture, il avait déjà perdu tout intérêt pour le livre. « Si seulement quelqu'un pouvait terminer *Anna Karénine* à ma place ! » écrivait-il à un ami alors que l'ouvrage était à mi-course.

Le roman s'ouvre sur une infidélité conjugale. Oblonsky, qui a trompé sa femme et ne sait pas trop comment raccommoder les choses, est en train de dîner avec son ami Lévine, lequel est désespérément amoureux de Kitty, la charmante jeune belle-sœur d'Oblonsky. Le prince Oblonsky est beau, élégant et soigné. Lévine est sincère, intensément idéaliste et pas du tout *fashionable*. Des serveurs, serviette blanche sur le bras, les accueillent au restaurant, et l'on jette immédiatement une nappe immaculée sur une table déjà nappée. Un salon particulier (« le prince Golitsyne et une dame ») sera bientôt disponible, si ces messieurs préfèrent.

Le dîner commence par des huîtres fraîches de Flemsbourg et du champagne, suivis de parmesan, d'un potage de légumes, d'un turbot (dont Lévine raffole), d'un rôti de bœuf et d'un chapon, pour finir par une compote de fruits. Le tout arrosé de chablis. C'est un monde d'aristocratie et d'opulence, destiné à disparaître à tout jamais dans moins d'une cinquantaine d'années, bien qu'aucun des trois hommes, Tolstoï compris (il prit modèle sur lui-même pour créer Lévine), ne l'ait prévu.

Anna, la belle et déchirante héroïne — qui se trouve être la sœur d'Oblonsky —, meurt à la fin du roman ; mais c'est elle, néanmoins, qui a survécu à la Révolution russe, à la guerre civile sanglante qui s'ensuivit et au cauchemar que furent Staline et ses successeurs.

16
MARS

L'EAU

Le corps humain est composé d'eau pour environ les deux tiers de son poids. Même une légère déshydratation, causée par la transpiration ou la fièvre, peut altérer son fonctionnement en produisant de la fatigue. Le cerveau est particulièrement vulnérable à ce phénomène et le manque d'eau peut provoquer céphalées, vertiges et confusion mentale. La sensation de faim, souvent, n'est que de la soif non reconnue, et un verre d'eau suffit à la soulager.

L'eau ne coûte pas cher. Les quelque quatre cents litres que chacun de nous utilise en moyenne chaque jour ne valent que le quart d'un dollar. L'eau du robinet convient au bain, à la vaisselle, au lavage de voiture, mais c'est au moment de la boire que les questions se posent. L'eau de ville étant régulièrement et soigneusement analysée, elle comporte très peu de risques de nuire à votre santé. Mais elle peut très bien être saine sans avoir bon goût. La recommandation médicale de huit verres d'eau par jour n'a rien d'enthousiasmant quand cette eau possède une odeur spécifique ou un goût bizarre. Elle peut nécessiter une filtration ou l'ajout de chlore, de permanganate de potassium ou d'un autre désinfectant.

L'eau en bouteille peut provenir de puits artésiens ou de sources, thermales ou non ; elle peut être pétillante ou purifiée, et dans ce cas, distillée ou déionisée. Citons aussi l'eau de Seltz ou le club soda, qui techniquement ne sont pas de l'eau gazeuse naturelle mais de l'eau gazéifiée par ajout de dioxyde de carbone. Le club soda, en plus des substances minérales, peut aussi contenir du sucre et des arômes.

Aux États-Unis, l'analyse, la mise en bouteilles et l'étiquetage de l'eau vendue dans le commerce sont réalisés sous l'autorité de la Food and Drug Administration[1], complétée par les lois fédérales ; les eaux importées sont soumises aux mêmes restrictions. L'eau doit toujours être dépourvue de calories et d'édulcorants, et présenter des qualités identiques à celles qu'elle avait à la source, richesse en sels minéraux ou en gaz carbonique comprise. La plupart des eaux en bouteilles sont bonnes à boire, bien que la présence de parasites tels qu'*Escherichia coli* ou *Giardia*, ou d'arsenic, ne soit pas vérifiée, contrairement à l'eau du robinet.

1. Organisme de surveillance et d'autorisation des denrées alimentaires et médicamenteuses sur le territoire des États-Unis. On abrège son nom en FDA.

L'eau en bouteille vendue dans l'État où elle a été captée n'est même soumise à aucune vérification obligatoire.

17 MARS

L'AVOCAT

On dit que, dans les années 20, les avocats se vendaient très mal, et que leurs ventes redécollèrent immédiatement lorsque les producteurs d'avocats eurent entrepris de nier farouchement que le fruit pût être aphrodisiaque.

L'avocat est mûr quand il cède légèrement sous la pression du doigt. Il mûrit en quelques jours à température ambiante ou dans un sac de papier, et peut ensuite être conservé au réfrigérateur. Une fois coupé, il noircit rapidement, effet que l'on peut ralentir avec du jus de citron et en enveloppant le fruit dans du film étirable. Détenteur du taux de protéines le plus élevé de tous les fruits, l'avocat est extrêmement nourrissant. C'est aussi le fruit qui contient le plus de calories — environ cinq fois plus qu'une pomme.

18 MARS

GROVER CLEVELAND

Grover Cleveland naquit à cette date, en 1837, à Caldwell (New Jersey). Il fut élu président en 1885, premier démocrate à occuper cette fonction depuis la guerre de Sécession. Le luxueux train de vie de la Maison-Blanche mettait mal à l'aise cet homme encore célibataire lors de son élection. « Je dois aller dîner, écrivait-il à un ami, mais j'aimerais tellement mieux m'attabler devant un hareng mariné, un peu de gruyère et une côtelette chez Louis plutôt que devant ces fanfreluches françaises qu'on va me servir ! »

Au cours de la première année de son mandat, il épousa Frances Folsom, sa pupille de vingt-deux ans. Elle reste la plus jeune première dame de l'histoire et la première à se marier à la

Maison-Blanche même. Fille d'un avocat ami de Cleveland, mort quand elle avait onze ans, Frances fut adorée du peuple américain.

Cleveland brigua un second mandat, mais il fut battu par Benjamin Harrison. Il fut toutefois réélu en 1893, devenant ainsi le seul président des États-Unis à avoir rempli deux mandats non consécutifs. Juste avant cette réélection, il reçut en cadeau des pommes d'un ami, F. J. Parker, qui résidait à Walla Walla (État de Washington). Dans sa lettre de remerciements, Cleveland écrivit : « ... Un État capable de produire des fruits aussi beaux que ceux qui décorent ma table depuis que j'ai reçu ces pommes me paraît capable de tout produire — même une majorité démocrate. »

19

MARS

L'EAU BOUILLANTE

L'eau bout à 100 °C au niveau de la mer. Précisément, l'échelle de Celsius, qui va de zéro à cent, se fonde d'une part sur le point de gel et d'autre part sur le point d'ébullition de l'eau, qui correspondent respectivement à 32 et 212 degrés Fahrenheit. Une eau portée à gros bouillons n'est pas plus chaude qu'une eau qui bout doucement, mais elle se transforme plus vite en vapeur. L'ajout de sel dans l'eau ne modifie pas particulièrement le degré d'ébullition, mais l'ajout de sucre l'élève.

L'altitude abaisse le point d'ébullition, augmentant ainsi le temps de cuisson. À mesure qu'on s'élève de trois cents mètres, le point d'ébullition de l'eau perd un degré Celsius : à la montagne, votre thé est moins chaud.

20

MARS

LA PASTA

Les origines des pâtes italiennes sont obscures. Contrairement à ce qu'affirme la croyance populaire, elles n'ont pas été rapportées de Chine par Marco Polo, mais furent probablement inventées en Sicile, qui fut le grenier de l'Empire romain finissant. On trouve leur trace dans la littérature dès le XIIe siècle et plusieurs recettes de pâtes publiées dans des livres entre le XIIe et le XVe siècle. L'hypothèse la plus plausible sur leur origine est qu'elles furent d'abord un moyen de conserver la farine de blé en la mélangeant avec de l'eau et en la laissant sécher au soleil.

Les pâtes italiennes sont à base de semoule de blé dur — riche en gluten qui donne à la pâte une consistance solide et élastique — et d'eau. Pauvres en calories, elles contiennent presque autant de protéines que la viande de bœuf. Avec un peu de beurre ou de sauce tomate fraîche et du fromage râpé, elles font un repas complet.

La fabrication commerciale des pâtes devint possible au début du XIXe siècle quand la mécanisation permit de faire passer la dense pâte de semoule à travers des matrices, produisant ainsi de longs filaments de formes et d'épaisseurs diverses : ronds comme les spaghetti, aplatis comme les *fettucine*, en forme d'étoile, etc. Les premières machines pouvaient extruder des longueurs de pâte d'un mètre cinquante qu'à Naples, autrefois, on étendait sur des séchoirs dans les ruelles et les arrière-cours. Une fois sèches, les pâtes étaient cassées en leur milieu, à l'endroit même du pli, et c'est pour cette raison qu'elles gardèrent longtemps une extrémité courbe caractéristique. De nos jours, pratiquement toutes les pâtes sèches sont plus courtes afin de pouvoir être rangées sur les rayonnages des magasins. Les pâtes fabriquées en Italie sont réputées les meilleures.

À l'origine, le blé dur nécessaire à la fabrication des pâtes provenait de la région de Naples. Plus tard, et jusqu'à l'ère soviétique, il fut importé d'Ukraine. Aujourd'hui, il provient en majorité du Dakota du Nord et du Dakota du Sud.

Outre la variété sèche, conçue pour se conserver indéfiniment, il existe aussi des pâtes fraîches, fabriquées à partir de farines diverses, d'œufs et d'arômes végétaux. Il faut les consommer au plus vite. Les pâtes fraîches sont particulièrement adaptées aux sauces douces à base de crème ou de beurre. Elles ne sont pas meilleures que les pâtes sèches mais différentes, et leur qualité dépend entièrement de leur fabricant.

21
MARS

A NIP

A nip, en anglais, est une goutte, un petit verre, une petite quantité de liquide. Le terme vient probablement du néerlandais *nippen*, qui signifie « gorgée ». Il est également possible qu'il provienne du nom de la nymphe grecque Aganippè, dont la source sur le mont Hélicon était consacrée aux Muses parce que quiconque en buvait, croyait-on, recevait l'inspiration poétique.

LUCULLUS

Le 21 mars de l'an 66 avant Jésus-Christ, Lucullus, général romain, à l'âge de soixante ans, remportait pour le compte de Rome une éclatante victoire sur Mithridate, souverain d'Asie Mineure. Cela n'empêcha pas son armée, qui ne lui avait jamais été dévouée, de le menacer de mutinerie pratiquement tous les jours, si bien que Lucullus fut obligé de se retirer dans son domaine à la campagne. Il s'y consola en donnant des fêtes luxueuses et de somptueux festins, où figurait parfois le fruit qu'il avait découvert des années plus tôt en Arménie et rapporté à Rome pour la première fois : la cerise.

Un soir, désirant mettre à l'épreuve sa réputation d'extravagance, Cicéron et Pompée se rendirent chez Lucullus sans l'avoir prévenu et insistèrent pour qu'il ne donnât pas d'ordres particuliers à ses esclaves, leur annonçant simplement qu'il y aurait deux couverts de plus à table. Ils ignoraient qu'à chacun des salons de Lucullus correspondait une somme précise à dépenser pour chaque invité. Bien décidé à faire forte impression sur eux, Lucullus dit à son intendant qu'il y aurait deux couverts supplémentaires au salon d'Apollon, où un repas coûtait l'équivalent de plus de mille dollars par personne (le personnel était au courant).

Un jour, un seul, Lucullus dit à son chef qu'aucun invité ne viendrait dîner. Le chef comprit cela comme une injonction à préparer un repas dont le coût ne dépassât pas l'équivalent de cinq cents dollars. Après dîner, Lucullus se montra fort contrarié : « Les soirs où je suis seul, tu dois redoubler d'efforts, car ce sont les soirs où Lucullus dîne avec Lucullus. »

22
MARS

L'ŒUF

Constantin Brancusi, sculpteur connu pour la simplicité et la pureté de ses œuvres, appelait l'œuf « la forme la plus parfaite de la création ». Dans l'Égypte ancienne, l'œuf symbolisait la résurrection et l'accès à la vie future, comme il le fit plus tard dans la religion chrétienne.

Quand on dit « œuf », il s'agit la plupart du temps d'un œuf de poule. C'est le type d'œuf de loin le plus consommé. Un œuf d'autruche peut peser jusqu'à 1,8 kg et faire une omelette pour douze personnes, mais c'est à l'œuf de poule que revient le privilège d'être le plus communément utilisé, au point d'être à la cuisine, selon l'avis d'un gastronome français, ce que l'article est au langage.

Proche de la perfection tant nutritionnelle qu'esthétique, l'œuf est l'aliment étalon auquel tous les autres peuvent être comparés pour la valeur diététique. Bourré de protéines, un œuf contient environ 70 calories, tous les acides aminés, des vitamines A, B, D et E, ainsi que la plupart des sels minéraux (dont le fer) essentiels à la vie. La coquille, par sa forme, offre une résistance considérable pour sa taille : elle est apte à protéger son contenu, mais le poussin peut la briser de l'intérieur.

Ni la couleur de la coquille ni celle du jaune n'ont d'influence sur le goût, pas plus qu'une coquille brune ou blanche, ou un jaune de couleur pâle, n'indiquent que l'œuf est plus ou moins « naturel ». La seule chose qui influe sur le goût est ce que mange la poule. Les œufs les plus savoureux sont le résultat d'une alimentation à base de céréales, complétée par quelques apports tels que les insectes et les vers que la poule trouve sur son chemin.

L'autre critère de qualité est la fraîcheur. Pour la vérifier, la méthode a peu changé depuis deux cents ans, telle qu'elle fut décrite par Amelia Simmons dans le premier livre de cuisine publié en

Amérique : « Mettez-les dans de l'eau [froide salée]. S'ils plongent au fond et reposent sur le côté, ils sont bien frais ; s'ils remontent debout vers la surface ils ne sont plus frais, et s'ils flottent [à l'horizontale], ils sont pourris, gâtés et impropres à quoi que ce soit. »

23

MARS

LA VINAIGRETTE

Les sauces pour salade qu'on prépare soi-même sont toujours meilleures que celles du commerce. Il arrive qu'une recette préconise un ingrédient particulier — jus de citron, vinaigre balsamique — pour modifier le goût, mais pour neuf salades sur dix, cette vinaigrette classique est idéale.

VINAIGRETTE MAISON

3 CUILLERÉES À SOUPE D'HUILE D'OLIVE EXTRA-VIERGE
1 CUILLERÉE À SOUPE DE VINAIGRE DE VIN ROUGE
ASSEZ DE MOUTARDE DE DIJON POUR TENIR SUR 2,5 CM
DE LA POINTE D'UN COUTEAU DE TABLE,
OU DAVANTAGE SI VOUS DÉSIREZ UN GOÛT PLUS RELEVÉ
1 GOUSSE D'AIL ÉCRASÉE (FACULTATIF)
SEL, POIVRE DU MOULIN

Réunissez tous les ingrédients dans un petit bocal muni d'un couvercle à vis, fermez et secouez jusqu'à ce que tout soit bien mélangé. Versez sur la salade et remuez celle-ci. La vinaigrette doit enrober légèrement les feuilles sans les noyer. Par ailleurs, si l'on veut que la vinaigrette y adhère bien, la salade doit être convenablement essorée.

FAIM ET APPÉTIT

Le dictionnaire établit peu de nuances de sens entre « faim » et « appétit », mais l'on estime couramment que la faim est le besoin de manger, d'ordre presque entièrement physique, tandis que l'appétit est le désir de manger, stimulé par l'odorat, la vue, le souvenir de certains aliments, et même des besoins émotionnels. La faim est issue de la nécessité ; si elle n'est pas satisfaite, la faiblesse s'installe. L'appétit est plutôt lié à l'intérêt et à la convoitise que suscite la vue des aliments. Lorsque les deux sont présents, cela donne un individu qui a très envie de manger. Le problème est alors de l'empêcher de se bourrer de pain.

Ce qui nous amène à une autre question : qu'est-ce que le bon pain ? Les pains industriels du commerce, pleins de sucre et de conservateurs, avec leur croûte mollassonne et leur mie encore plus molle, n'en sont qu'une pâle imitation. Le bon pain doit avoir une croûte relativement craquante et une mie tendre, élastique, où l'on peut généralement discerner des alvéoles de taille irrégulière, légèrement luisantes. Aucun pain ou presque ne doit être servi très chaud, et le pain de seigle est meilleur légèrement rassis. Le pain chaud sortant du four est une chose, le pain congelé et réchauffé est tout autre chose. Dans tous les cas, le pain n'a pas de meilleur accompagnement qu'un beurre doux bien frais.

24
MARS

LES SERVEURS

Pour la grande majorité des serveurs de restaurant aux États-Unis, leur activité n'a rien d'un plan de carrière : c'est un job temporaire, un moyen de gagner sa vie en attendant autre chose. Il existe pourtant une autre tradition du service en salle : le serveur professionnel qui se forme à son métier, l'exerce avec style, et qui, interrogé sur ses projets d'avenir, se voit non pas acteur mais plutôt propriétaire de restaurant.

En dehors des bases — propreté, maîtrise de la langue anglaise, savoir de quel côté on sert et de quel côté on dessert, comment on dresse un couvert, le rythme d'arrivée et de succession des plats —, que peut-on attendre d'un serveur ?

■ Une connaissance exacte non seulement des plats de la carte mais aussi des ingrédients qu'ils contiennent et de la façon dont ils sont préparés.

■ Une mémoire assez développée pour lui permettre de citer les plats du jour ou les modifications apportées à la carte. La capacité de recommander aux clients des plats du menu ou de la carte des vins, car la plupart sollicitent ses conseils à ce sujet. Il doit être assez commerçant pour donner au client l'envie de lui demander son avis, mais il ne doit pas l'être au point de le manipuler pour obtenir un plus gros pourboire.

■ Il doit aussi pouvoir mémoriser les préférences de son client, y compris son apéritif, ses mets et ses vins préférés. Un bon serveur doit normalement savoir cela dès la deuxième visite.

■ Dans une salle bondée, il doit pouvoir évoluer en gardant une bonne notion de l'ensemble, tout comme un joueur de hockey ou de basket-ball a conscience de sa position mais aussi de celle de chaque autre joueur.

■ Il ne doit pas ménager ses efforts pour faire passer au client une soirée agréable et détendue. Au moment de choisir un restaurant pour la soirée, il est fort possible que la qualité d'un service laisse un souvenir plus vif que celle de la cuisine, orientant ainsi la décision. « J'aime, aurait déclaré Joël Robuchon, qu'un serveur soit attentif et souriant, comme s'il recevait de bons amis chez lui. »

■ Cela ne veut pas dire pour autant qu'il doit se comporter comme leur copain. Si vous tombez sur un serveur qui vous accueille avec : « Bonjour, je m'appelle X… », ce n'est pas sa faute, c'est celle du propriétaire du restaurant. Il n'en reste pas moins qu'un bon serveur doit être personnellement attentif à son client et ne pas le priver du plaisir de la conversation.

■ Il doit avoir la passion de la cuisine et du vin ; ou, comme le disait un ex-serveur devenu restaurateur : « Il faut travailler avec ses mains, ses jambes et sa tête, mais surtout avec son cœur. »

25
MARS

LA SOUPE AUX POIS CASSÉS

Berlin, 1928. Elias Canetti, jeune écrivain de vingt-trois ans aux prises avec son idéalisme meurtri, rencontre Isaac Babel, de onze ans son aîné. Babel, qui vit en Russie et passe quelque temps à Berlin, est un de ses héros littéraires. Celui-ci s'empresse de sevrer son jeune ami de la « futilité bavarde » propre à la décadente République de Weimar et l'emmène dans des restaurants populaires où, raconte Canetti, « assis côte à côte, nous mangions lentement une soupe aux pois cassés. Derrière d'épais verres de lunettes, les yeux globuleux de Babel regardaient avec intensité les autres clients du restaurant, sans en excepter aucun, et il ne se lassait jamais de cette contemplation. Finir son bol de soupe le contrariait. Il aurait aimé avoir un bol sans fond, car rien d'autre ne l'intéressait que contempler, contempler les gens ».

Accusé à tort d'espionnage, Babel fut exécuté à Moscou en 1941. Canetti, qui se retira à Londres peu après sa trentième année, y vécut tranquillement le reste de ses jours et y écrivit les romans qui lui valurent le prix Nobel de littérature en 1981.

26
MARS

ARCHESTRATE

Les meilleurs ingrédients, simplement préparés, telle est la doctrine infaillible qu'ont en commun les plus grands chefs et restaurateurs. La formule remonte au moins à la Grèce antique, et notamment aux écrits d'Archestrate. Originaire de Gela, en Sicile, c'était un homme qui avait vu le monde. Il ne cessait de répéter cette formule dans son poème épique *Hedypatheia* (« Friandises »), autrement connu sous différents titres tels que *La Gastronomie*, *L'Art de manger* ou même *La Vie de luxe*, et qui parut aux environs de 360-350 avant Jésus-Christ. Ce poème se présente sous forme de conseils prodigués à un ou deux amis cultivés, mais malheureusement la version complète en est perdue. Il n'en reste que des fragments cités dans d'autres œuvres.

27

MARS

LE CAFÉ AU LAIT

Marie-Antoinette raffolait du café au lait ; Mme de Sévigné aussi, à qui son médecin, qui en savait probablement plus que nous sur ces questions, le recommandait pour sa poitrine. Cependant, Balzac, qui vivait littéralement de café, désapprouvait avec la plus grande véhémence son association avec le lait, assurant qu'elle attristait l'âme et affaiblissait le système nerveux.

C'est probablement au XIIIe siècle et au Moyen-Orient que le café tel que nous le connaissons, préparé à base de grains de café torréfiés et moulus, fut dégusté pour la première fois. À Paris, il fut tout d'abord introduit au début du XVIIe siècle, mais ce ne fut que plus tard dans le même siècle qu'il fut popularisé par l'ambassadeur de Turquie, Soliman Aga, dont les esclaves noirs, revêtus de magnifiques tenues orientales, en servaient aux dames venues lui rendre visite.

Le meilleur café au lait doit être fait avec une infusion de café fraîchement moulu, plus concentrée que celle du café à l'américaine. Portez juste à frémissement du lait entier dans une casserole, et ajoutez-en à votre goût dans une large tasse de ce café chaud. Sucrez si vous le désirez.

28

MARS

LE PETIT DÉJEUNER

« Le matin au réveil, Winnie,
à quoi penses-tu d'abord ? demanda Porcinet
— Je pense : Qu'y a-t-il au petit déjeuner ?
répondit Winnie. Et toi, Porcinet,
à quoi penses-tu en premier ?
— Je me dis : Que va-t-il m'arriver
d'intéressant aujourd'hui ? *» répondit Porcinet.*

Winnie réfléchit, hochant la tête, et dit enfin :
« C'est exactement la même chose ! »
A. A. Milne, *Winnie l'Ourson*

L'édition de 1918 du *Livre de recettes de Fannie Farmer*[1] énumère deux douzaines d'« accords convenables » pour le petit déjeuner. Tous incluent des céréales accompagnées de sucre et de crème, et tous incluent du café, déjà à cette époque la boisson matinale favorite des Américains. Une fois ces bases posées, l'auteur se déchaîne : galettes à la compote de pommes, pommes de terre à la crème, *hominy*[2] à la poêle, foie grillé, brandade de cabillaud, agneau haché servi sur toasts, sans oublier les œufs préparés de toutes les manières possibles, servis avec bacon ou saucisses, et toute sorte de pains et de muffins.

On y trouve des fruits, mais pas de jus de fruits. De nos jours, les spécialistes de l'entretien physique estiment que le meilleur antidote pour les lendemains de soirée trop arrosée est un petit déjeuner riche en fruits, suivi d'un peu d'exercice pour faire circuler l'apport énergétique et réparer les dégâts.

29
MARS

L'AGNEAU

Avec quelque irrévérence, Louis XVI les appelait « côtelettes sur pattes ». Depuis des millénaires, les agneaux ont l'hypothétique honneur de fournir la matière de cérémonies religieuses. Au Moyen-Orient, on élève les ovins depuis plus de neuf mille ans. Dans la Bible, leur nom est mentionné quarante-cinq fois, beaucoup plus que celui de toute autre créature. La Genèse

1. Grand classique de la littérature culinaire nord-américaine, écrit par Fannie Merritt Farmer, directrice de l'École de cuisine de Boston. Initialement publié en 1896 sous le titre *The Boston Cooking-School Cookbook*, il devint si populaire qu'on s'y référa bientôt sous le titre *The Fannie Farmer Cookbook*, qu'il porte encore aujourd'hui. Ce livre a été constamment réédité depuis sa première parution.
2. Préparation d'origine amérindienne à base de grains de maïs attendris par trempage dans une solution alcaline (hydroxyde de potassium ou eau de chaux). Au petit déjeuner, le *hominy* est le plus souvent préparé en bouillie épaisse (*hominy grits*).

rapporte la dramatique histoire où Dieu ordonne à Abraham de lui sacrifier son fils Isaac, se ravise au dernier moment, épargne Isaac et oriente le père et le fils vers un buisson voisin où ils découvrent un agneau qui fera l'objet du sacrifice. Les tribus d'Israël, descendantes d'Isaac, badigeonnaient le seuil de leurs portes de sang d'agneau en souvenir de la première pâque pour signaler leur statut de peuple élu, protégé par Dieu. Jésus, autre juif, fut appelé l'agneau de Dieu, sacrifié pour les péchés du monde ; et l'agneau, notamment en Grèce et en Italie, reste un plat traditionnel de Pâques.

La viande d'agneau et de mouton est aussi au cœur des traditions islamiques. On la sert aux grandes occasions, par exemple au grand repas qui marque la fin du mois de jeûne et de prière du ramadan, ou encore à la fête du Bakri-eid el-Kurban qui célèbre l'obéissance d'Abraham lors du sacrifice d'Isaac. Ce jour-là, les plus riches familles tuent un mouton ou un agneau, le font rôtir à la broche en respect des anciennes coutumes, et distribuent la viande aux pauvres.

30

MARS

LES COUTEAUX

En ce qui concerne les couteaux de cuisine, ce qui compte avant tout, c'est d'en acheter de bons. Les meilleurs — qualité supérieure, acier inoxydable, manche en bois — valent leur prix. Les couteaux durent longtemps ; ils doivent offrir une bonne prise en main et rester tranchants, bien qu'il soit nécessaire de les affûter légèrement à la pierre ou au fusil d'acier presque quotidiennement.

Trois types de couteaux sont indispensables dans une cuisine :

- Un couteau chef, avec une large lame de 20 à 25 cm à bord arrondi et se terminant en pointe, pour couper et hacher.
- Un couteau à découper, à lame plus fine, pour trancher et découper les viandes et les volailles rôties.

■ Un couteau d'office, qui ressemble au couteau chef en petit format, pour éplucher, évider, ciseler.

Sont également utiles :

■ Un couteau-scie pour le pain.

■ Un couteau que Kay a acheté un jour par impulsion, alors qu'elle passait devant un stand de démo dans un supermarché. Avec la même lame, l'homme découpait tour à tour des tomates en tranches et des clous en deux. Indestructible, disait-il. Eh bien ! c'était vrai. Le couteau faisait partie d'un lot de trois pour neuf dollars, les deux autres pièces n'ayant aucune vertu particulière. Nous avons bien fait d'oublier, pour l'occasion, la règle de la meilleure qualité. Il s'agit d'une lame longue et flexible, très finement dentelée, avec une pointe fourchue recourbée vers le haut. En acier inoxydable et marquée « Taïwan », elle fait tout ce qu'on veut, mais je doute qu'on puisse jamais retrouver l'homme qui nous l'a vendue.

Les couteaux doivent être gardés dans un bloc de bois ou sur une barre magnétique fixée au mur plutôt que dans un tiroir. Il ne faut pas les mettre au lave-vaisselle.

31
MARS
LE POIS CHICHE

À cette date de l'an 1282, restée dans l'histoire sous le nom de Vêpres siciliennes, savoir prononcer le nom d'un légume pouvait vous sauver la vie. Les Siciliens, en révolte contre la France, assassinaient quiconque ne parvenait pas à prononcer « pois chiche » (*cicero*) dans le parler local.

AVRIL

▪ BRILLAT-SAVARIN ▪ PLATON ▪ CASANOVA
▪ CONSEILS AUX INVITÉS, PAR FOX
▪ *POLPETTONE ALLA TOSCANA*
▪ ROALD DAHL ▪ LE COMMANDARIA
▪ KELLOGG ▪ LE BOUDDHISME ▪ RABELAIS
▪ ÉTIQUETTE DE TABLE ▪ AGNÈS SOREL
▪ LE HOT-DOG ▪ *VOTRE DÉVOUÉ SERVITEUR*
▪ LE *TITANIC* ▪ WAVERLEY ROOT
▪ LES *DOUGHNUTS* ▪ LE BRIE ▪ POÈME BRIE
▪ SPAGHETTI-BOULETTES ▪ JOHN IRVING
▪ LE CANARD LAQUÉ PÉKINOIS ▪ LE CITRON
▪ CHAUCER ▪ VATEL ▪ LE PRIX DU VIN ▪ LE THÉ
▪ LES BANQUETS D'ÉGYPTE ▪ ALICE WATERS
▪ JFK ET JEFFERSON ▪ L'ÉTIQUETTE
▪ BRIE ET SACHERTORTE

1er

AVRIL

BRILLAT-SAVARIN

1775. Jean Anthelme Brillat-Savarin, futur auteur de *La Physiologie du goût*, sans doute le plus célèbre livre de gastronomie de tous les temps, naît à Belley, dans le Bas-Bugey. Fils d'un avocat, il devint avocat lui-même et, plus tard, le très populaire maire de sa ville natale. Par sa mère, il était cousin de Mme Récamier, célèbre beauté de l'époque, et avait pour ami Talleyrand, qui l'invitait souvent à sa table.

Il aurait pu se laisser engloutir par une paisible vie provinciale, mais à la veille de la Révolution française, il fut obligé de quitter le pays. Il se retrouva en Amérique où il vécut trois ans en enseignant le français et en jouant du violon dans un orchestre. Il s'intéressait beaucoup à la musique, ainsi qu'aux femmes, bien qu'il ne se mariât jamais. Mais il s'intéressait pardessus tout aux repas fins et à la gloire de la bonne chère. Un jour où il était invité à deux dîners différents, on lui demanda de choisir entre la compagnie d'hommes de science et celle d'hommes de lettres. Avec panache, il répondit : « Mon choix est fait. Dînons deux fois. »

En 1797, il revint en France où il fut rétabli dans ses fonctions, bien qu'il eût perdu presque tous ses biens, dont une vigne. Il devint magistrat, passa quelques années dans l'armée, et vécut paisiblement le reste de ses jours, vingt-cinq années, à pratiquer le droit à Paris. *La Physiologie du goût*, écrite en trois décennies à ses moments perdus (si l'on peut dire), fut publiée à son compte sans nom d'auteur à l'automne 1825, quelques mois avant sa mort. Ce recueil de descriptions, d'opinions, d'anecdotes, d'histoire, de philosophie, de vérités, de fantaisies, de poèmes et parfois de recettes est remarquable tant pour l'étendue du savoir qu'il révèle que pour son style. C'est un hommage chaleureux aux plaisirs civilisés de la table et à d'autres plaisirs qui s'y rattachent. L'ouvrage connut un succès immédiat et fut adoré entre autres par Balzac, qui lui fit la grâce d'écrire à son tour une *Physiologie du mariage*. « Les animaux se repaissent, l'homme mange ; l'homme d'esprit seul sait manger » est un des nombreux aphorismes que contient ce livre.

Durant le glacial mois de janvier 1826, déjà atteint de la grippe, il assista par fidélité à une messe expiatoire pour l'âme du roi Louis XVI, décapité depuis longtemps. Les prières s'éternisèrent, et trois hommes devaient en mourir à cause du froid de l'église. Parmi eux se trouvait Brillat-Savarin, qui contracta une pneumonie quelques jours plus tard. Il mourut le 2 février, quittant la vie, ainsi que l'écrivit plus tard un de ses amis proches, « comme le convive rassasié sort du festin [...] sans regrets et sans faiblesse ».

Les droits d'auteur de son œuvre précieuse furent vendus par son frère pour mille cinq cents francs, à l'époque le prix d'un bon cheval. La première édition fut vite épuisée. D'autres éditions furent publiées en 1834, 1835, 1838 et 1839. Le livre, depuis, a toujours été disponible. Sur sa tranche, disait Balzac, on aurait pu écrire : « Ci-gît l'âme de Brillat-Savarin. »

2
AVRIL

PLATON

Platon, à côté de qui, dit-on, toute la philosophie n'est qu'une note de bas de page, estimait que la conversation était de loin l'élément principal d'un repas, et faisait peu de cas des cuisiniers et de la cuisine. Il recommandait, et pratiquait, une alimentation très simple. Lorsqu'il se rendit en Sicile, pays célèbre pour son opulence et sa riche cuisine, il décrivit avec mépris cette société où l'on croyait que le bonheur consistait à bien manger à table, à ne jamais dormir seul la nuit et à s'adonner à tous les autres plaisirs associés à ce genre de vie.

CASANOVA

Le 2 avril 1725, Giacomo Casanova naît à Venise. Célèbre non seulement pour ses conquêtes féminines mais aussi pour ses mémoires regorgeant de descriptions de mets et de festins, il voyageait souvent dans le seul but de goûter certaines denrées raffinées telles qu'alouettes, champignons rares ou vins et alcools d'exception, dont une liqueur de marasquin qu'il trouva apte à augmenter sa puissance sexuelle.

Il n'ignorait rien, bien entendu, de la dimension sensuelle du bien-manger, premier acte de tant de ses aventures amoureuses. La mention de truffes ou de champagne comme auxiliaires de ses succès revient souvent dans ses mémoires. En passant voluptueusement des huîtres d'une bouche à l'autre, il réussit un jour à faire commettre le péché de chair à deux jeunes nonnes novices. Et l'on observa que la dernière année de sa vie, alors qu'il n'était plus ni dieu ni satyre, il était encore un loup à table.

3

AVRIL

CONSEILS AUX INVITÉS, PAR FOX

Joe Fox était originaire de Philadelphie, mais il passa l'essentiel de sa vie à New York. Directeur éditorial chez Random House, il eut parmi ses auteurs, à des périodes diverses, Truman Capote, John Irving et Philip Roth. Divorcé de sa première épouse, il vécut quelque temps célibataire et possédait deux tenues de soirée afin de faire face à toutes les invitations. Quand il le fallait, il avait d'excellentes manières et une ligne de conduite bien définie, laquelle comprenait ces six principes du parfait invité :

- N'arrivez jamais en avance.
- Apportez un cadeau qui ravira l'hôtesse.
- Restez seul au moins trois heures par jour.
- Ne vous trompez jamais de lit pour dormir.
- Jouez à tous leurs jeux.
- Partez au bon moment.

4

AVRIL

POLPETTONE ALLA TOSCANA

Parfois, dans un dîner, quelque chose — ou peut-être quelqu'un — vous impressionne à tel point que vous êtes pris d'une immense curiosité. Quand il s'agit de nourriture, cette curiosité vous oblige à demander la recette.

Un soir, chez notre cher ami Lorenzo, à l'époque où il vivait près de Union Square à New York, celui-ci nous servit un plat extraordinaire, dense et intensément parfumé, dans une délicieuse sauce aux champignons. Quoique découpé en tranches comme un filet de bœuf, ce plat se révéla être une sorte de *meat loaf*, un pain de viande, mais en beaucoup moins ordinaire.

Tout le monde ou presque adore le *meat loaf*, y compris les chefs ; et il en existe d'innombrables recettes, toutes dotées de solides atouts ; mais cette version, extraite du *Classic Italian Cookbook* de Marcella Hazan, est facile à préparer et vous rendra au centuple le soin que vous aurez mis à le faire. Elle ne nous a jamais déçus, à tel point qu'il nous est un peu difficile d'avouer qu'il s'agit d'une simple recette toscane.

POLPETTONE ALLA TOSCANA
(d'après une recette de Marcella Hazan)

60 G DE CÈPES SÉCHÉS (DE PRÉFÉRENCE ITALIENS)

500 G DE BŒUF MAIGRE HACHÉ

1 CUILLERÉE À SOUPE DE LAIT

1 TRANCHE DE PAIN DE MIE DÉBARRASSÉE DE SA CROÛTE

1 CUILLERÉE À SOUPE D'OIGNON FINEMENT HACHÉ

2 CUILLERÉES À CAFÉ DE SEL FIN, POIVRE DU MOULIN

2 CUILLERÉES À SOUPE DE JAMBON DE PARME FINEMENT HACHÉ, OU D'UN AUTRE JAMBON SEC NON FUMÉ

40 G DE PARMESAN FRAÎCHEMENT RÂPÉ

1 DEMI-CUILLERÉE À CAFÉ D'AIL FINEMENT HACHÉ

1 JAUNE D'ŒUF LÉGÈREMENT BATTU

45 G DE CHAPELURE

2 CUILLERÉES À SOUPE D'HUILE VÉGÉTALE

20 G DE BEURRE
7,5 CL DE VIN BLANC SEC
4 CUILLERÉES À SOUPE DE CONCENTRÉ DE TOMATE

Faites tremper les cèpes dans 40 cl d'eau tiède pendant au moins une demi-heure. Dans un saladier, émiettez la viande hachée avec une fourchette. Faites tiédir le lait en ajoutant le pain, et malaxez-le dans le lait jusqu'à obtention d'un mélange crémeux. Ajoutez ce mélange à la viande ainsi que l'oignon, le sel, le poivre, le jambon, le parmesan et l'ail. Mélangez soigneusement à la main, puis incorporez le jaune d'œuf légèrement battu. Façonnez la viande en une boule bien ferme, puis en un boudin d'environ 7 cm d'épaisseur. Frappez-le avec la paume de la main afin d'éliminer toute bulle d'air, puis roulez-le dans la chapelure. Égouttez les cèpes en réservant l'eau de trempage et rincez-les plusieurs fois à l'eau fraîche. Hachez-les grossièrement et réservez-les. Filtrez l'eau de trempage des champignons à travers une passoire fine garnie de papier absorbant. Dans une cocotte ovale en fonte assez grande pour contenir le *polpettone* mais pas davantage, faites chauffer l'huile et le beurre. Faites dorer le *polpettone* sur toutes ses faces sur feu moyen dans le beurre mousseux, en le retournant avec précaution. Ajoutez le vin blanc. Sur feu plus vif, faites-le réduire de moitié en retournant encore la viande une ou deux fois. Baissez le feu et ajoutez les champignons hachés. Délayez le concentré de tomate dans l'eau de trempage des champignons filtrée et chauffée. Lorsque le mélange est homogène, versez-le dans la cocotte. Couvrez et laissez cuire sur feu doux pendant trente minutes en retournant la viande une ou deux fois au cours de la cuisson. Retirez le *polpettone*, déposez-le sur une planche à découper et laissez-le reposer quelques minutes. Découpez-le en tranches obliques d'environ 1 cm d'épaisseur. Si la sauce vous paraît trop liquide, faites-la réduire sur feu vif pendant quelques minutes. Versez un peu de sauce sur un plat de service chauffé, disposez-y les tranches de viande, puis recouvrez du reste de sauce. Pour quatre personnes.

5
AVRIL

ROALD DAHL

Parmi tout ce qu'on a pu écrire sur le vin — et il y aurait de quoi remplir plusieurs camions —, une nouvelle de Roald Dahl sort du lot. Intitulée « Le goût », elle raconte un pari inoubliable lancé un soir, lors d'un dîner, à un invité qui se prétend capable de goûter un vin inconnu et d'identifier sa région d'origine, son millésime et même le domaine dont il provient. La nouvelle est fascinante par la précision des détails et se termine de façon totalement inattendue.

Joe Fox, alors directeur éditorial de Knopf, rapporte qu'Alfred Knopf, le fondateur, ayant lu cette nouvelle dans le *New Yorker*, avait télégraphié à Dahl qu'il serait heureux de publier tout ce qu'il écrirait, ce qui est l'équivalent des mots « je t'adore » murmurés par une personne aimée.

6
AVRIL

LE COMMANDARIA

La tradition veut qu'Aphrodite, déesse de l'Amour selon les anciens Grecs, soit née de la mer au large des côtes de Chypre. Le vin qu'on verse en son honneur à l'occasion des grandes fêtes est un rouge liquoreux qu'on appelait à l'origine *nama* ; dès 700 avant Jésus-Christ, Hésiode, qui fut autant fermier que poète, décrivait sa fabrication, qui consistait à laisser sécher au soleil des raisins noirs et des raisins blancs pendant deux semaines, puis à faire vieillir le vin résultant dans de grandes jarres de terre cuite. Shakespeare écrivit aussi une scène où Marc Antoine tend une coupe de vin à Cléopâtre en lui disant ces mots : « Votre douceur, mon amour, est égale à celle du *nama* de Chypre. »

En 1191, lorsque Richard Cœur de Lion posa le pied à Chypre, il fit l'éloge du *nama* et se promit de revenir « ne serait-ce que pour goûter à nouveau ce vin ». Cela ne l'empêcha pas de vendre l'île à l'ordre des Templiers, fondé en 1118 pour protéger les pèlerins pendant les croisades. Ces moines chevaliers contrôlaient déjà une zone de l'île appelée Commandaria. Ce nom fut donné au vin, et plus de huit siècles plus tard, c'est la plus ancienne dénomination de cru ayant survécu jusqu'à nos jours. En 1352, le roi d'Angleterre Édouard III le servit à un banquet où il avait convié les rois de France, d'Écosse, du Danemark et de Chypre. Deux cents ans plus tard, la reine Élisabeth Ire, qui appréciait aussi ce vin, accorda à sir Walter Raleigh le privilège exclusif de son importation.

Bien entendu, il n'y a aucun moyen d'en être certain, mais il est très possible que le vin d'aujourd'hui soit assez semblable à celui d'autrefois, quoique l'assemblage des cépages soit de nos jours plus précis et que l'élevage des vins se fasse en barriques de chêne plutôt qu'en jarres de terre cuite. Malheureusement, on ne lui attribue plus, comme on le faisait jadis, de vertus thérapeutiques miraculeuses.

7

AVRIL

KELLOGG

Le 7 avril 1860, Will Keith Kellogg est né à Battle Creek (Michigan), une ville qui, grâce à lui, allait se faire un nom. Bien que sa scolarité fût interrompue à la fin du primaire, il mit au point, avec l'aide de son frère John Harvey Kellogg, une toute nouvelle approche du petit déjeuner. Il s'agissait de fabriquer des flocons de céréales en aplatissant les graines puis de les cuire au four afin de les transformer en un aliment croustillant, facile d'emploi, qui finit par presque détrôner le classique petit déjeuner américain.

En 1906 fut créée la Battle Creek Toasted Corn Flake Company, bientôt renommée Kellogg Company. Comme la concurrence ne se fit pas attendre longtemps, Kellogg eut l'idée de distinguer ses produits en faisant imprimer sur la boîte une copie de sa signature. Ce fut un succès mondial, et dès le début Will fut animé par le désir de partager sa richesse. En 1930, il créa la fondation W. K. Kellogg qui, du vivant de son fondateur, consacra la quasi-totalité de sa fortune personnelle — soixante-six millions de dollars — à l'amélioration du bien-être des enfants, insistant particulièrement sur la santé et l'éducation.

8

AVRIL

LE BOUDDHISME

Le 8 avril est traditionnellement considéré comme l'anniversaire du Bouddha, né prince Siddartha Gautama, qui passa sa jeunesse dans l'abondance. Il se retira du monde à l'âge de vingt-neuf ans pour chercher la réponse à la question de la souffrance humaine dont il était témoin. Au bout de six années de recherche, il reçut l'illumination. Il passa les quarante-cinq dernières années de sa vie à enseigner et à poser les bases de la religion bouddhique.

Les musulmans ne mangent pas de porc, les hindous ne mangent pas de bœuf et les bouddhistes ne mangent aucune créature qui ait été abattue, car le premier principe du bouddhisme est de ne supprimer aucune vie. La croyance bouddhiste en la réincarnation inclut l'idée que notre âme peut migrer un jour dans le corps d'un insecte ou d'un autre animal, ce qui est une raison supplémentaire pour ne pas les tuer.

Mais la faute réside dans l'acte de tuer beaucoup plus que dans celui de manger. C'est pourquoi, selon certains bouddhistes, un animal tué dans un accident ou par un autre animal, ou encore par un non-bouddhiste, peut être consommé. Les moines bouddhistes, toutefois, observent un régime strictement végétarien et n'absorbent aucune nourriture solide passé l'heure de midi.

Le bouddhisme est répandu, voire dominant, au Sri Lanka, en Thaïlande, au Cambodge et au Japon, mais, fait étrange, il a presque entièrement disparu d'Inde, son pays d'origine. On dit en Thaïlande que l'interdiction de tuer n'est pas incompatible avec l'activité des pêcheurs, puisque l'on considère qu'ils ne tuent pas les poissons mais se contentent de les sortir de l'eau.

9 AVRIL

RABELAIS

Le 9 avril est le jour de la mort de Rabelais, survenue en 1553. Il n'y a aucune joie à se lever tôt, écrivait-il, mais bien davantage à boire tôt. Il naquit, dit-on, à Chinon vers 1493, et se fit d'abord moine, puis médecin. Son nom est devenu synonyme d'imagination débridée, d'humour coquin et de festivités gourmandes. Ses grands romans comiques, *Pantagruel* (1532) et *Gargantua* (1534), furent condamnés par les autorités ecclésiastiques mais cela ne les empêcha pas de connaître un immense succès. François Ier, à qui l'on en fit la lecture, était un adorateur convaincu de ces livres. Même Shakespeare fit allusion à l'irrévérence de Rabelais.

Les dernières paroles de Rabelais furent : « Tirez le rideau, la farce est jouée. »

10 AVRIL

ÉTIQUETTE DE TABLE

À table, la place d'honneur, attribuée à un homme ou à une femme, se trouve à la droite de l'hôte ou de l'hôtesse. Autrefois, cette place était toujours à gauche de l'hôte, au plus près de son cœur. Les Romains mangeaient couchés, et roter était chez eux un signe de politesse, comme c'est encore le cas en Orient.

L'étiquette de table, en effet, a évolué au cours des siècles. Dans la Grèce antique, l'invité ou l'étranger de passage recevait un bain de pieds. Érasme, dans son *Traité des bonnes manières*, publié en 1530, nous enseigne qu'il est très malséant de jeter des os sous la table ou de lécher les assiettes. Il existe des règles sur l'usage et la disposition des couteaux et des fourchettes, la bonne manière de débarrasser, la quantité de vin à verser dans les verres, etc., mais en général, de nos jours, tout ce qui est inoffensif est permis.

De la part de l'hôte ou de l'hôtesse, commettre la même maladresse que l'invité afin que celui-ci ne s'en sente pas coupable est une suprême marque de courtoisie. À la Maison-Blanche, il se produisit un jour, à la fin d'un déjeuner, l'exact contraire de cette situation : le taciturne président Calvin Coolidge, après avoir versé du lait dans son café, en versa aussi dans sa soucoupe. Son invité, poliment, l'imita. Coolidge se pencha et déposa la soucoupe au sol pour son chat.

11
AVRIL

AGNÈS SOREL

On raconte qu'Agnès Sorel, la première femme en France à se voir attribuer le statut plus ou moins officiel de maîtresse du roi, n'ignorait rien de l'importance de satisfaire l'appétit royal. Elle recruta pour cela les meilleurs chefs, et ne dédaignait pas elle-même de ceindre un tablier pour entrer en cuisine.

Le roi Charles VII rencontra Agnès Sorel lors d'une fête en 1444. Issue d'une famille de petite noblesse et âgée de vingt-deux ans, elle était d'une extrême beauté. Il ne cessa de l'aimer jusqu'à sa mort, survenue en 1450 juste après la naissance de leur quatrième enfant. Comme elle était l'objet de force jalousies et intrigues, il est très probable qu'elle ait été empoisonnée.

12
AVRIL

LE HOT-DOG

Bien que d'ascendance européenne, le hot-dog est américain puisqu'il fut baptisé ainsi aux États-Unis en 1901. D'abord appelé *frankfurter* du nom de sa ville d'origine, puis *wiener* parce qu'il était passé par Vienne, il fut ensuite connu en

Amérique sous le nom de *dachshund sausage* (« saucisse teckel ») en raison de sa forme allongée rappelant celle du chien du même nom.

Par une froide journée d'avril, lors d'un match de base-ball des Giants au Polo Grounds de New York, les boissons et les sandwichs froids se vendaient mal. Le concessionnaire Harry Stevens demanda alors à ses vendeurs de crier : « Profitez-en tant qu'ils sont chauds ! » Tad Dorgan, dessinateur sportif, parvint à croquer l'épisode pour la presse, mais comme il ne connaissait pas l'orthographe de *dachshund*, il écrivit *hot-dogs* dans la légende.

À la foire internationale de Saint Louis en 1904, les hot-dogs firent leurs débuts officiels dans des petits pains adaptés à leur forme, garnis de la moutarde nouvellement créée par George French[1] : une association dont le succès ne s'est jamais démenti depuis plus d'un siècle.

13

AVRIL

VOTRE DÉVOUÉ SERVITEUR

Le 13 avril 1987, c'est la première de *Yr. Obedient Servant* (*Votre dévoué serviteur*) au Lyric Hammersmith Theater de Londres, la première œuvre dramatique de Kay à être mise en scène. C'est une pièce à acteur unique consacrée à l'immortel Dr Johnson. L'acteur en est l'Écossais Robbie Coltrane, qui se trompe parfois dans son texte, ce qui n'échappe nullement à un public anglais baigné de Dr Johnson depuis toujours.

Dans la petite maison de Chiswick louée pour l'occasion, non loin du théâtre, toute la journée a été consacrée aux préparatifs de la fête post-première rassemblant le producteur, le metteur en scène, l'unique membre de la troupe et quelques amis venus des États-Unis et d'un peu partout en Europe. Les demoiselles embauchées pour le service portent une robe noire courte,

1. La French's Yellow Mustard est en effet le condiment traditionnel du hot-dog américain. Le ketchup sur un hot-dog est normalement une faute de goût.

un petit tablier blanc et une coiffe blanche, telles des soubrettes de vaudeville.

Après le buffet arrive le dessert : un énorme gâteau décoré d'un Samuel Johnson en glaçage. Il est servi avec une salade de fruits frais dont nous avons oublié l'origine, mais sa recette est simple et nous la servons encore. S'il en reste, elle est encore excellente quelques jours après sa préparation, notamment au petit déjeuner.

SALADE DE FRUITS FRAIS
VOTRE DÉVOUÉ SERVITEUR

1 ANANAS FRAIS, COUPÉ EN PETITS MORCEAUX
3 OU 4 ORANGES NAVEL, PELÉES À VIF, SÉPARÉES EN QUARTIERS ET CHAQUE QUARTIER COUPÉ EN TROIS
LES GRAINS D'UNE GROSSE GRAPPE DE RAISIN NOIR OU ROUGE SANS PÉPINS, COUPÉS EN DEUX
LA MARINADE :
VERMOUTH BLANC SEC ET CRÈME DE CASSIS EN QUANTITÉS À PEU PRÈS ÉGALES, OU SELON VOTRE GOÛT
115 G DE SUCRE
1 DEMI-CUILLERÉE À CAFÉ DE CANNELLE EN POUDRE
QUELQUES GOUTTES D'EXTRAIT DE VANILLE

Mélangez tous les ingrédients et laissez mariner plusieurs heures ou toute la nuit au réfrigérateur. Pour 8 personnes.

14
AVRIL
LE *TITANIC*

Ce jour-là, en 1912, dans la salle à manger de première classe du *Titanic*, les passagers s'attablent devant un dîner de dix services très élaborés, chacun accompagné d'un vin différent. D'abord des huîtres, suivies d'un potage — consommé ou crème d'orge — puis d'une mousse de saumon poché. Ensuite, filet mignon ou poulet à la lyonnaise. Le cinquième service, qui inclut un assortiment de légumes, donne le choix entre agneau, caneton rôti ou aloyau de bœuf. Après un verre de punch pour rafraîchir le palais arrivent pigeonneau, asperges vinaigrette et foie gras. Au dessert, plusieurs variétés d'entremets, pêches, éclairs et glace à la française. Pour conclure ce dîner, café, porto, et cigares pour les messieurs.

Selon les tarifs d'aujourd'hui, ces passagers de première classe auraient payé plus de cent vingt mille dollars le privilège de participer à la traversée inaugurale de ce luxueux paquebot flambant neuf pour sa première traversée. Tard dans la soirée, quatre jours après le départ d'Angleterre, le navire heurta un iceberg dans l'Atlantique Nord et coula en moins de trois heures. Sur les deux mille deux cent vingt passagers, seuls environ sept cent cinq eurent la chance de pouvoir se mettre de nouveau à table.

15

AVRIL

WAVERLEY ROOT

15 avril 1903. Le journaliste et écrivain culinaire Waverley Root naît à Providence, dans l'État de Rhode Island. Son prénom vient des *Waverley Novels*, la série de romans de Walter Scott.

En 1927, gagnant à grand-peine sa vie de jeune écrivain à Greenwich Village, il décide sur un coup de tête de partir pour Paris. Il embarque dès le lendemain. Paris, à l'époque, était légendaire. Pendant ses études à l'université Tufts de Boston, un de ses professeurs lui avait raconté y avoir vu des étudiants des Beaux-Arts sortir d'un bal au petit matin portant leurs modèles nus sur leurs épaules. Root n'avait d'abord l'intention d'y rester que quelques semaines, mais il finit, années de guerre exceptées, par y passer sa vie entière. Il se déclarait très fier de n'avoir jamais rencontré Hemingway.

Parmi ses œuvres figurent son autobiographie, son diptyque d'une grande originalité *The Food of France* et *The Food of Italy* (*La Cuisine française* et *La Cuisine italienne*), ainsi que *Food*, un énorme dictionnaire encyclopédique sur la cuisine. Le dernier texte qu'il écrivit fut une note envoyée à son éditeur à propos des prétendues vertus amincissantes des huîtres. Il venait de passer quelque temps à s'en gaver en Bretagne. « J'ai pris trois kilos », annonçait-il avec joie. C'était le 31 octobre 1982. Cette nuit-là, il s'éteignit dans son sommeil.

16

AVRIL

LES *DOUGHNUTS*

Au XVIe siècle, en Hollande — leur pays d'origine —, les doughnuts étaient des beignets qu'on appelait *olykoeks*, « gâteaux à l'huile ». C'étaient des boulettes rondes de pâte levée de la taille d'une grosse noix, frites dans le saindoux. Les Pèlerins les acclimatèrent en Amérique, où ils prirent de façon assez logique le nom de *dough-nuts*, « noix de pâte ».

L'anecdote la plus convaincante sur l'origine du trou central remonte au XIXe siècle. Elle nous dépeint le capitaine Hanson Gregory, de Rockport (Maine), mangeant un *doughnut* au gouvernail de son navire durant une tempête. À un moment, le vaisseau tangua fortement et la boule de pâte vint s'empaler sur une poignée du gouvernail, qui perça un trou en son milieu. Cette version comporte une part d'incertitude, car Gregory n'avait que quinze ans à l'époque. Cependant, son nom reste associé à l'histoire du *doughnut*, dont il inventa probablement le trou en demandant à sa mère de retirer la partie centrale du beignet parce qu'elle n'était pas assez cuite.

Ce dont on est sûr, c'est que, dès la Première Guerre mondiale, les soldats américains déployés en Europe raffolaient à tel point des *doughnuts* qu'on finit par les appeler *doughboys*.

17

AVRIL

LE BRIE

Charlemagne, le magnifique et puissant souverain qui hérita le Royaume franc de son père et l'étendit en guerroyant pour en faire le Saint Empire romain germanique, mourut en 814 au terme d'un long règne. C'était un grand homme dans tous les sens du terme, avec cinq épouses légitimes et un certain nombre d'épouses « supplémentaires ». En 774, il fit un voyage à Rome et fut ébloui par la splendeur monumentale et la majesté de la ville. Il en conçut l'idée de faire de son royaume un foyer comparable de beauté et de culture. On rapporte aussi que, cette même année, il goûta du brie pour la première fois et l'apprécia beaucoup.

Les bries authentiques que sont le brie de Meaux et le brie de Melun sont fabriqués à base de lait cru en Île-de-France. Toujours conditionné dans une grande boîte ronde en bois léger de 36 à 37 cm de diamètre et d'environ 4 cm de hauteur (pour le brie de Meaux), le brie doit porter la marque de son appellation d'origine contrôlée. Au meilleur de son affinage, il est onctueux mais non coulant, un peu renflé sur le pourtour et doté d'une surface blanche d'aspect irrégulier, tachetée de brun clair. C'est un fromage qui mûrit de la croûte vers le centre ; une fois coupé, il cesse de s'affiner. Si vous achetez une part de brie avant maturité, elle ne fera que se dessécher sans s'attendrir.

Le véritable brie au lait cru n'est pas autorisé à l'importation aux États-Unis ; mais on peut y trouver du brie au lait pasteurisé acceptable, ainsi que toute une ribambelle de mauvaises imitations faites en Allemagne, au Danemark et aux États-Unis. On en trouve même en boîte de conserve. Dans ce cas, il est le plus souvent plâtreux, dense et sans intérêt.

18

AVRIL

POÈME BRIE

Écrit sur une feuille de papier pliée de façon à pouvoir entrer dans une petite boîte à pilules en argent, cadeau reçu de Jim dans les premiers temps de notre mariage, alors qu'il venait de m'initier au fromage de Brie :

Ma chérie, il se peut que bientôt tu constates
Qu'il n'y a pas de brie dans cette petite boîte
Et que s'il y en avait, elle est si minuscule
Que le malheureux brie en serait ridicule.
Cependant, les pensées, tant grandes que petites,
Ne possèdent ni forme, ni poids, ni limite
Et donc en cette boîte peuvent se trouver
Les plus délicieuses de toutes mes pensées.
Ainsi plus riche encore et plus doux que le brie
Est mon désir d'aller traverser l'Italie,
Et nous avons à deux des souvenirs communs
Plus beaux que les prairies d'entre Meaux et Melun.
Ma belle créature, alors, prends-en bien soin :
Cette boîte renferme un somptueux festin.

K. S.

19

AVRIL

SPAGHETTI-BOULETTES

Outre l'exceptionnelle qualité de ses produits, la maison Hermès a bâti sa réputation sur ses prix, les plus élevés de Paris et peut-être du monde : vous pouvez aller où vous voulez, vous ne paierez jamais plus cher. La griffe Hermès sur un manteau ou dans un sac est une preuve que leur possesseur est soit très riche, soit très aimé, soit désireux de passer pour l'un ou l'autre.

Le lien entre qualité et prix est axiomatique : pour le meilleur du meilleur, il faut payer très cher. Le phénomène rappelle l'absorption de grappa ou d'eau-de-vie de marc : d'abord ça pique un peu, mais très vite s'installe une sensation de chaleur et de profonde satisfaction.

Dans un restaurant très chic de New York, le plat du mercredi soir était, de façon inattendue quoique régulière, les spaghetti aux boulettes de viande. Il restait généralement des pâtes toute la soirée, mais les boulettes, préparées selon la recette traditionnelle, partaient avant le milieu du service.

Il se trouva un client pour ne rien comprendre au succès de ce plat simple.

« Qu'est-ce qu'ils ont de si spécial, ces spaghetti-boulettes ? demanda-t-il à l'une des propriétaires.

— Leur prix », répondit-elle simplement.

20

AVRIL

JOHN IRVING

Chez lui, John Irving fait toute la cuisine, heureux de goûter ces instants de relaxation à la fin d'une journée passée devant l'une ou l'autre de ses machines à écrire (il en a plusieurs). C'est un excellent cuistot, très à l'aise dans une cuisine. Il aime y recevoir ses invités qui lui tiennent compagnie, verre à la main, pendant qu'il prépare un de ses plats favoris. Mais ce qu'il aime par-dessus tout, c'est cuisiner pour ses enfants.

« Mes enfants (et maintenant petits-enfants) adorent mes boulettes. Parfois j'en fais quand il n'y a pas d'enfants à la maison, parce que les miens me manquent. Pour la chapelure, je prends n'importe quel bon pain, je le mets dans le bol d'un robot avec un peu de parmesan, plus de l'origan et du basilic, une cuillerée à café de chaque. Pour une livre de bœuf haché maigre, j'ajoute deux œufs entiers. Les boulettes doivent avoir la taille de balles de golf, je les fais dorer dans l'huile d'olive bien chaude. Pour faire la sauce tomate, il faut laisser au fond de la sauteuse les petits bouts de viande qui ont attaché, et ajouter de l'ail, de l'oignon et une poignée de basilic frais (jamais d'herbes séchées dans la sauce tomate). Mes garçons sont grands, ils vivent dans le Colorado et en Californie. Souvent, quand je viens de faire des boulettes dans ma maison du Vermont, je leur téléphone et je laisse des messages sans intérêt sur leur répondeur : "Salut, c'est papa. Rappelle-moi. J'ai fait des boulettes." »

21

AVRIL

LE CANARD LAQUÉ PÉKINOIS

Il existe des destinations légendaires comme Petra ou Machu Picchu et des plats mythiques tels que le coulibiac de saumon et le canard laqué pékinois. Ce dernier a des origines incertaines mais strictement localisées : on raconte que les heureux canards qui se gavaient, au bord du fleuve, des grains tombés des barges voguant vers la capitale décidaient ainsi eux-mêmes de leur sort, si l'on peut dire. Quoi qu'il en soit, il s'agit d'un canard préparé de façon très particulière.

Ce restaurant de Pékin (on dit maintenant Beijing) spécialisé dans le canard avait la réputation d'être le meilleur. C'était en 1948. L'armée Rouge avançait sur la ville. L'inflation galopait. Le restaurant avait un sol de terre battue et une grande cheminée de brique où les canards, soigneusement préparés — ébouillantés, la peau détachée de la chair au moyen d'air sous pression, farcis de céleri, de ciboules, de gingembre et d'huile de sésame, enduits de miel à maintes reprises —, étaient rôtis. On ne mangeait que la peau croustillante, coupée en petits carrés, bien qu'on nous ait peut-être aussi servi la viande ; je ne me rappelle pas bien.

Nous dormions au Grand Hôtel des Wagons-Lits, tenu par une Française et sans aucun doute disparu. Le matin, un grand bol de fraises à la crème nous coûtait cinq cents, soit deux poignées de billets de banque. Sur la place poussiéreuse, les rickshaws s'entassaient comme un vol de corbeaux. Au sein de la masse des conducteurs de pousse-pousse, dès qu'on mettait le nez dehors, qu'il fût midi ou minuit, on décelait soudain une légère agitation et celui dont on avait loué les services pour cinquante cents ou un dollar la journée se levait et trottait avec son véhicule vers l'entrée de l'hôtel. Ces conducteurs dormaient et vivaient en permanence sur cette place. Mao et la Révolution chinoise les ont libérés de cette servitude.

J.S.

22
AVRIL

LE CITRON

Riche en vitamine C, le citron est sans doute le seul aliment commun que l'on ne consomme pratiquement jamais tel quel. Le plus souvent, seuls son jus et son zeste sont utilisés.

Le citron jouait autrefois un grand rôle dans la prévention du scorbut, qui est probablement la première maladie de l'histoire dont la cause ait été identifiée à une carence alimentaire, spécifiquement à un manque de vitamine C. Le scorbut resta un véritable fléau pendant des siècles ; il frappait particulièrement les marins au long cours. Parmi ses symptômes, on peut citer les saignements de gencives, le déchaussement des dents, et une faiblesse qui pouvait se révéler fatale. Durant le fameux périple que fit Vasco de Gama en 1497 autour du cap de Bonne-Espérance, la moitié de son équipage mourut du scorbut.

Au XVIIIe siècle, la marine anglaise prit enfin des mesures pour lutter contre cette maladie qui tuait davantage de marins que ne le faisaient les forces ennemies, et fit ajouter du jus de citron à leur dose quotidienne de rhum. Plus tard, on lui substitua du jus de citron vert, en anglais *lime*, d'où le terme nord-américain *limey* désignant un Britannique.

Pour les Romains de l'Antiquité, le citron était un antidote au poison, et à la cour de Louis XIV, un cosmétique dont on se servait pour accentuer le rouge des lèvres et pâlir le teint. Encore de nos jours, le jus de citron est utilisé pour rincer les cheveux et en aviver la blondeur.

Un bon citron doit être lourd dans la main et odorant. Comme sa peau peut avoir été exposée aux pesticides, il est préférable de le laver avant usage.

Comme l'homme, le citronnier n'aime pas l'excès de pluie et aime vivre près de la mer, où les températures sont douces et l'air humide.

23

AVRIL

CHAUCER

Le 23 avril 1374, Geoffrey Chaucer reçoit la distinction royale d'un pichet de vin par jour, qui finira par être portée à 252 gallons (954 litres) par an. Dans son chef-d'œuvre, *Les Contes de Canterbury*, il décrit un chevalier vieillissant qui boit du vin de Bordeaux et de la vernaccia[1] pour se donner du courage avant d'entrer dans la chambre à coucher de la jeune femme qu'il vient d'épouser. Le procédé se révèle si efficace que l'homme réussit à satisfaire sa femme jusqu'à l'aube, puis il trempe un morceau de pain dans le vin, le mange, se met à chanter et recommence à batifoler avec son épouse.

En dehors des notices le concernant dans les sources officielles, on sait peu de choses de la vie de Chaucer. Fils d'un riche marchand de vins londonien, il fut envoyé en mission par le roi, reçut des charges très lucratives, et fut à un certain moment accusé de viol, mais on dit qu'il paya pour faire retirer la plainte.

Chaucer est une grande figure de la littérature anglaise ; il a inspiré Shakespeare (*Troïlus et Cressida*) et reste influent encore de nos jours. Il mourut le 25 octobre 1400 et fut enseveli à l'abbaye de Westminster. Il avait alors entre cinquante-six et soixante ans.

24

AVRIL

VATEL

Quels que soient le soin et l'attention que l'on consacre à l'organisation et à la préparation d'un repas, on n'est jamais à l'abri d'une catastrophe. Fritz Karl Vatel, immigrant suisse qui avait été l'intendant de Nicolas Fouquet, ministre des Finances de

1. Vin blanc toscan portant le nom de son cépage.

Louis XIV, pour occuper ensuite la même fonction au grand domaine de Chantilly, prenait sans doute ces désagréments un peu trop au tragique. Le prince de Condé lui avait confié la responsabilité des mets et des festivités lors d'une fête donnée en l'honneur du roi, mais les agapes se mirent à mal tourner dès le premier jour. On manqua de viande pour des invités de dernière minute, après quoi le ciel se couvrit juste avant le feu d'artifice. Bien que Vatel ne pût humainement prévoir aucune de ces mésaventures, et encore moins y remédier, il crut que sa réputation était détruite. Le lendemain, quand le poisson n'arriva pas au moment prévu, il perdit tout espoir de récupérer son honneur et se jeta sur son épée au moment même où les fournisseurs passaient la grille du château. Il avait trente-cinq ans.

Près de trois siècles plus tard, Vatel reçut une réprimande posthume de Philéas Gilbert, chef français fort respecté, auteur de plusieurs ouvrages de littérature gastronomique et corédacteur du *Guide culinaire* d'Auguste Escoffier. Jamais à court d'une rosserie envers ses collègues vivants ou morts, Gilbert écrit que tout chef connaît des tragédies, mais que le recours au couteau (en l'absence de l'épée) ne résout rien, « et c'est précisément en ces circonstances difficiles qu'un caractère ferme se révèle en celui qui commande… Un vrai cuisinier ne perd jamais la tête et ne pense en aucun cas au suicide. Un appel autoritaire à la bonne volonté de sa brigade momentanément égarée, quelques ordres clairs et brefs lancés à voix haute pour dominer le tumulte des casseroles, et le problème est résolu. Le service continue… »

25
AVRIL

LE PRIX DU VIN

Le vin réjouit les vivants, mais l'argent répond à tout.

Ecclésiaste, X, 19

Au restaurant, quand le vin vous coûte davantage que le repas, il se peut que vous vous demandiez : « Pourquoi le vin est-il si cher ? » La réponse tient à un système tripartite qui régit les prix dans la plupart des États.

Supposons que la production d'une bouteille au domaine coûte dix dollars. L'importateur ou le négociant la paiera environ douze dollars pour la vendre ensuite cinq dollars de plus à un caviste ou à un restaurant afin de réaliser sa marge. Le caviste ajoutera un tiers environ de cette somme, et au final la bouteille coûtera vingt-cinq dollars.

Le plus souvent, un restaurant doublera ou triplera le prix d'achat et vendra la même bouteille au client entre trente-cinq et cinquante dollars, taxe et pourboire non compris. Et comme la vente de vins est plus rentable que l'activité consistant à acheter des produits, à les préparer et à servir les plats, beaucoup de restaurants comptent sur les ventes de vins et d'alcools pour se maintenir financièrement à flot.

26

AVRIL

LE THÉ

À l'exception de l'eau pure, il y a dans le monde plus de buveurs de thé que de tout autre breuvage. Le thé vert japonais est un élément essentiel de la cérémonie du thé, liée au bouddhisme zen, mais on le retrouve aussi dans les glaces au thé vert vendues dans la rue. Au Moyen-Orient, selon la tradition des nomades du désert, offrir du thé noir fortement sucré aux étrangers de passage est non seulement un symbole mais aussi une manifestation d'hospitalité. La Chine est le principal producteur de thé au monde ; sa culture exige que les feuilles soient cueillies à la main, ce qui implique l'usage d'une main-d'œuvre bon marché.

Tout thé, quelle que soit son origine, vient de la même espèce d'arbre. Son aspect — noir, vert ou oolong, une catégorie intermédiaire — dépend de son conditionnement. Le thé vert est séché immédiatement après la cueillette, le thé noir est fermenté avec l'aide d'un procédé de froissement et de roulage des feuilles qui favorise l'oxydation avant séchage, et le thé oolong ne subit qu'une fermentation partielle avant d'être séché. Le thé vert est le plus pauvre en caféine (environ 25 milligrammes par tasse[1]) tandis que le thé noir en contient le double, ce qui ne représente encore que la moitié de ce que contient le café filtre.

Le thé vert est réputé avoir des vertus thérapeutiques et paraît contribuer à la guérison de l'arthrite et de certains cancers, parmi lesquels ceux de la bouche, du pancréas, du sein et des poumons. D'après certains scientifiques, les recherches pourraient bientôt révéler que tous les thés ont ces mêmes pouvoirs curatifs.

En plus de ceux-ci, l'application de sachets de thé infusé humides pendant plusieurs minutes permet de soulager les paupières enflées.

- La plupart des thés indiens sont noirs. Ceux d'Assam et de Darjeeling comptent parmi les meilleurs.
- La Chine produit des thés noirs et des thés verts. Le keemun est un thé noir très estimé.
- Les thés de Ceylan sont de haute qualité. Le meilleur oolong vient de Formose.
- Les mots « pekoe » ou « orange pekoe » ne recouvrent que des grades de qualité pour les thés noirs.
- Le thé Earl Grey est, assez curieusement, un thé noir aromatisé à l'essence d'un agrume non comestible mais très parfumé, la bergamote, dont la Calabre est pratiquement l'unique région productrice.

27

AVRIL

LES BANQUETS D'ÉGYPTE

Il y a deux mille cinq cents ans, dans les palais des riches Égyptiens, la pièce la plus importante était la salle à manger, et

1. En réalité, le thé vert (avec le thé blanc), parce qu'il n'est pas fermenté, est le type de thé le plus riche en caféine, dont le taux peut atteindre 150 mg pour les thés à infuser et plus de 190 mg pour le thé vert en poudre. Les thés noirs et oolong dépassent rarement les 70 mg de caféine.

les préparatifs d'un dîner étaient censés faire honneur à l'hôte comme à l'invité.

Le surintendant des entrepôts était un personnage clé parmi les domestiques de la maison. Il supervisait également l'activité de l'abattoir et de la boulangerie, où les céréales étaient moulues à la main avant d'être pétries, parfois avec les pieds pour les grandes quantités de pâte. Le chef de cuisine s'occupait des préparations culinaires mais dirigeait aussi le travail des « porteurs de boissons fraîches » et des « préparateurs de friandises ».

Les tables étaient recouvertes de nappes brodées et décorées de fleurs de lotus, et les invités portaient aussi des fleurs dans les cheveux. De jeunes serviteurs des deux sexes leur prodiguaient des parfums et du vin au son des harpes et des flûtes et au rythme moins apaisant des castagnettes et des tambours, tandis que les femmes du harem — part substantielle de toute maisonnée — animaient l'ambiance en chantant et dansant.

28

AVRIL

ALICE WATERS

Ce jour est l'anniversaire d'Alice Waters, née en 1944. Elle grandit dans le New Jersey, où elle dit n'avoir jamais pu goûter « une tomate mûre à point ». Peu après ses vingt ans, au cours d'un voyage en France, elle fit pour la première fois l'expérience des ingrédients frais du jardin ou de la ferme, simplement préparés et servis à des tables de campagne. Sa vie en fut changée à jamais.

Elle adopta ce style de cuisine, si bien que les amis qui se réunissaient chez elle à Berkeley l'encourageaient souvent à créer un restaurant. Ce fut Chez Panisse, qui ouvrit ses portes en 1971. Elle l'avait imaginé comme un lieu où l'on servirait une cuisine rustique et saine, préparée à base d'ingrédients frais, dans une ambiance de sincère hospitalité. Idée simple s'il en est, mais toute simplification est un prodige.

D'année en année, son enthousiasme, son énergie et sa recherche de la perfection ont profondément modifié la gastronomie américaine, d'abord à travers son restaurant et plus tard par l'intermédiaire des chefs qui ont travaillé à son côté, partagé sa foi et ouvert des restaurants dans tout le pays.

Alice a été l'une des toutes premières ambassadrices des produits biologiques. Elle a constitué pour Chez Panisse un réseau de plus de soixante producteurs, agriculteurs et éleveurs, créant aussi un poste spécial dans l'équipe du restaurant : le *forager* (glaneur) est chargé de faire la tournée des producteurs et d'en trouver de nouveaux. Au lieu de décider de ce qu'elle va servir et d'aller ensuite acheter les ingrédients, elle compose quotidiennement son menu à partir de ce qu'elle a trouvé de meilleur au marché.

Elle est également convaincue que l'humanité a besoin de retrouver le lien qui l'unit à la terre. Dans la logique de cette idée, le Garden Project a été une initiative consistant à faire cultiver un jardin potager biologique par des détenus de la prison du comté de San Francisco. Alice a soutenu ce projet de toutes ses forces et a acheté leurs produits pour Chez Panisse. Plus tard, elle a créé The Edible Schoolyard, autre projet où des enfants sèment, plantent, récoltent, cuisinent et consomment eux-mêmes les légumes de leur potager. Pour Alice, il est important que les enfants soient initiés très jeunes à la sagesse inhérente à la production d'une nourriture saine, mais aussi au plaisir de la manger. Je connais une de ses meilleures amies ; chaque fois qu'elle s'apprête à entrer dans un fast-food, elle s'arrête piteusement sur le seuil et implore : « Tu ne diras rien à Alice ! »

29
AVRIL

JFK ET JEFFERSON

29 avril 1962. Lors d'un banquet organisé à la Maison-Blanche par John F. Kennedy en l'honneur des lauréats du prix Nobel, le président prend la parole et s'adresse à son auditoire distingué : « Ce banquet doit être la plus extraordinaire somme de talents et de savoir humain qui ait jamais été rassemblée à la Maison-

Blanche, à l'exception peut-être des jours où Thomas Jefferson y dînait seul. »

L'ÉTIQUETTE

Les bonnes manières et l'étiquette changent avec les époques. Pour toute occasion un peu spéciale, voici quelques règles de base qui conviennent aux temps que nous vivons :

- À un déjeuner ou à un dîner, n'arrivez jamais en avance, mais arrangez-vous pour ne pas être en retard de plus d'un quart d'heure.
- La maîtresse de maison s'assied en premier et se lève la première quand le repas est terminé.
- Si vous organisez le repas, vous devez avoir fait à l'avance l'essentiel des efforts nécessaires.
- Servez par la gauche, versez et débarrassez par la droite.
- Quand commencer à manger ? Aux États-Unis, on attend généralement que tout le monde soit servi. En Europe, pas d'attente.
- On ne débarrasse pas avant que tout le monde ait fini de manger.
- Le summum de la courtoisie, c'est de mettre votre invité à l'aise, quoi qu'il fasse.
- Il y a des moments où l'étiquette doit être balancée par-dessus les moulins. Et là, c'est chacun pour soi.

30

AVRIL

BRIE ET SACHERTORTE

La Sachertorte, littéralement « gâteau de Sacher », est une riche génoise au chocolat nappée de confiture d'abricots et couverte d'un glaçage au chocolat amer. Elle fut créée par le pâtissier du comte de Metternich en 1814, à l'occasion du congrès de Vienne. Metternich, brillant diplomate dont on donne souvent le nom à la période s'étendant entre 1815 et 1848 — l'ère de Metternich —, fit attribuer la distinction de « roi des gâteaux » à sa pâtisserie favorite par le congrès, organisé pour rétablir l'ordre en

Europe après les grands bouleversements de la Révolution française et des guerres napoléoniennes.

Talleyrand, lui-même diplomate de premier ordre, était venu représenter une France vaincue, mais il parvint adroitement à négocier d'égal à égal quand il s'agit de redessiner la carte d'Europe. Pour répondre au couronnement royal de la Sachertorte, il fit déclarer le brie, fromage français, « roi des fromages », rétablissant ainsi l'équilibre des pouvoirs.

Avantagé de façon non négligeable par l'excellence de sa table, qui resta longtemps une des meilleures d'Europe, Talleyrand parvint à conserver sa fortune et sa position tant sous la Révolution que sous la Restauration. C'était un amoureux de la bonne chère qui n'aimait pas déjeuner et réservait son attention à de splendides dîners composés des six services traditionnels, dont deux rôtis différents, qu'il tranchait lui-même à table.

Avant de quitter Paris pour Vienne, il dit à Louis XVIII : « Sire, j'ai plus besoin de casseroles que d'instructions. »

MAI

▪ CHÂTEAU-D'YQUEM ▪ DÎNERS SOLITAIRES ▪ BURAN ▪ JAMES BEARD ▪ LA MOUTARDE ▪ LA CUILLÈRE ▪ VICTOIRE EN EUROPE ▪ LE ROI-SOLEIL ▪ LE RHUM ▪ LE VÉGÉTARISME ▪ *GOSKY PATTIES* ▪ ÉTRANGES CUISINES ▪ LE FROMAGE ▪ LE SAUMON ▪ COMMENT BOSWELL RENCONTRA JOHNSON ▪ LA SALADE ▪ LE CIGARE ▪ NELLIE MELBA ▪ BALZAC ▪ L'HABIT DE CHEF ▪ LES SECONDS VINS ▪ LE CYGNE ▪ LE GUIDE MICHELIN ▪ PEPYS ▪ MONTAIGNE ▪ LES GOURMETS DE LA ROME ANTIQUE ▪ LA FIGUE ▪ OÙ ÊTRE ASSIS AU RESTAURANT ▪ LA VINAIGRETTE FAVORITE D'ALEXANDRE DUMAS ▪ LE *GARUM* ▪ EDWARD ROBERT BULWER-LYTTON ▪ LES SIX SENS ▪ LE BRETZEL ▪ LE JOURNAL DE PEPYS

1er

MAI

CHÂTEAU-D'YQUEM

Le plus bel hommage qu'on puisse rendre à un repas est sans doute de le terminer par un verre de château-d'yquem, un des plus grands vins du monde, éclatant et immortel ; un vin qui a inspiré à ses innombrables admirateurs, dont était Thomas Jefferson, l'éloge de sa finesse, de son opulence et de sa saveur ambrosiale. Voici ce que Jefferson écrivait au propriétaire d'Yquem : « … J'ai convaincu notre président, le général Washington, d'en goûter un échantillon. Il en voudrait trente douzaines [de bouteilles], monsieur, et j'en voudrais pour ma part dix douzaines… » L'expert en vins Alexis Lichine observait que toute région viticole incluait une ou deux parcelles qui, d'année en année, produisaient, sans qu'on sache trop comment, un vin supérieur à celui des autres propriétés, même voisines. C'est aussi vrai en Bourgogne qu'en Bordelais, la région dont ce vin est originaire. Château-d'yquem est un sauternes, un vin liquoreux, le dieu de tous les liquoreux. Une gorgée suffit pour tomber sous son charme.

Le château, à une quarantaine de kilomètres au sud-est de Bordeaux, date du XIIe siècle. Il se dresse au sommet d'une colline, point culminant du Sauternais. Ce fut autrefois une forteresse anglaise, et ses 126 hectares donnent environ cent mille bouteilles par an, ce qui est un très faible rendement pour un vin si estimé. En conséquence, il est très cher. D'autres grands châteaux bordelais produisent six ou sept fois autant à l'hectare.

Le grand critique œnologique André Simon estimait qu'un bon rapport qualité-prix était une qualité essentielle d'un bon vin, afin qu'il soit accessible au plus grand nombre d'amateurs éclairés qui tiennent à en avoir pour leur argent. Quant à un grand vin, il est si bon que son prix n'a pas d'importance, et l'on trouve toujours des gens qui ont à la fois le désir et les moyens de se l'offrir. De plus, les grands vins sont toujours disponibles en quantité limitée. L'élaboration de château-d'yquem exige un soin minutieux : les raisins flétris, pourris, attaqués par une moisissure particulière[1], sont vendangés grain par grain à mesure que chacun atteint sa pleine maturité, au terme d'un processus de dessiccation qui concentre leurs sucres et produit dans le vin cette subtile douceur. Si château-d'yquem est cher, il peut aussi vieillir une cinquantaine, voire une centaine d'années. 1975 est souvent cité comme le millésime du siècle, mais beaucoup d'autres l'approchent en qualité.

Château-de-fargues, fabriqué exactement comme yquem, château-rieussec, château-raymond-lafon et château-suduiraut sont tous des vins de premier ordre, mais il n'y a qu'un seul château-d'yquem, généreux, doré, hors catégorie.

Il n'y a pas que dans les moments de bonheur que l'on pense à yquem. Il y a quelques années, Joe Fox, l'éditeur de Jim, et son épouse Anne Isaak, copropriétaire de deux fameux restaurants de New York, sont venus dîner chez nous en apportant une bouteille de château-d'yquem. C'était le tout dernier repas de leur vie de couple, nous ont-ils dit ; ils se séparaient, et la fin de leur mariage méritait cette commémoration. Nous avons bu cette bouteille ensemble. Il y a des soirées qu'on n'oublie jamais.

2

MAI

DÎNERS SOLITAIRES

« Le repas en solitaire doit être évité autant que possible, car la solitude a tendance à favoriser la pensée, et la pensée tend à suspendre l'action des pouvoirs digestifs. Toutefois, quand un repas en solitaire est inévitable, il convient de disposer l'esprit à la bonne humeur en respectant un intervalle de relaxation après toute occupation ou idée qui aurait absorbé notre attention, et en le dirigeant vers quelque objet agréable », écrivait Thomas Walker au XIXe siècle.

1. Il s'agit du champignon *Botrytis cinerea*.

Bien qu'il soit difficile d'identifier ce « quelque objet agréable », les repas en solitaire sont bel et bien inévitables. Mais loin de les éviter, on peut les apprécier, du moment que l'on apprécie la compagnie de soi-même.

Lorsque nous sommes ensemble à la maison, nous préparons un vrai dîner pour deux et nous cuisinons à deux. Ce dîner n'a pas besoin d'être compliqué ; parfois, il s'agit juste de restes réchauffés et d'une salade. D'abord nous prenons un verre ou un peu de vin, parfois en regardant le journal télévisé. La table est mise, et nous nous asseyons vers 8 heures du soir pour manger et converser. C'est l'événement qui sépare les occupations de la journée de celles de la soirée.

Quand je suis seule, c'est différent, et je ne cherche pas à reproduire ces dîners à deux. Je mange quand j'ai faim, peut-être à 6 heures du soir, peut-être pas du tout. Peut-être devant un feu dans la cheminée avec un verre de vin et de la musique, devant un film à la télé, ou un livre à la main. C'est toujours une collation très simple, requérant le moins de préparation possible et consistant exclusivement en ce qui me fait envie : une pomme de terre au four ou un muffin anglais avec des œufs brouillés, ou même du pop-corn. Je ne mangerais pas ainsi tous les soirs ; mais tant que cela reste exceptionnel, ce genre de repas ne me semble pas un pis-aller, mais un petit plaisir que je m'accorde.

K. S.

3

MAI

DÎNERS SOLITAIRES

Il y a des moments dans la vie où le pire des problèmes, c'est de ne pas savoir avec qui dîner le soir. On se sent comme banni, exclu de tout ce qui se passe dans le monde, quand on doit dîner — voire passer la soirée — seul. C'est encore pire quand on est jeune.

Lorsque je dîne seul à la maison, je mange très peu, ou alors je prends le temps de confectionner un repas digne de ce nom, ni surgelé ni micro-ondé, et de m'asseoir devant ce repas en plaignant ceux qui n'y sont pas. En hiver, j'allume un feu dans la cheminée. L'été, je m'installe dehors.

Manger seul au restaurant, être seul à sa table, est la plupart du temps très ennuyeux. D'abord on attend le menu, puis on attend de passer commande, puis on attend les plats encore plus longtemps, etc. On se retrouve naufragé, accroché à sa table, guettant le passage d'un serveur trop rare, seul être à pouvoir vous secourir ; il n'y a en principe pas assez de lumière pour lire, et d'ailleurs vous n'avez pas apporté de lecture. Si c'est un bon restaurant, il y a en général un service au bar, ce qui est la meilleure solution, car elle vous épargne toute attente pénible. Le barman a déjà un couvert prêt à dresser devant vous, et il ne vous reste plus qu'à boire un coup tranquillement en attendant votre repas. Il n'y a rien de répréhensible à boire seul — les bars sont faits pour ça —, et si vous avez besoin d'un peu de conversation, le barman est aussi là pour ça ; cela fait partie de son travail.

J. S.

4

MAI

BURAN

Dans tout le monde arabe, de l'Espagne à l'Inde, on sert encore les nombreuses versions d'un plat dont l'origine remonte à un somptueux mariage, célébré il y a plus de mille ans. C'était celui du fils et successeur de Haroun al-Rachid, le plus illustre des califes, immortalisé dans *Les Mille et Une Nuits*. Bagdad et le vaste Empire islamique étaient alors à leur zénith. Dans un palais construit spécialement pour cette occasion, le marié, debout sur un plateau d'or, reçut sur la tête une pluie de perles fines. Au cours des quelques semaines que dura cette célébration, les festins s'étendaient jusqu'au matin. L'ingrédient de base de ce plat d'une grande longévité historique était un ingrédient exotique venu d'Inde : de l'aubergine frite à l'huile. Les multiples variantes de ce plat conservent, sous une forme ou une autre, le surnom de la mariée, Buran.

5

MAI

JAMES BEARD

5 mai 1903 : James Beard naît à Portland (Oregon). Sa mère, d'origine anglaise, tient une pension de famille où elle est une cuisinière accomplie. Si elle se passionne pour tout ce qui touche à la bonne chère, son fils, lui, se passionne pour le théâtre, mais c'est une passion contrariée. Il y trouve un emploi et prend même des leçons de chant. Il poursuivra ses efforts théâtraux au-delà de la trentaine, tant en Amérique qu'en Europe. Pour subsister, il commence à s'intéresser aux métiers de bouche, ouvre une petite épicerie et, en 1940, publie son premier livre de cuisine, consacré aux entrées. Il en écrira dix-huit autres et deviendra, au cours d'une longue carrière, le plus célèbre et le plus authentique expert culinaire des États-Unis.

Comme pour Julia Child, la renommée lui vient plus tard par la télévision. De stature généreuse, d'humeur sociable, symbole vivant de son métier, il colle parfaitement au titre de sa première émission, *I Love to Eat* (« J'adore manger »). Il donne des cours de cuisine, exerce l'activité de consultant pour des restaurants, vend du vin et fait volontiers la publicité de diverses denrées, se qualifiant une fois d'« excellente putain gastronomique ». Son credo, issu tout droit de sa jeunesse dans une terre d'Oregon intacte et généreuse : des ingrédients frais et de bonne qualité, préparés honnêtement.

Il meurt en 1985, à l'âge de quatre-vingt-un ans.

6

MAI

LA MOUTARDE

Aucun hot-dog, aucun sandwich au corned-beef ne saurait se passer d'elle. En fait, depuis les temps préhistoriques, la moutarde pousse si facilement et en tant de lieux qu'elle est, avec le poivre, le condiment le plus courant dans le monde entier pour relever et aromatiser les aliments. En Inde, l'huile extraite des graines de moutarde noires est largement utilisée pour la cuisson, comme tonique capillaire et en cataplasme. Autrefois, pour les hindous, ces graines symbolisaient la fertilité. Les Chinois préfèrent en utiliser les feuilles comme légume aromatique, ainsi que faisaient les Romains de l'Antiquité.

Quand on écrase les minuscules graines, elles libèrent une huile qui les transforme en pâte. Mise en contact avec l'eau, cette pâte dégage un composé piquant volatil qui monte en puissance pendant environ dix minutes avant de s'atténuer. Il s'agit donc de laisser cet arôme se développer pour l'interrompre au point de puissance souhaité en ajoutant un acidifiant tel que le vinaigre. Le résultat s'appelle « moutarde préparée », prête à l'emploi. C'est ainsi que l'on fabrique les moutardes allemandes, françaises et nord-américaines, ces dernières devant à l'ajout de curcuma leur couleur jaune vif.

En France, la ville de Dijon devint au XIVe siècle le centre de production de la moutarde. Au milieu du siècle suivant, le roi Louis XI ne se déplaçait jamais sans son pot de ce condiment. Depuis ce temps, le procédé de fabrication et la composition de la moutarde ont été fixés ; le vin blanc et le verjus ont rejoint le vinaigre parmi ses ingrédients. C'est à Dijon qu'Antoine Maille, au XVIIIe siècle, développa sa gamme de moutardes et de vinaigres, et qu'au siècle suivant Maurice Grey inventa la fameuse moutarde à laquelle il donna son nom[1].

1. Accolé au nom de son associé, Auguste Poupon.

À peu près à la même époque, de l'autre côté de la Manche, Jeremiah Colman faisait connaître sa marque de moutarde en poudre, obtenue selon la vieille méthode de pulvérisation des graines. Elle est encore disponible. Pour utiliser cette poudre, on y ajoute de l'eau, ce qui donne un condiment beaucoup plus piquant que la moutarde préparée à la française ; seule la moutarde chinoise peut rivaliser avec elle en puissance.

7 MAI

LA CUILLÈRE

Les hommes de la préhistoire se servaient de coquillages comme cuillères, et les mots signifiant « cuillère » en grec comme en latin viennent de la racine *cocklea*, « coquille ». Le terme anglais, *spoon*, très agréable à prononcer, comme si le son qu'il produit était une image de l'objet même, provient du mot *spon*, « petit morceau de bois », car les anciennes cuillères se présentaient sous cette forme. Si l'on attachait une coquille ou une petite coupelle de bois à un bâton, on pouvait atteindre des liquides chauds dans leur récipient de cuisson ou dans leur bol. Autrefois, les cuillères avaient deux formes possibles : ovale, souvent pointue à l'extrémité, ou ronde, conçue spécialement pour manger des œufs.

Mais le plus souvent, les consommés étaient bus directement au bol, que l'on se passait parfois entre convives. Si le bouillon contenait de la viande ou des légumes, ceux-ci étaient saisis avec les doigts. Il fallut attendre le XVIIe siècle pour que les classes aisées commencent à adopter une approche différente, adaptée à la dernière mode. Quand on portait une fraise ou un haut col et de longues manchettes de dentelle, il était impossible de manger à l'ancienne sans en mettre partout sur ses vêtements. La cuillère était la solution ; il n'était pas rare qu'on se rende à un repas avec la sienne.

La possession de couverts en quantité suffisante pour les invités devint un signe de richesse et de niveau social. Au début, ils furent fabriqués en matériaux précieux, et plus tard généralement en argent. Être né « avec une cuillère d'argent dans la bouche » indiquait un statut élevé par la naissance. Et tant que l'on ne fabriqua pas de couverts en matériaux moins coûteux, les couches sociales plus modestes ne purent jamais s'en offrir.

8

MAI

VICTOIRE EN EUROPE

Parfois, il arrive qu'un dîner se termine de façon abrupte. Le 8 mai 1945, une famille du nom de Graham était réunie dans sa cuisine à Great Barrington (Massachusetts), festoyant en l'honneur de leur fils, de retour chez les siens après avoir été prisonnier de guerre en Europe. La soirée était assez avancée quand les Graham entendirent le bruit d'un avion qui semblait voler très bas au-dessus d'eux dans la nuit. À plusieurs reprises, l'avion s'éloigna, puis se rapprocha. Peut-être, pensèrent-ils, était-ce une sorte d'hommage à leur fils ? À la troisième approche de l'avion, ils décidèrent de sortir dans la rue pour voir ce qui se passait.

L'AT-6 était piloté par un certain James Salter, dix-neuf ans, qui effectuait une mission d'entraînement en solitaire. En altitude, les vents puissants l'avaient fait dériver, lui et quelques autres de ses compagnons, et il se retrouvait perdu dans la nuit, le réservoir presque vide. Au-dessous de lui, il distinguait une masse sombre qui pouvait être un lac ou, s'il avait de la chance, un pré. Il descendit en rase-mottes pour mieux voir. Soudain se dressèrent devant lui de hauts arbres, au bout de ce qui semblait être un parc. Il pivota pour les traverser, mais derrière ces arbres s'en trouvaient d'autres. Une de ses ailes heurta un tronc et se déchira. Juste devant lui, il y avait une maison.

Les Graham venaient juste d'atteindre la route quand l'avion s'écrasa, tête la première, dans leur cuisine.

Jim y perdit une dent et pas mal de sa dignité. Le maire de Great Barrington l'hébergea pour la nuit. Il ne se fit pas virer du cycle d'entraînement et fut pilote de chasse pendant la guerre de Corée. Des années plus tard, alors qu'il stationnait dans le Pacifique, il reçut une carte postale qu'on lui avait fait suivre de Great Barrington : « Ici, disait-elle, nous prions encore pour toi. »

9
MAI

LE ROI-SOLEIL

Louis XIV, dont le long règne dura soixante-douze ans (1643-1715), fut un bienfaiteur des arts et eut les rapports les plus cordiaux avec Molière, Racine et La Fontaine, entre autres. Son règne fut marqué par la construction de l'immense palais de Versailles ; et la cour, qui résidait en ce château et vers laquelle convergeait toute l'Europe, devint alors cérémonieuse et obéissante.

Dans la longue liste des maîtresses de Louis XIV se succèdent Mlle de La Vallière, Mme de Montespan et Mme de Maintenon, qu'il finit par épouser. Il aimait aussi la bonne chère, et la cuisine à la cour était spectaculaire. Une observatrice nota qu'elle avait souvent vu le roi consommer, en un seul repas, quatre assiettes de soupe, un faisan entier, une perdrix, une grande salade, du mouton et deux grandes tranches de jambon, suivies d'une copieuse assiette de gâteaux, de fruits et de pâtes de fruits.

Ses repas étaient de deux sortes : le grand couvert, où il mangeait seul mais en public, ou tout du moins devant les courtisans, et le petit couvert, un service privé et intime où il lui arrivait de livrer des batailles de boulettes de pain avec les dames présentes.

10
MAI

LE RHUM

10 mai 1655. L'amiral William Pen, dont le fils, qui porte le même prénom que son père, deviendra plus tard un célèbre

colon américain, s'empare de la Jamaïque, jusqu'alors une base d'approvisionnement espagnole d'importance moyenne. Le rhum, que l'on y distille comme dans toutes les Antilles, se met à remplacer la bière dans les rations quotidiennes des marins britanniques dans la mer des Caraïbes. Cet usage s'étendra à toute la flotte anglaise et ne sera abandonné qu'en 1970.

Le rhum, distillé à partir de jus de canne à sucre ou de mélasse — processus qui s'opère quasi spontanément dans le climat torride des îles —, est essentiellement incolore. On peut, par souci décoratif, lui ajouter du caramel pour lui donner une nuance paille, ambrée, tawny ou brun sombre. Il en est fait mention à la Barbade dès les premières années du XVIIe siècle ; et le rhum est non seulement, et de très loin, la boisson préférée des colons du Nouveau Monde, mais aussi un élément essentiel du commerce triangulaire qui fit la fortune des armateurs de Nouvelle-Angleterre. Leurs navires partaient vers l'Afrique avec un chargement de rhum, retournaient aux Antilles chargés d'esclaves noirs pour le travail dans les plantations, et de là repartaient vers la Nouvelle-Angleterre avec une cargaison de mélasse à distiller en rhum. Lorsque Paul Revere[1] monta à cheval pour avertir la population de l'arrivée des Anglais, il ne commença à lancer ses alertes qu'après une étape chez Isaac Hall, distillateur de rhum, et quelques chopines.

De nombreuses marques de rhum portent des noms poétiques, évocateurs des îles : rhum Barbancourt de Haïti, Demerara de Guyane, Mount Gay de la Barbade, au goût riche et soyeux ; rhums de la Martinique Saint-James et Clément six ans d'âge ; Ron Rico et Bacardi de Porto Rico. Sans le rhum, qui aurait jamais entendu parler de cette île minuscule appelée Dead Man's Chest[2] (Poitrine de l'homme mort) ?

1. Orfèvre bostonien et célèbre figure de l'indépendance américaine. Ce passage fait allusion au *Midnight Ride*, épisode où Paul Revere, dans la nuit du 18 au 19 avril 1775, partit à cheval pour avertir les habitants du comté de Middlesex de l'avancée de l'armée anglaise.

2. En réalité Dead Chest Island, dans les îles Vierges britanniques. *Dead Man's Chest* est le titre d'une chanson de marin évoquée par Robert Louis Stevenson dans *L'Île au trésor* (1883) ; c'est aussi le sous-titre américain du deuxième épisode de la série de films *Pirates des Caraïbes* (2006).

Cuba fut jadis célèbre pour son rhum ; c'est d'ailleurs sur cette île que la marque Bacardi fut créée en 1862, avant d'être transférée aux Bermudes et à Porto Rico. C'est maintenant un produit de masse qui domine le marché nord-américain et même mondial.

Selon la légende, lorsque Horatio Nelson fut tué à la bataille de Trafalgar, son corps fut rapatrié en Angleterre dans un fût rempli de l'alcool de la marine — donc de rhum — afin de le conserver, mais il s'agissait en réalité d'eau-de-vie.

11 MAI

LE VÉGÉTARISME

C'est en suivant un régime à base de miel au petit déjeuner, de pain d'orge et de légumes au dîner que Pythagore, au VIe siècle avant Jésus-Christ, découvrit le théorème qui sous-tend toute la géométrie et pour une bonne part la musique et l'astronomie. Ce pionnier du végétarisme était persuadé que les animaux, comme nous, avaient une âme et qu'il ne fallait pas les tuer. Plus tard, Diogène, Platon et Plutarque suivirent ses préceptes, même s'ils n'adoptèrent pas intégralement son mode d'alimentation.

Ovide et Sénèque étaient végétariens ; ce furent les Romains qui baptisèrent cette pratique, dont le nom ne se réfère pas aux végétaux mais au latin *vegetus*, qui signifie « actif » ou « vigoureux ». Léonard de Vinci, Voltaire, Shelley, Tolstoï et Wagner étaient tous végétariens. Mais ce n'était pas une notion exclusivement occidentale. Le Bouddha interdisait de tuer toute créature vivante et, par extension, de manger de la viande. Gandhi enseignait que le statut protégé de la vache sacrée en Inde incluait à l'origine tout le monde animal, mais en hindouisme, en réalité, il n'y a pas de consensus sur le végétarisme.

C'est une pratique, d'ailleurs, qui présente d'infinies variations. À une extrémité, on trouve ceux qui n'évitent que la viande, la volaille et le poisson ; à l'autre les végétaliens ou vegans, qui refusent la consommation non seulement d'animaux quels qu'ils soient mais aussi de tout produit d'origine animale — lait, fromage et œufs —, ce qui rend très compliqué, mais non impossible, de se procurer toutes les protéines et les acides aminés nécessaires à une bonne santé.

12
MAI

GOSKY PATTIES

Le 12 mai 1812, Edward Lear imaginait pour la première fois un univers qu'il s'apprêtait, en tant que dessinateur et humoriste, à peupler d'un hibou et d'une chatte s'embarquant pour un voyage en mer :

Le hibou contemplait les étoiles du soir
Et chantait, grattant sa petite guitare :
« Ô charmante Minouche, ma chère Minouchette,
Quelle belle Minouche vous faites ! »

Plus loin dans le poème, ils rencontrent un cochon. Lear fait aussi intervenir un cochon dans sa recette des *gosky patties*[1] :

> Prenez un cochon de trois ou quatre ans et attachez-le à un poteau par une patte arrière. Disposez à sa portée cinq livres de raisins de Corinthe, trois livres de sucre, deux quarts de boisseau de petits pois, dix-huit châtaignes rôties, une bougie et six boisseaux de navets : s'il mange tout, approvisionnez-le constamment de ces ingrédients. Ensuite procurez-vous de la crème, quelques tranches de fromage de Cheshire, quatre cahiers de papier ministre et une boîte d'épingles à tête noire. Faites-en une pâte et étalez celle-ci pour la faire sécher sur un tissu de lin marron imperméabilisé bien propre.
> Quand cette pâte est parfaitement sèche, mais pas avant, frappez violemment le cochon avec un gros manche à balai. S'il couine, frappez-le encore.
> Pendant plusieurs jours, surveillez la pâte et battez le cochon en alternance, et vérifiez à la fin de cette période si l'ensemble fait mine de se transformer en *gosky patties*.

1. *Patties* = petits pâtés ou chaussons.

Si la chose ne s'est pas encore produite, elle ne se produira jamais. Et dans ce cas, vous pouvez libérer le cochon et considérer toute l'affaire comme terminée.

13 MAI

ÉTRANGES CUISINES

Dans les locations saisonnières, la cuisine relève de la loterie : ce qu'on y trouve, à quel endroit on le trouve, ce qui manque. Il est recommandé d'apporter quelques ustensiles de base. Voici les nôtres :

- Un bon couteau (dans les cuisines de location, c'est rarissime)
- Un épluche-légumes
- Un tire-bouchon
- Un presse-ail (ceux qu'on trouve sur place sont conçus en dépit du bon sens)
- Un bon livre de cuisine (nous apportons généralement le nôtre, celui que nous avons compilé nous-mêmes : éclectique mais fiable. Nous aimons aussi beaucoup *Les 200 Meilleures Recettes de bistrot* de Patricia Wells, dont le format est par ailleurs très pratique)
- Un bon livre sur le vin (le *Guide de poche du vin* de Hugh Johnson est petit, concis et mis à jour chaque année)

Liste à adapter comme bon vous semble.

14 MAI

LE FROMAGE

Le fromage est un produit entièrement issu du lait. Qu'il soit de lait de vache, de brebis, de chèvre, de bufflonne ou même de renne, il fut inventé, de façon quasi certaine, pour conserver le lait, et de fait il se garde relativement longtemps. Il a ses saisons et ses périodes de qualité optimale, qui dépendent de l'état des pâturages au moment de la traite. Le meilleur lait vient le plus souvent des herbes grasses et riches de la fin d'été et du début d'automne. Les fromages qui n'ont pas besoin d'un long affinage, tels que les chèvres, sont alors à leur apogée. Le brie et le camembert sont meilleurs au début de l'automne. Le reblochon et la tomme de Savoie sont à point au début de l'hiver. Le gruyère atteint son zénith au cœur de l'hiver — en janvier et février.

La plupart des fromages vendus en supermarché ne valent pas grand-chose : leur fabrication est industrielle, leur goût est fade, ou tout au moins dépourvu de complexité. Aux États-Unis, les bons fromages sont pratiquement tous importés, bien que notre pays ait lui aussi ses petits producteurs. Les meilleurs fromages sont au lait cru, ou non pasteurisé, mais ils sont illégaux selon les règles sanitaires des États-Unis à moins d'être affinés plus de soixante jours, ce qui élimine d'emblée le brie et le camembert, et pas mal d'autres.

Quelques conseils sur le fromage :

- Servez-le toujours à température ambiante.
- Évitez le fromage enveloppé de cire ou de plastique.
- Dans la plupart des cas, évitez de consommer la croûte, bien que ce soit en définitive une affaire de goût. Les Français mangent souvent, par exemple, la croûte du camembert, du roquefort ou du munster.
- Conservez vos fromages avec soin, chaque morceau enveloppé séparément d'aluminium ou de film étirable et gardé dans la partie basse du réfrigérateur. Notons au passage que le chèvre n'aime pas beaucoup le plastique.
- La congélation du fromage n'est pas conseillée. Certains experts l'acceptent, mais d'autres la refusent sans ambages, et très peu de denrées gagnent à être congelées.
- Autant que possible, achetez votre fromage dans un magasin spécialisé qui propose des produits frais à la coupe, non emballés. Un bon commerçant vous laisse toujours goûter avant d'acheter.

15
MAI

LE SAUMON

Le saumon naît et grandit dans des petits cours d'eau ; plus tard, il cherche à gagner la mer, où il passe sa vie d'adulte, et où depuis des siècles on n'a jamais réussi à le localiser. Vers la fin de leur existence, au cours d'un processus quasi magique, les saumons remontent les cours d'eau pour frayer et mourir. Ce dernier acte, toujours plus haut vers la source, mâles et femelles affrontant tous les obstacles, est une lutte épique. Avant de la livrer, le saumon se gave de nourriture ; et une fois parti, il ne mangera plus rien. Sa mâchoire inférieure s'étend et se courbe en crochet, comme pour marquer sa détermination. Après le frai, les saumons meurent pour la plupart.

Autrefois, le saumon était si abondant qu'on le donnait à profusion aux pauvres. Le mot « saumon » était synonyme de pauvreté, rapporte Dickens. Le Rhin, la Tamise et la Seine jusqu'à Paris regorgeaient de saumons, mais la pollution et, dans certains cas, la construction de grands barrages ont considérablement réduit ses lieux de frai. Le saumon est toujours abondant, mais il s'agit généralement de saumon d'élevage, produit dans de grandes nasses. Leur goût et leur qualité sont inférieurs à ceux du saumon sauvage, bien que tout le monde ne soit pas d'accord avec cette affirmation. La chair du saumon d'élevage est plus grasse, et même sa jolie couleur rose-orangé provient d'intrants chimiques présents dans les granules dont on les nourrit. Comme le disait Waverley Root[1], les saumons sont comme les hommes : une vie trop douce ne leur réussit pas.

Le saumon fumé, presque sans exception, provient d'élevages, bien qu'on trouve parfois du saumon sauvage fumé d'Irlande ou d'Écosse. *Lox*, terme populaire désignant le saumon fumé (au même titre que *Nova*[2]), se réfère originellement à un saumon

1. Voir le 15 avril.
2. Parce que le saumon, à New York, provient souvent de Nouvelle-Écosse (Nova Scotia). Le terme *lox* est dérivé du yiddish *laks*, « saumon ».

mariné en saumure, et le véritable *lox*, tout comme le saumon sauvage, est très rare. La version suédoise de cette préparation, appelée *gravad lax* ou gravlax, est à base de saumon frais mariné au sucre et au sel avec l'addition de poivre, d'aneth et parfois de vinaigre. Délicieux sur du pain de seigle.

Voici comment notre chère amie Belinda Frishman, cuisinière exceptionnelle, fait son gravlax :

GRAVLAX

2 CUILLERÉES À SOUPE DE GROS SEL
2 CUILLERÉES À SOUPE DE CASSONADE
2 CUILLERÉES À CAFÉ DE POIVRE NOIR CONCASSÉ
1 SAUMON DE 1,5 À 2,5 KG, ENTIER,
DÉSARÊTÉ ET OUVERT EN PORTEFEUILLE
ANETH FRAIS À VOLONTÉ
VODKA ET AQUAVIT À VOLONTÉ

Mélangez le sel, la cassonade et le poivre. Frottez soigneusement toutes les faces du saumon, côté chair et côté peau, de ce mélange. Dans un grand plat en Pyrex avec couvercle, déposez un filet de saumon peau vers le bas sur un tapis de branches d'aneth frais. Couvrez le saumon d'aneth, puis déposez le second filet par-dessus, chair vers le bas, et couvrez encore d'aneth. Humectez d'un peu de vodka ou d'aquavit. Couvrez d'un autre plat en Pyrex ou en verre de façon à pouvoir poser sur celui-ci des objets lourds — briques de lait, boîtes de conserve — afin de mettre le saumon sous presse. Gardez l'ensemble toute une nuit au réfrigérateur, ou au maximum douze heures. Retirez l'aneth, le sel, le sucre et le poivre en lavant le saumon avec un peu de vodka. Pour servir le saumon, passez-le quelques minutes au congélateur pour le raffermir et faciliter son tranchage en fines lamelles. Après congélation, il est encore meilleur. Avant de le congeler, vous pouvez le découper en morceaux pour le manier plus aisément. Pour au moins vingt-quatre personnes.

16

MAI

COMMENT BOSWELL RENCONTRA JOHNSON

En cette belle soirée printanière du 16 mai 1763, James Boswell venait de finir son thé dans une librairie de Covent Garden lorsque Samuel Johnson, le plus célèbre personnage de la scène littéraire londonienne et un homme dont Boswell rêvait depuis longtemps de faire la connaissance, entra de façon inopinée. Boswell, qui se rappelait non sans anxiété la réputation qu'avait Johnson de ne pas aimer les Écossais, et qui espérait le faire changer d'avis, lui adressa cette remarque teintée d'excuse : « Monsieur, il est vrai que je viens d'Écosse, mais ce n'est pas ma faute.

— Il me semble, monsieur, répondit Johnson, que beaucoup de vos compatriotes peuvent en dire autant. »

D'autres auraient pu s'offusquer de cette repartie, mais Boswell n'en resta pas là ; et depuis ce jour, et pour longtemps, les deux hommes maintes fois dînèrent ou déjeunèrent ensemble, ou prirent le thé ou quelque boisson plus forte. De tempéraments aussi opposés qu'on pût avoir, et malgré une différence d'âge de plus de trente ans, ils n'en furent pas moins unis par une amitié qui les fit tous les deux passer à la postérité.

Durant les deux décennies suivantes, ils se promenèrent, discutèrent, et souvent trinquèrent l'un avec l'autre. Johnson était intarissable sur le sujet de la boisson, qualifiant le vin de Bordeaux de si léger « qu'on s'y noierait avant d'en être saoul... Le bordeaux est le vin des adolescents, le porto est celui des hommes, mais celui qui aspire à l'état de héros doit boire du cognac. »

Boswell, lui rappelant un jour le temps de leurs premières beuveries, précisa qu'il en était toujours sorti avec un mal de tête.

« Certainement pas, monsieur, répondit Johnson. Ce n'était pas le vin qui vous donnait mal au crâne, c'était le sens que j'y mettais.

— Comment, monsieur ! Le sens peut donner mal à la tête ?

— Oui, monsieur, répondit Johnson avec un sourire, quand la tête n'y est pas habituée. »

Il arrivait à Johnson de cesser totalement de boire, ce dont il s'expliquait ainsi : « L'abstinence m'est aussi facile que la tempérance me serait difficile. » D'autres fois, il buvait sans modération, et disait : « Le vin donne à l'homme la satisfaction de lui-même, ce qui ne signifie pas qu'il le rende plus agréable aux autres. »

Sept ans après la mort de Johnson, survenue en 1784, Boswell publia sa *Vie de Samuel Johnson*, encore considérée comme la meilleure biographie jamais écrite, harmonie parfaite entre sujet et auteur.

17

MAI

LA SALADE

La laitue accompagne l'humanité depuis si longtemps qu'il est difficile de savoir quand on a commencé à la manger crue avec une vinaigrette. Cet usage remonte peut-être au XIVe siècle. Au XVIIe siècle, la salade était devenue un plat élaboré qui comportait souvent des fruits, de la viande et des fleurs, ainsi qu'une préparation que nous pourrions assimiler à une vinaigrette.

Le chevalier d'Albignac, aristocrate français qui avait subi des revers de fortune, se renfloua largement en suscitant à Londres une véritable folie des salades. Un jour, dans une taverne, on lui demanda de faire la démonstration du fameux talent français pour les salades assaisonnées. Il s'exécuta en une performance si brillante qu'il fut bientôt appelé par des restaurants à la mode et des maisons privées pour assaisonner la verdure. Peu après, il arrivait dans sa propre voiture, accompagné d'un assistant porteur d'une mallette spéciale qui contenait tous ses ustensiles et des ingrédients exotiques. Voici comment il décrit cette performance : « Enfin, je remets la salade dans son saladier et je laisse mon domestique la mélanger. Puis j'y laisse tomber, levant haut le bras, une pincée de paprika. »

Doit-on servir la salade au début ou à la fin d'un repas ? À l'origine, elle constituait un premier service destiné à ouvrir l'appétit. De nos jours, certaines salades sont toujours servies en entrée, notamment les salades mélangées telles que la Caesar ou la Waldorf. En Europe, une simple salade verte succède souvent au plat principal, parfois avec le fromage.

Selon Peggy O'Shea, une de nos amies qui a vécu à Paris de nombreuses années et a étudié les manières françaises, il est courant en France que le maître ou la maîtresse de maison mélange la salade et s'en serve le premier pour éviter à ses invités d'être éclaboussés par la vinaigrette d'un saladier bien rempli.

Quant à la question « que boire avec ? », sa réponse est toute simple. Ni vin rouge ni vin blanc, mais un verre d'eau de Vichy bien froide.

18

MAI

LE CIGARE

Longtemps, l'arôme d'un bon cigare à la fin d'un repas n'eut rien d'inhabituel. Un soir, à la fin d'un dîner à Londres, on nous proposa d'authentiques havanes. Jim, admirant le galbe élégant du cigare qu'il tenait entre ses doigts, se mit à réciter : *On trouve la paix dans un Larrañaga, le calme dans un Henry Clay...*

Un grand silence se fit. Il continua : *Mais le meilleur cigare en une heure est fini, et jeté, jeté pour un autre aussi parfait que lui, aussi mûr et aussi tanné que lui*[1]...

Le silence s'était fait de plomb. Tous les regards étaient fixés sur Jim.

« C'est du Kipling, vous ne reconnaissez pas ? »

1. Vers extraits du poème *The Betrothed* (*Les Fiancés*) de Rudyard Kipling, méditation sur l'amour et le mariage autour d'une boîte à cigares.

Une dame fort brillante, critique de danse pour le *London Times*, n'avait cessé de contempler Jim comme dans un état second. Soulagée, elle inspira profondément.

« Dieu merci, dit-elle. J'étais folle de jalousie. Je croyais que vous inventiez ça au fur et à mesure. »

19

MAI

NELLIE MELBA

Lorsqu'elle se produisit à l'Opéra de Covent Garden en tant que grande soprano étoile de son temps, le laryngologiste de la famille royale déclara que ses cordes vocales étaient les plus belles qu'il eût vues de sa vie. Cependant, comme Nellie Melba le disait d'elle-même, « Il ne sert à rien d'avoir une voix parfaite si l'on n'est pas également dotée d'intelligence, de personnalité, de magnétisme, d'une volonté à toute épreuve, de santé, de force et de détermination. » Elle avait tout cela à profusion, et devint si célèbre qu'on donna son nom à des toasts grillés, à des gaufres et à un dessert à base de pêches et de glace vanille créé par le grand chef Escoffier en personne.

Elle était née près de Melbourne, en Australie, précisément ce jour, le 19 mai 1861. À l'occasion de ses débuts sur scène dans *Rigoletto*, elle avait changé de nom, délaissant Helen Mitchell pour Nellie Melba, en hommage à sa ville natale. « Assure-toi de tout toi-même » était sa devise, et à Covent Garden elle réussit à négocier un tarif supérieur d'une livre à celui de Caruso au sommet de sa carrière. Tant au Metropolitan Opera de New York que partout en Europe, elle éblouissait les foules et les critiques. Très douée pour se servir des médias à son avantage, elle accueillait avec bienveillance toute publicité, favorable ou non. Adorée en Australie en tant que fille du pays qui a réussi, elle y revint pour sept tournées triomphales, et une dernière fois pour y mourir à soixante-sept ans d'une septicémie provoquée par un lifting mal fait. De nos jours, son visage imprimé sur le billet australien de cent dollars nous contemple. Elle aurait sans doute préféré le billet de mille dollars.

La pêche Melba fit ses débuts à un dîner donné en l'honneur de Nellie Melba par le duc d'Orléans à l'hôtel Savoy de Londres, alors qu'elle y séjournait en 1893 pour chanter dans *Lohengrin*. La première version d'Escoffier comportait un cygne de glace moulée qui contenait des pêches sur un lit de glace à la vanille, le tout garni de sucre filé. Sept ans plus tard, lorsqu'il servit ce dessert au fameux hôtel Carlton de Londres, il omit le cygne et remplaça le sucre filé par du coulis de framboise.

Il est rare, de nos jours, de trouver la pêche Melba au menu, mais on peut l'obtenir en pochant des pêches dénoyautées dans un sirop de sucre additionné d'une gousse de vanille. On sert ensuite la pêche sur une glace à la vanille, nappée de coulis de framboise et, parfois, parsemée d'amandes effilées.

20

MAI

BALZAC

20 mai 1799. Honoré Balzac naît à Tours (il ajoutera plus tard une particule de sa propre invention). Il fait des études de droit, puis se tourne vers l'écriture, connaissant son premier succès littéraire à l'âge de trente ans. Pendant les vingt années qui suivront, il créera l'extraordinaire édifice qu'est *La Comédie humaine*, vaste série de romans où la société française est décrite dans ses moindres détails.

Fiévreusement, de minuit à midi, débordant même parfois sur l'après-midi, vivant exclusivement de café noir, d'œufs et de fruits, il écrivait. Mais entre deux intenses périodes de travail, il mangeait comme un roi. Lors d'un repas qui resta dans les mémoires, il festoya d'une centaine d'huîtres, une douzaine de côtelettes, deux perdrix, un canard et une sole normande, sans oublier le dessert et les fruits.

Au temps où la France se passionnait pour la pâte d'amande, il fut propriétaire d'une confiserie à Paris, et l'on trouve dans les pages de ses romans de nombreux gourmets, dont l'un, le père Rouget, était si délicat qu'il estimait que la meilleure omelette s'obtenait en battant séparément les blancs et les jaunes.

L'HABIT DE CHEF

L'uniforme traditionnel d'un chef est aussi reconnaissable que celui d'un officier militaire ou d'un prêtre. La veste et la haute toque blanches différencient les créateurs de cuisine de ceux qui exécutent des tâches moins nobles : préparation, service ou nettoyage. Autrefois, les toques étaient faites d'étoffes si lourdes qu'elles intensifiaient la sensation de chaleur éprouvée dans la cuisine, et chacun de leurs plis représentait une des nombreuses manières de cuire un œuf dans les règles de l'art. Elles étaient aussi très compliquées à nettoyer, et c'est pourquoi elles sont maintenant le plus souvent en viscose jetable.

Portées sous une forme ou une autre depuis plus de quatre siècles, la veste et la toque ne sont blanches que depuis environ cent cinquante ans à la demande du grand chef Carême[1], pour qui cette couleur exprimait la propreté. Il modifia aussi la veste en la dotant d'un double boutonnage croisé afin qu'on pût la fermer dans un sens ou dans l'autre pour dissimuler les taches.

21

MAI

LES SECONDS VINS

Le soin méticuleux apporté à la sélection des meilleurs raisins et à l'assemblage des cuvées pour chaque millésime des grands châteaux bordelais est ce qui rend ces vins si chers. Cependant, les vins qui, pour une raison ou une autre, sont légèrement en dessous de la qualité optimale sont parfois vendus sous un nom différent ; on les appelle les « seconds vins ».

Certains « seconds » sont d'excellente qualité et peuvent être très proches de leurs grands vins. Leur prix, aussi, est plus abordable.

1. Voir le 8 juin.

Les meilleurs seconds vins, comme il faut s'y attendre, sont ceux des grands premiers. Parmi ceux-ci :

- Carruades-de-lafite (second vin de château-lafite-rothschild)
- Les-forts-de-latour (second vin de château-latour)
- Pavillon-rouge (second vin de château-margaux)
- Bahans-haut-brion (second vin de château-haut-brion)
- Réserve-de-la-comtesse (second vin de château-pichon-longueville-comtesse-de-lalande)
- Clos-du-marquis (second vin de château-léoville-las-cases)
- Les-fiefs-de-lagrange (second vin de château-lagrange)
- Haut-bages-averous[1] (second vin de château-lynch-bages)
- Le petit-cheval (second vin de château-cheval-blanc)

Quant aux seconds vins de crus moins célèbres et moins estimés, leur achat est rarement intéressant.

22

MAI

LE CYGNE

Edmund Spenser écrivait :

Je vis deux cygnes de belle teinte,
Voguer doucement sur la rivière Lee ;
Jamais je ne vis plus beaux oiseaux ;
La neige qui couvre le sommet du Pinde
Jamais ne fut plus blanche,
Et Jupiter lui-même quand il se fit cygne
Pour l'amour de Léda n'apparut pas d'un blanc plus pur...

Le gracieux cygne au long cou, quoique doté d'un sale caractère et parfois même dangereux, est admiré pour sa beauté et son comportement monogame. Il est, cela va sans dire, le sublime ornement des rivières et des lacs, mais pendant plus de mille ans, du VIIIe siècle au début du XVIIIe siècle, il fut, au même titre que le paon, une somptueuse pièce de rôti servie aux banquets. Les cygnes élevés en masse pour la consommation

1. Depuis 2007, château-bahans-haut-brion s'appelle le clarence-de-haut-brion. Château-haut-bages-averous a pris en 2008 le nom « écho-de-lynch-bages ».

humaine restèrent longtemps, sur le marché aux volailles de Londres, l'article le plus coûteux.

En vue d'un repas d'exception, le cygne était plumé et rôti à la broche, après quoi il arrivait souvent qu'on le rhabillât de ses plumes, que l'on dorait parfois, avant de le porter cérémonieusement à table.

Les jeunes cygnes — appelés cygneaux — étaient les plus appréciés, surtout ceux qu'on avait nourris d'avoine. L'arrivée du dindon, plus facile à élever, contribua pour une grande part à la disparition progressive de la consommation de cygne.

23

MAI

LE GUIDE MICHELIN

Épais, rouge et intimidant, imprimé d'abréviations et de symboles indéchiffrables, le guide Michelin nous a paru à la première lecture quasi incompréhensible et encore moins utilisable. Pourtant, au fil des années et de ses versions successives, il est devenu notre inséparable compagnon. Nos vieilles éditions sont annotées : nos chambres d'hôtel préférées, les plus belles routes et les lieux où nous n'avons pas eu le temps de nous arrêter, mais où nous aimerions revenir.

En route, nous l'ouvrons au moins douze fois par jour, et notre rituel de fin d'après-midi, après nous être arrêtés à un hôtel, consiste à examiner les choix de restaurants pour le soir. La simple lecture des noms suscite l'envie de découverte : Auberge du Quai, Au Plaisir Gourmand, Le Vivier…

Le guide Michelin fut d'abord publié sous la forme d'un fascicule de vingt pages par la Société des pneumatiques Michelin en 1900, aux premiers temps de l'automobile. Il était conçu pour aider l'automobiliste à repérer stations-services, garages et hôtels sur les routes de France. Plus tard, on ajouta les restaurants. En 1931, la couverture fut modifiée, passant définitivement du bleu au rouge, et un système de classement par nombre d'étoiles, introduit en 1923 pour évaluer le niveau de prix et de confort, fut utilisé pour désigner les meilleurs établissements. Une trentaine d'inspecteurs — tous des hommes et tous formés à cette tâche — travaillent à plein temps pour mettre à jour le classement chaque année. Afin de n'être pas reconnus, ils ne sont jamais renvoyés au même endroit avant huit ans. Ce n'est qu'après leur repas ou leur séjour à l'hôtel, au moment de poser des questions ou d'examiner la cuisine, qu'ils s'identifient comme inspecteurs du Michelin.

On dit des étoiles — une, deux ou trois — que le Michelin décerne aux plus grands restaurants qu'en avoir une permet à un restaurateur de vivre confortablement et que trois font sa fortune. Elles sont convoitées ; il est arrivé qu'un chef se suicide à la perte d'une étoile. Ce fut le cas d'Alain Zick[1] qui se tira une balle dans la tête en 1966, et en 2003 Bernard Loiseau, détenteur de trois étoiles depuis douze ans, se tua à l'aide d'un fusil de chasse juste après avoir entendu la rumeur — qui se révéla fausse — de la perte imminente d'une étoile par son restaurant.

Mais le guide ne sert pas seulement à savoir où manger et dormir ; il indique également le nombre d'habitants d'une ville, sa distance de Paris et des villes voisines ainsi que ses principaux monuments. Les cinq cents plus grandes villes sont gratifiées d'un plan indiquant non seulement les hôtels et les restaurants mais aussi les bureaux de poste, les hôpitaux, les gares, l'aéroport et même les musées, les terrains de sport et d'autres attractions. Il y a des encadrés sur les vins régionaux et même un calendrier des vacances scolaires pour éviter de se déplacer durant ces périodes. En outre, depuis l'introduction de l'euro qui a apporté une certaine cohésion au continent européen, on y trouve aussi des cartes des principaux axes routiers, les indicatifs téléphoniques internationaux et même un schéma permettant d'identifier la provenance des plaques minéralogiques.

Il existe des guides Michelin d'autres pays, dont un pour New York, mais leurs informations semblent moins fiables et leurs critères de qualité moins élevés que ceux de l'édition française.

1. Chef du Relais de Porquerolles, à Paris.

24
MAI

PEPYS

Il est étrange de constater à quel point un bon dîner et la bonne chère réconcilient tout le monde.

Samuel Pepys, *Journal*.

25
MAI

MONTAIGNE

À la familiarité de la table j'associe le plaisant,
non le prudent ; au lit, la beauté avant la bonté ;
et en la société du discours, la suffisance,
voire sans la prud'homie[1].

Michel de Montaigne, *Essais*.

LES GOURMETS DE LA ROME ANTIQUE

Il y eut, dans l'ancienne Rome, connue pour ses fastes et ses extravagances, des gourmets d'envergure : Lucullus, Cicéron et Pompée en faisaient partie. L'empereur Vitellius (15-69 de notre ère) dépensa pour sa table l'équivalent de plus de dix millions de dollars pendant son règne, qui dura moins d'un an. On dit de lui qu'il ingurgitait régulièrement cent douzaines d'huîtres en un seul repas.

Apicius, qui vécut lui aussi au Ier siècle et à qui l'on doit le plus ancien livre de cuisine romaine parvenu jusqu'à nous, possédait une immense fortune qu'il consacrait essentiellement à la bonne chère. Quand il ne lui en resta plus que des bribes, il se suicida plutôt que d'être forcé à mener une vie frugale.

1. Suffisance : éloquence, talent. Prud'homie : honnêteté, sincérité.

26

MAI

LA FIGUE

« La vertu ! Une figue ! » s'exclamait Iago.

Il ne tenait pas les figues en haute estime, contrairement aux anciens. La culture des figues débuta en Égypte ou en Arabie il y a au moins cinq mille ans. On les récoltait dans les jardins suspendus de Babylone, une des sept merveilles disparues du monde antique ; Homère en fait mention, ainsi que la Bible à maintes reprises. Les Romains connaissaient plus de deux douzaines de variétés du plus sucré des fruits — dont les meilleurs, de l'avis de Pline, venaient d'Ibiza.

Ce que nous appelons figue est en réalité le réceptacle charnu d'innombrables petites graines qui se répandent dans la nature même si les figues sont mangées par des oiseaux, car les graines passent intactes à travers leur organisme.

Les figues peuvent être consommées fraîches, qu'elles soient violettes, vertes, ambre foncé, figues de Smyrne — les meilleures de toutes —, ou séchées. Curieusement, la valeur nutritive des figues fraîches est inférieure à celle des figues sèches, que l'on obtient en les laissant au soleil ou en les enfouissant dans le sable chaud du désert.

Le Bouddha — information qui apporte un certain réconfort —, durant sa quête de la Parfaite Illumination, s'assit pour méditer sous un figuier (appelé *bo*).

OÙ ÊTRE ASSIS AU RESTAURANT

Dans un restaurant, comme dans une maison, il y a des endroits agréables et d'autres qui ne le sont pas. Chaque restaurant est différent, et il arrive que les meilleures tables ne soient pas celles que vous croyez ; mais il existe aussi quelques règles générales :

- La plupart du temps, asseyez-vous près du bar si l'endroit n'est pas trop bruyant. Certains restaurants n'ont pas de bar, mais tous ont une cuisine et des toilettes. Ne vous asseyez ni près de l'une ni près des autres.

■ Le premier étage est presque toujours à rejeter, parfois inacceptable. Il est loin de l'action. Il en est de même pour les salons adjacents.

■ De façon assez curieuse, quand un restaurant est agrandi ou qu'on lui ajoute une salle, son atmosphère s'en ressent. On ne peut pas y faire grand-chose, mais il est souvent préférable de rester dans la partie d'origine.

■ N'hésitez pas à refuser une table. Dans un bon restaurant, on vous en cherchera une autre.

27

MAI

LA VINAIGRETTE FAVORITE D'ALEXANDRE DUMAS

Alexandre Dumas, illustre client des restaurants parisiens et qui avait son salon particulier dans au moins un d'entre eux, avait sa recette de vinaigrette préférée qu'il préparait toujours lui-même, assez souvent lors de soupers d'après-théâtre chez sa maîtresse, la comédienne Mademoiselle George. Ces soupers pouvaient être intimes ou très fréquentés. Les plaisirs de la table, comme l'écrivait Brillat-Savarin, peuvent être mêlés à d'autres plaisirs.

Dans un grand saladier, Dumas commençait par écraser des jaunes d'œufs durs dans de l'huile d'olive — un pour deux convives — et y ajoutait cerfeuil, thym émietté, anchois écrasés, cornichons hachés, blancs d'œufs hachés, sel, poivre et enfin un bon vinaigre.

Ensuite, il ajoutait les feuilles de salade, mélangeait bien le tout et terminait par une pincée de paprika.

28

MAI

LE *GARUM*

Le condiment essentiel des Grecs et des Romains de l'Antiquité, indispensable à leur cuisine et prédominant dans leurs recettes, était une préparation à base de poisson fermenté appelée *garum*. Pour l'obtenir, des entrailles ou des morceaux de poisson étaient salés et disposés en couches, et au bout de plusieurs mois un liquide en était extrait. Ce liquide était le *garum*, souvent mélangé avec de l'huile d'olive, du vinaigre ou du vin.

Delenda est Carthago ! Par ces mots, Caton ne cessait d'exhorter le Sénat de Rome : il faut détruire Carthage ! Hannibal, l'illustre général, avait remporté triomphe sur triomphe. Or le meilleur *garum*, à base de maquereau, venait de Carthage. Carthage fut rasée et disparut de l'histoire, mais on continua de fabriquer du *garum* jusqu'au Moyen Âge.

Il se trouve que l'assaisonnement de base de la cuisine vietnamienne, le nuoc-mâm, est aussi à base de poisson ; il est pour les Vietnamiens ce que le sel est pour les Occidentaux et la sauce de soja pour les Chinois. Sa préparation est quasi identique à celle du *garum* des anciens. On prend de petits anchois argentés que l'on dispose en couches, que l'on sale et qu'on laisse fermenter pendant des mois dans des cuves de bois. La première saumure qu'ils exsudent est éliminée au bout de trois mois, puis reversée dans la cuve. Il faut six mois d'extraction pour obtenir la meilleure sauce, un peu comme pour le premier pressage de l'huile d'olive. Plus tard, on effectue d'autres pressages qui produisent une sauce de qualité inférieure.

Le nuoc-mâm, mélangé à du jus de citron vert, du vinaigre de riz blanc, du sucre, de l'ail, des échalotes et des piments frais, devient nuoc-cham, un assaisonnement délectable. Le meilleur nuoc-mâm est sans doute celui de la marque Squid, massivement exporté et disponible dans les magasins de produits asiatiques. Recherchez la mention *ca com*, qui indique que la sauce est exclusivement à base d'anchois.

29
MAI

EDWARD ROBERT BULWER-LYTTON

C'est après avoir réussi comme poète et auteur dramatique sous le nom de plume d'Owen Meredith qu'Edward Robert Bulwer-Lytton, premier comte de Lytton, servit la reine Victoria en tant que vice-roi des Indes et, plus tard, ambassadeur à Paris. Son père était Edward George Bulwer-Lytton, auteur de la fameuse phrase « la plume est plus puissante que l'épée » et du roman *Paul Clifford*, célèbre uniquement pour sa première phrase : « C'était une nuit sombre et orageuse... »

Lucile, long poème romantique écrit par son fils, contient cet hommage :

Il peut vivre sans livres — qu'est-ce que le savoir, sinon douleur ?
Il peut vivre sans espoir — qu'est-ce que l'espoir, sinon déception ?
Il peut vivre sans amour — qu'est-ce que la passion, sinon déchirure ?
Mais où est l'homme qui peut vivre sans bien manger ?

LES SIX SENS

On ne peut pas bien penser, bien aimer ni bien dormir
si l'on n'a pas bien dîné.
Virginia Woolf

Brillat-Savarin reconnaissait l'existence des cinq sens de base — le goût, le toucher, l'ouïe, la vue et l'odorat — mais il croyait aussi qu'il y en avait un sixième : le désir physique — idée spécifiquement et typiquement française.

Tout ce qu'il y avait de délicat et d'ingénieux concernant les cinq premiers sens était, selon lui, dû à ce sixième, « au désir, à l'espoir ou à la reconnaissance qui se rapportent à la réunion des sexes. »

30 MAI

LE BRETZEL

On dit que le bretzel fut inventé, il y a près de mille quatre cents ans dans un monastère du midi de la France, par un moine qui, par souci d'économie, tordit quelques chutes de pâte à pain en forme de bras croisés en prière, les trois ouvertures représentant la Sainte Trinité. On appela d'abord ce type de pain *pretiola*, en latin « petite récompense », et on les donnait aux enfants qui savaient bien leurs prières. Le nom évolua en *brachiola*, « petits bras », pour aboutir à *bretzel* ou *pretzel* lorsque ces petits pains devinrent populaires en Allemagne et en Autriche.

Vendus dans les rues dès le XVe siècle, les bretzels étaient censés porter bonheur et furent bientôt intégrés aux cérémonies de mariage pour « nouer le lien ». Les Pèlerins les importèrent au Nouveau Monde et découvrirent que les Indiens en étaient d'avides clients. Un siècle plus tard, les Pennsylvania Dutch fondèrent la première fabrique industrielle de bretzels sur le sol américain.

Dès l'origine, les bretzels furent fabriqués à partir des ingrédients les plus simples, comme les meilleurs le sont encore. Ce sont les ingrédients du pain : farine de blé, eau, levure et sel. Autrefois ils étaient aussi cuits comme le pain, avec mie et croûte. La légende veut qu'un boulanger se soit endormi sur une fournée de bretzels, qui se retrouvèrent trop cuits, devenant ainsi le parfait bretzel moderne, doré et croustillant. Ni sucre, ni graisse, ni cholestérol.

31 MAI

LE JOURNAL DE PEPYS

31 mai 1669. Sa vue baissant fortement, Samuel Pepys, officier de l'Amirauté britannique, n'a d'autre choix que de rédiger le dernier chapitre du journal qu'il tient, depuis le jour de l'An

1660, sous forme codée en raison de son extrême franchise. Ce journal, le meilleur jamais écrit en langue anglaise, ne fut décrypté et publié que cent soixante ans plus tard. Il déborde de cancans, de descriptions, de confessions et d'une foule de références à ce que l'on buvait alors à Londres — vins du Rhin, des Canaries ou même d'Angleterre, plus une nouveauté appelée champagne qu'un gentilhomme français, le marquis de Saint-Évremond, avait introduite dans la haute société londonienne.

Pepys avait vu de l'herbe pousser dans les rues de Londres ; il vit aussi le grand incendie de 1666 et la tête de Cromwell au bout d'une pique, et l'on trouve dans son journal la première mention d'un vin français appelé *Ho Bryan* — de toute évidence haut-brion — qui nous rappelle l'anecdote beaucoup plus tardive du poète et romancier irlandais Harry Craig qui, à New York, exigea quelques bouteilles de *chateau O'Brian* pour fêter son retour de voyage. Il venait juste de recevoir la distinction de « plume de l'islam » pour avoir écrit le scénario d'un film sur le prophète Mahomet, tâche d'autant plus ardue que la personne du Prophète ne peut être représentée d'aucune manière.

JUIN

▪ LES FRUITS QUI MÛRISSENT, ET LES AUTRES ▪ L'URTICAIRE ▪ LES ASPERGES ▪ LE PAIN ▪ À VOUS DE CHOISIR ! ▪ LE RITZ ▪ LA SOLE ▪ SUSHI ET SASHIMI ▪ CARÊME ▪ LE *THARID* ▪ L'AUTOMAT ▪ POILÂNE ▪ UN DÎNER SANS COMPLICATION ▪ LA FRAISE ▪ FRUITS ET ALCOOLS ▪ LE POULET MARENGO ▪ STEINBERG ▪ CHANTER À TABLE ▪ LE MARQUIS DE CUSSY ▪ L'HOSPITALITÉ ▪ OÙ NE PAS MANGER ▪ LA CUISINE MEXICAINE ▪ LE BABEURRE ▪ LEARNED HAND ▪ LES MYRTILLES ▪ COMPAGNONS DE TABLE ▪ LA FETA ▪ LE GÂTEAU DE MARIAGE ▪ *LA RUÉE VERS L'OR* ▪ FRUITS ET FROMAGES ▪ DEUX RÈGLES D'OR POUR LE VOYAGEUR ▪ LE BLOODY MARY ▪ LE PIQUE-NIQUE ▪ QUAND LE CHIEN EST MALADE

1er
JUIN

LES FRUITS QUI MÛRISSENT, ET LES AUTRES

La pêche ou le melon un peu fermes que vous achetez au supermarché en espérant qu'ils mûriront en quelques jours ne mûriront jamais. Ils s'assoupliront, mais rien de plus. Ni les pêches ni les melons ne mûrissent après leur cueillette. Dans cette catégorie de fruits, on trouve aussi :

■ tous les fruits rouges et les myrtilles ■ les cerises ■ le raisin ■ tous les agrumes ■ l'ananas ■ les pommes (sauf les golden delicious)

Il existe aussi des fruits qui mûrissent encore après cueillette, à température ambiante :

■ les poires ■ les papayes ■ les abricots ■ les prunes ■ les bananes ■ les mangues

L'avocat, lui, ne mûrit qu'après cueillette.

L'URTICAIRE

Si vous êtes sujet aux crises d'urticaire quand vous avez mangé trop de fraises ou toute autre denrée acide, voici un moyen de calmer cette affliction sans dépenser une fortune chez le médecin ni avoir besoin d'ordonnance :

1 CUILLERÉE À CAFÉ DE CRÈME DE TARTRE
2 CUILLERÉES À SOUPE DE JUS DE CITRON
1 DEMI-VERRE D'EAU, OU PLUS

Mélangez tous les ingrédients. Buvez, et attendez-vous à une amélioration dans la demi-heure qui suit.

2 JUIN

LES ASPERGES

Les asperges doivent être cuites à peine tendres, encore croquantes sous la dent. L'empereur Auguste en était lui-même convaincu lorsqu'il inventa l'expression *velocius quam asparagi coquantor*, « en moins de temps qu'il n'en faut pour cuire les asperges ».

Jules César les aimait avec du beurre fondu, tandis que l'encyclopédiste français Bernard Le Bovier de Fontenelle en raffolait, mais uniquement assaisonnées à l'huile. Son cuisinier était justement en train de lui en préparer de cette manière quand l'abbé Terrasson lui rendit une visite inattendue pour s'inviter à dîner. Très fâché à l'idée d'être privé de la moitié de ses asperges, Fontenelle ordonna pourtant que celles de l'abbé fussent servies accompagnées de la sauce blanche que celui-ci préférait. Juste au moment de passer à table, l'abbé s'effondra soudain au sol, victime d'une attaque. Fontenelle réagit sur-le-champ et alla crier en cuisine : « Toutes les asperges à l'huile ! »

3 JUIN

LE PAIN

L'homme ne vit pas que de pain, mais celui-ci fait partie de son alimentation depuis dix mille ans. Il fut non levé jusqu'au temps des Égyptiens, qui ajoutèrent à sa pâte la levure qui la fait fermenter et lever pendant la cuisson au four. S'il est possible de faire des pains non levés à partir de toute sorte de céréales moulues, la farine de blé, pure ou mêlée de seigle ou de maïs, est la seule qui se prête à la fabrication de pain levé en raison de sa teneur en gluten, qui permet au pain de gonfler sans être trop sec ou trop humide.

Les ingrédients de base d'un pain classique sont la farine, l'eau, le sel et la levure. Mais les variations de proportions et de recettes sont infinies. Le spectre est large, des pains fermes et consistants à croûte épaisse pétris à la main aux versions commerciales molles, prétranchées et additionnées de sucre que l'on achète au supermarché. La baguette, symbole de la France, s'achète fraîche chaque jour et ne vaut plus rien le lendemain, bien qu'on la laisse rarement durer jusque-là. Un bon pain fait à la main possède une croûte dure et dorée, et une mie légèrement élastique présentant des trous de forme irrégulière résultant d'une expansion de gaz pendant la cuisson. Les pains de fabrication industrielle ont une couleur livide et une mie de texture uniforme, percée de minuscules trous, s'il y en a. Souvent à base de pâte congelée, ils peuvent aussi être identifiés grâce à de petits points sombres sur leur face inférieure, signe qu'ils ont cuit dans un four industriel. Selon Gault & Millau, la qualité du pain est un des deux meilleurs moyens de juger de la qualité d'un restaurant. L'autre est le café.

Dans chaque village de France et d'Italie, les boulangers locaux ont leurs adeptes. Un été que nous passions en Dordogne, la plus longue file d'attente au marché quotidien s'étendait devant la camionnette du boulanger, qui arrivait en fin de matinée et vendait toute sa marchandise en quelques minutes. Quand nous apprîmes qu'il habitait à quelques champs de notre maison, nous nous mîmes à lui rendre visite chaque matin, très tôt, au moment où, tout poudré de farine, il sortait ses derniers pains de son four à bois. Il était ravi d'en laisser partir un ou deux encore chauds.

4
JUIN

À VOUS DE CHOISIR !

Dans la France de jadis — celle des années 40 et 50 —, on voyait souvent cet écriteau accroché derrière le bar :

Vie moyenne d'un buveur d'eau : cinquante-six années.

Vie moyenne d'un buveur de vin : soixante-dix-sept années.

À vous de choisir !

5 JUIN

LE RITZ

Aujourd'hui, 5 juin 1898, c'est l'ouverture de l'hôtel Ritz à Paris, place Vendôme. Le somptueux banquet et la réception ont attiré les gens les plus riches et les plus haut placés de toute l'Europe, mais la pluie compromet la visite des jardins. Chaque détail de l'architecture et du décor a été vérifié par César Ritz, pour qui cet hôtel et sa perfection sont un rêve de toujours.

Né en 1850 en Suisse dans un petit village de chalets, Ritz commença sa carrière à l'âge de dix-sept ans comme apprenti sommelier à l'Hôtel des Trois-Couronnes à Brigue. Le propriétaire finit par lui conseiller d'essayer un autre métier, car il n'était manifestement pas taillé pour l'hôtellerie. Mais pendant les dix ans qui suivirent, il fut nommé à la direction de grands hôtels et, en vingt ans, réussit à se faire un nom dans le monde entier, le rendant synonyme de service, d'élégance et de style. Au cœur de son succès se trouvait le désir de servir dans ses hôtels la meilleure cuisine possible. Une clientèle fidèle le suivait de ville en ville, et l'on rapporte que le prince de Galles, qui lui vouait une estime particulière, aimait à dire : « Où Ritz va, je vais. »

6 JUIN

LA SOLE

James Beard fit un jour l'observation que n'importe quel filet de poisson blanc servi dans un restaurant américain était dénommé « sole », et que par conséquent ses compatriotes avaient rarement conscience de ce qu'ils mangeaient en réalité — généralement du flet[1].

La véritable sole, *Solea solea* de son nom latin ichtyologique, est un superbe poisson que l'on ne trouve que dans

1. Voir le 12 mars.

les eaux européennes, de la Méditerranée à la mer du Nord. Presque ovale et, comme tous les poissons plats, blanche sur sa face inférieure et de grise à brune sur sa face supérieure, elle est appréciée depuis l'Antiquité romaine. Les recettes de sole sont plus nombreuses que pour tout autre poisson.

La sole dite de Douvres, selon la dénomination anglaise, se trouve en réalité dans toutes les mers entourant l'Angleterre, y compris dans l'océan Atlantique. Elle ne porte pas le nom de son lieu de pêche mais de la ville qui était autrefois célèbre pour fournir la ville de Londres en soles fraîches.

Les meilleures soles proviennent des eaux froides et profondes. Si la sole est soigneusement gardée au frais ou sur la glace, elle est en général plus savoureuse un jour ou deux après la pêche, caractéristique qu'elle partage avec le flet et qui ne s'applique à pratiquement aucun autre poisson.

7

JUIN

SUSHI ET SASHIMI

À l'origine, le sushi était une manière de conserver le poisson en le faisant fermenter dans du riz cru, mais au début du XIXe siècle, à Edo (Tokyo), il trouva la forme sous laquelle nous le connaissons actuellement : poissons ou fruits de mer frais, crus, parfois aussi des légumes crus, roulés avec du riz légèrement vinaigré, éventuellement avec une couche d'algue pressée. Le riz vinaigré, agréablement acidulé, est l'élément distinctif du sushi.

Le terme « sashimi » se réfère à des morceaux découpés de poisson cru de la plus haute qualité. Il existe quatre modes de découpe, employés selon le type de poisson. L'un d'eux, *usu-zukuri*, consiste à couper des tranches si fines que l'on voit les motifs de l'assiette à travers elles. Naguère, la technique ou plutôt l'art du sushi et du sashimi exigeait des années d'apprentissage et les officiants étaient les héritiers de siècles d'histoire, voire de la tradition des samouraïs. Le métier est encore régi par des standards d'hygiène et de fierté très élevés, même si les années d'apprentissage sont moins nombreuses. Les chefs sushi portent des uniformes immaculés (*kappo-gi*) et un bandeau noué autour de la tête. Les lames de leurs couteaux, en acier au carbone, sont aiguisées au point de pouvoir trancher un cheveu dans le sens de la longueur. À intervalles de quelques coups de lame, elles sont constamment nettoyées.

On peut manger les sushi avec les doigts, mais non le sashimi, et tous les sushi sont censés être mangés en une seule bouchée. On ne boit généralement pas de saké avec le sushi : l'association du riz et du vin de riz est désapprouvée.

8

JUIN

CARÊME

Marie-Antoine Carême, le fondateur de la grande cuisine française, naît à Paris le 8 juin 1784. Seizième enfant d'une famille désespérément pauvre, il est abandonné dans les rues à l'âge de huit ans et recueilli par un restaurateur de bas étage où il se découvre un intérêt pour la cuisine.

À seize ans à peine, il est l'apprenti d'un célèbre pâtissier, Sylvain Bailly, qui l'autorise à se rendre à la Bibliothèque nationale pour se livrer à des passions inhabituelles : apprendre à lire, copier des dessins d'architecture. Ces croquis architecturaux formeront plus tard la base de ses incroyables édifices de confiserie. À cette époque, les chefs pâtissiers jouissent d'un immense prestige et confectionnent d'énormes pièces montées décoratives qui font la gloire des grands dîners.

Carême en vient à attirer l'attention de Talleyrand, qui exerce la diplomatie à sa fameuse[1] table et passe chaque matin une heure à élaborer le menu du jour. Son emploi chez Talleyrand durera douze ans et sera suivi, alors que Carême est déjà une célébrité, par un poste à Londres auprès du futur roi George IV, un autre en Russie pour le tsar Alexandre Ier et enfin, de retour à

1. Voir le 10 janvier.

Paris, chez le baron James de Rothschild. À la fin de sa carrière, il aura créé des centaines de menus et de plats différents dans les plus illustres maisons d'Europe.

L'ouvrage culinaire qui couronne toute sa carrière, *L'Art de la cuisine française au XIXe siècle*, paraît en 1833, l'année de sa mort. Pendant longtemps, Carême s'est levé avant l'aube pour se rendre au marché, choisir ses produits puis travailler d'arrache-pied dans des cuisines surchauffées dont les fenêtres, une demi-heure avant le service, sont fermées pour empêcher le refroidissement des plats. Il disparaît à moins de cinquante ans, épuisé, dit-on, « par la flamme de son génie et les braises du tournebroche[1] ». Beaucoup de ses préparations sont encore en usage, notamment les sauces, dont il donne deux cent quatre-vingt-neuf recettes dans son opus en cinq volumes. Le lire, c'est prendre place à la table des rois et des empereurs. Comme le dit le tsar Alexandre Ier : « Ce que nous ignorions, c'est qu'il nous avait appris à manger. »

LE *THARID*

8 juin 632 de notre ère. Le prophète Mahomet, fondateur de l'islam, meurt dans les bras de son épouse favorite, Aisha. Il a dit un jour que de même qu'Aisha surpassait toutes les autres femmes, le *tharid* régnait au-dessus de tous les autres plats. Le *tharid* est une ancienne recette arabe à base de viande intercalée entre des couches de pain. Cet éloge qu'en fit le Prophète le rendit populaire dans tout le monde musulman, où l'on en prépare de multiples variantes du Maghreb à l'Extrême-Orient.

9 JUIN

L'AUTOMAT

Le premier Automat, véritable merveille de son temps, ouvre ses portes à Philadelphie le 9 juin 1902, sur Chestnut Street. Il s'agit de l'extension d'un café fondé quinze ans auparavant par

1. Carême mourut vraisemblablement de l'ingestion de fumées de charbon toxiques.

Joseph Horn et Frank Hardart, l'un aux fourneaux et l'autre au service. Le succès de Horn & Hardart reposa d'abord sur la qualité de leur café, préparé toutes les vingt minutes à partir de grains fraîchement moulus et selon la technique du filtre, substantielle amélioration, car jusqu'alors on faisait bouillir la mouture pendant des heures avec des coquilles d'œuf afin de garder un peu de limpidité à la décoction.

Le public y venait pour le café et restait pour la cuisine. Horn et Hardart furent les précurseurs non seulement des fast-food mais aussi des chaînes de bars à café ; au bout de quelque temps, ils servaient plus de deux cent cinquante mille clients par jour dans un territoire incluant New York, le New Jersey et la Pennsylvanie. Les serveurs et les caissiers étaient remplacés par un self-service, sorte de cafétéria constituée d'une multitude de petites fenêtres, chacune affichant un plat et son prix. Le client insérait quelques pièces et la porte s'ouvrait.

La concurrence se faisant de plus en plus intense, les Automats déclinèrent, et le dernier d'entre eux, à l'angle de la 42e Rue et de la 3e Avenue à New York, ferma le 8 avril 1991. Cependant, riche de presque quatre-vingt-dix ans d'histoire, l'Automat était devenu une véritable institution américaine. Une partie du tout premier café Automat est conservée au musée Smithsonian de Washington.

10

JUIN

POILÂNE

Le 10 juin 1945, Lionel Poilâne, destiné à combler le fossé entre quantité et qualité dans la boulangerie française, naît à Paris. À l'âge de quatorze ans, il commence à travailler dans le fournil paternel et prend bientôt en grippe la production mécanisée. Il ressuscite les méthodes traditionnelles, créant sa « boule Poilâne » emblématique, grosse miche ronde cuite dans des fours alimentés au bois. Après avoir hérité la boulangerie de son père, il consacre les trente années suivantes à la transformer en affaire de dix millions de dollars, qui produit à la main quinze mille pains par jour pour ses magasins parisiens, pour des restaurants et pour ses clients dans une vingtaine de pays du monde. Son succès a favorisé l'adoption de la loi française qui interdit d'afficher le mot « boulangerie » si le pain n'est pas entièrement fabriqué à la main sur le site, et conduit près de cinq mille magasins en France à changer leurs enseignes.

11
JUIN

UN DÎNER SANS COMPLICATION

1977. 11 juin. Un dîner n'a pas besoin d'être compliqué. Gordon et Greta Forbes, Thorny et Liz Penfield, et P. C. Harper, qui a un magnifique coup droit au tennis et adore danser, viennent chez nous.

Brie ; *caviar pie* ; salade Caesar assaisonnée à table comme dans les restaurants qui friment ; aubergine à la parmesane ; fraises fraîches et pêches au rhum. Et café, thé, cognac, chocolats, cigares. Le vin (non identifié) est passé en carafe et « bu férocement », ainsi qu'on peut lire dans notre carnet de dîners. Portions plus que généreuses. Nous avions aussi noté : « C'est simple, il n'y avait pas moyen de les faire partir. »

CAVIAR PIE (entrée)

1 DEMI-OIGNON BLANC, FINEMENT HACHÉ
2 ŒUFS DURS, HACHÉS
CRÈME AIGRE (OU CRÈME FRAÎCHE)
ŒUFS DE LUMP NOIRS

Dans un plat de service assez petit, pas trop profond, disposez les ingrédients en couches : d'abord l'oignon, puis les œufs, puis la crème (déposez-la par cuillerées sur les œufs, puis lissez-la pour en faire une couche homogène), puis enfin les œufs de lump en fine couche. Servez avec des crackers sur lesquels les convives étaleront le mélange. Pour environ six personnes.

12
JUIN

LA FRAISE

Bien qu'on n'en trouve aucune image dans l'art de l'Égypte ou de la Grèce antique, les Romains connaissaient bien la fraise et lui attribuaient des pouvoirs curatifs. Le philosophe Bernard Le Bovier de Fontenelle (1657-1757) voyait en elles la raison de son exceptionnelle longévité et en mangeait quotidiennement durant leur saison.

Symbole hautement périssable des délices estivales, la fraise est pauvre en calories et riche en vitamine C, ainsi qu'en potassium. La crème — fraîche ou aigre, comme on l'apprécie en plusieurs endroits d'Europe — qui les accompagne si naturellement est sans doute moins bénéfique.

Dans l'Ancien comme dans le Nouveau Monde, les fraises croissaient à l'état sauvage. Elles sont cultivées depuis le XIIIe siècle. Les fraises sauvages ou fraises des bois sont de couleur plus sombre, de saveur plus intense et plus parfumées. On les trouve parfois dans le commerce.

Thérésa Cabarrus, l'élégante ex-épouse d'un marquis, était incarcérée sous la surveillance de Jean Tallien, un des principaux organisateurs de la redoutable Terreur révolutionnaire. Après qu'elle fut devenue sa maîtresse, il la sauva de l'échafaud. Plus tard, il l'épousa. Elle devint célèbre pour le salon qu'elle tenait à Paris, mais aussi pour son habitude de se baigner dans le jus de vingt-deux livres de fraises écrasées afin de garder sa peau lisse et soyeuse. En 1802, elle divorça de Tallien pour épouser un banquier.

13
JUIN

FRUITS ET ALCOOLS

Les fruits frais de saison, découpés et accommodés avec un alcool ou une liqueur, sont un des meilleurs desserts que l'on puisse servir. Le choix de l'alcool est important. Il doit, de préférence, être l'écho du fruit en question.

Voici quelques accords :

ORANGE	Liqueur à l'orange (Grand Marnier par exemple)
POMME	Calvados
POIRE	Alcool de poire
PÊCHES	Liqueur à l'orange
ANANAS	Rhum
FRAMBOISES	Liqueur de framboise
FRAISES	Liqueur à l'orange ou kirsch
QUETSCHES	Slivovitz

14 JUIN

LE POULET MARENGO

Le poulet Marengo est un des seuls plats, sinon le seul, à porter le nom d'une bataille. Il fut justement créé durant une bataille de Napoléon par l'intendant de celui-ci, à partir des quelques ingrédients qu'il avait sous la main, notamment de l'huile d'olive au lieu de beurre.

Napoléon était un homme qui ne mangeait que par nécessité. En ce 14 juin 1800, l'issue de la bataille de Marengo, une de celles qui firent vaciller sa destinée jusqu'à la détruire en totalité, était fort incertaine quand l'Empereur dit à son général Desaix — qui fut tué ce soir-là — de faire ce que bon lui semblait, mais que lui, il allait manger. L'assaut de Desaix sauva la mise.

C'est un plat facile à préparer, encore meilleur réchauffé le lendemain.

POULET MARENGO

1 OIGNON FINEMENT ÉMINCÉ

HUILE D'OLIVE

1 POULET DÉCOUPÉ

10 CL DE VIN BLANC SEC
1 GOUSSE D'AIL ÉCRASÉE
1 FEUILLE DE LAURIER
1 BRANCHE DE PERSIL ET UN PEU PLUS POUR GARNIR
200 G D'OLIVES NOIRES DÉNOYAUTÉES
1 DEMI-CUILLERÉE À CAFÉ DE THYM SÉCHÉ
500 G DE TOMATES ROMA (OLIVETTES), FRAÎCHES OU EN BOÎTE (DE PROVENANCE ITALIENNE DE PRÉFÉRENCE)
SEL, POIVRE DU MOULIN
QUELQUES PETITS OIGNONS BLANCS
QUELQUES CHAMPIGNONS ÉMINCÉS
LE JUS DE 1 CITRON
20 CL DE BOUILLON DE VOLAILLE
COGNAC OU MADÈRE

Faites revenir l'oignon dans l'huile d'olive. Retirez-le et remplacez-le par les morceaux de poulet ; faites-les dorer dans l'huile. Ajoutez le vin blanc, l'ail, le laurier, le persil, le bouillon de volaille, le thym, les tomates, puis salez et poivrez. Couvrez et laissez mijoter 1 heure sur feu doux. Pendant ce temps, faites sauter les petits oignons et les champignons émincés séparément dans l'huile d'olive en ajoutant le jus de citron. Retirez le poulet (qui doit être tendre) de la cocotte, passez la sauce au chinois en foulant afin d'extraire un maximum de jus, puis faites-la réduire de moitié. Disposez les olives noires dans un grand plat à gratin assez profond. Ajoutez le poulet, garnissez-le des champignons et des petits oignons. Arrosez d'un peu de cognac ou de madère. Nappez de la sauce, et mettez le plat dans un four à 180 °C jusqu'à ce que le contenu soit bien chaud. Garnissez de persil. Pour quatre personnes. Ce plat peut être gardé jusqu'au lendemain au réfrigérateur, puis réchauffé.

15
JUIN

STEINBERG

Le 15 juin 1914, dans une petite ville de Roumanie, non loin de Bucarest, naquit Saul Steinberg, artiste et illustrateur de presse, qui fut comparé à Daumier, à Picasso et à Samuel Beckett. Son père était propriétaire d'une fabrique de boîtes et de caisses, et deux de ses oncles étaient peintres d'enseignes. Il fit des études d'architecture à Milan mais n'exerça jamais le métier. Il aurait pu être écrivain, dit-il un jour, s'il était né dans une « bonne langue ».

Il émigra aux États-Unis dont il devint citoyen et, le même jour, officier de marine. Il servit pendant la Seconde Guerre mondiale. En dépit de tout cela, sa vision de la gastronomie de son pays d'adoption fut toujours assez cynique. En Amérique, observait-il, il ne sert à rien de demander l'adresse d'un bon restaurant, car personne ne sait ce que c'est. La cuisine en Amérique du Nord était régie par les goûts des enfants : spaghetti et hamburgers. Le seul bon repas que connût cette nation, pensait-il, était le petit déjeuner, avec jambon, lard, œufs, pommes de terre sautées, pancakes et gaufres. Les serveuses les plus aimables étaient celles du Middle West. Quand il se déplaçait, Steinberg prenait le petit déjeuner trois fois par jour.

Il appréciait aussi les *diners*, qui selon lui évoquaient le style élégant et le luxe des anciens chemins de fer. Les boxes étaient confortables, il aimait les juke-boxes ainsi que le service, détendu et rapide. Son imagination vivace, qui ne lui faisait jamais défaut, le poussait à comparer les *diners* aux brasseries françaises et même à la brasserie Lipp, laquelle offrait cependant des points de vue moins intéressants.

16
JUIN

CHANTER À TABLE

Après le déjeuner, faites la sieste, disaient les Romains. Après le dîner, marchez. Ce précepte ne semble pas s'appliquer à un dîner d'invités. On peut entamer avec eux une partie de poker, regarder un film ou même danser. On peut aussi chanter, encore assis à table, à condition que l'humeur générale s'y prête et qu'il y ait quelques convives capables de chanter correctement. Les Irlandais aiment chanter. Un soir après dîner, chez le romancier Dennis Smith, Bill Kennedy, Frank McCourt et l'hôte en personne enchaînèrent chanson après chanson. La version de *The Rose of Tralee* exécutée par McCourt, à la manière du fameux ténor John McCormack ou d'un de ses collègues moins doués, est mémorable. Il ne le fait pas sur un claquement de doigts, mais il peut se laisser convaincre.

À force de persuasion et de chatteries, Salman Rushdie accepta finalement de faire entendre sa voix. Il était alors sous le coup de la célèbre fatwa et ses déplacements étaient tenus secrets. Il était apparu à un dîner sans être annoncé, le visage partiellement dissimulé sous un grand chapeau de paille. L'hôtesse, Barbara Thomas, qui avait étudié en Inde dans son enfance, lui demanda de se joindre à elle pour chanter l'hymne national indien. Rushdie refusa : impossible, il ne connaissait pas les paroles. Mais elle était déjà debout et entonnait le chant, faisant signe à Rushdie de l'accompagner. Quand elle eut chanté quelques vers, il se leva et tous deux finirent l'hymne ensemble avec beaucoup de conviction. Il fut le héros de la soirée.

17
JUIN

LE MARQUIS DE CUSSY

Le marquis de Cussy (1766-1837), gastronome renommé et spirituel, né dans une riche famille, était intendant en chef de la maison de Napoléon Ier. Ce poste consistait à veiller à tout : garde-robe, mobilier, cuisine (bien que Napoléon mangeât vite et de préférence seul) et jusqu'à, disait-on, les jeunes femmes admises la nuit aux appartements privés de l'Empereur. On dit aussi que Cussy examinait ces jeunes femmes « sous tous leurs aspects ».

Après avoir servi Napoléon, Cussy servit Louis XVIII, qui tout d'abord ne voulut rien avoir à faire avec lui puis changea d'avis quand il eut goûté les fraises à la Cussy, une des nombreuses créations culinaires attribuées au marquis.

FRAISES À LA CUSSY

750 G DE FRAISES (EN SAISON)
1 DEMI-BOUTEILLE DE CHAMPAGNE SEC OU DEMI-SEC (PAS NÉCESSAIREMENT DE QUALITÉ SUPÉRIEURE)
ENVIRON 120 GRAMMES DE SUCRE
1 DEMI-LITRE DE CRÈME ÉPAISSE (OU MIEUX, DE CRÈME DOUBLE OU DE CRÈME DE BRESSE SI VOUS EN TROUVEZ)

Équeutez et lavez les fraises, coupez-les en deux dans le sens de la longueur excepté les plus petites, et faites-les tremper une heure dans le sucre mélangé à la moitié du champagne. Mélangez la crème avec le reste de champagne sans la rendre trop liquide, et versez cela sur les fraises égouttées, disposées dans un plat de service. Pour quatre personnes.

18
JUIN

L'HOSPITALITÉ

Passant des vacances en France, nous rentrions à la maison — Alice Waters[1], Anne Isaak, nos trois enfants et moi — après une journée à la plage. Nous décidâmes de nous arrêter pour dîner en début de soirée. Nous attendîmes l'ouverture du restaurant pendant vingt minutes dans le jardin — c'était à la campagne. Oui, ils avaient une table, mais le propriétaire n'avait manifestement que peu de goût pour ce groupe simplement vêtu et qui n'était accompagné d'aucun homme.

Les tables étaient revêtues de lin blanc et décorées de fleurs, mais bien que la salle fût vide, le service était lent. Anne, propriétaire de deux restaurants à New York, commanda du vin mais renvoya la bouteille et en demanda une autre non bouchonnée. On nous servit des amuse-bouche, puis des

1. Voir le 28 avril.

spécialités locales et enfin un dessert. Peu à peu, il devint clair que nous serions les seuls clients ce soir-là, ce qui rendit le service plus chaleureux à notre égard, jusqu'à en devenir presque obséquieux.

Lorsque nous fûmes de retour à la maison, Alice resta deux heures assise à un bureau pour écrire en français une lettre au propriétaire du restaurant. Elle lui dit qu'elle aussi avait un restaurant, précisant avec modestie qu'elle ne pensait pas qu'il en eût entendu parler. Elle ajouta qu'étant elle-même du métier, elle avait été quelque peu déçue de cette soirée en dépit du cadre enchanteur et de la très bonne cuisine. Elle avait senti que cet établissement avait été très avare de cette qualité qu'elle considérait comme la plus importante pour un restaurant, petit ou grand : l'amabilité et l'accueil chaleureux de toute personne. En un mot, l'hospitalité.

K. S.

19
JUIN

OÙ NE PAS MANGER

Autant que possible, évitez les restaurants :

- Où les tables sont recouvertes d'une plaque de verre.
- Où les serveurs vous accueillent en vous donnant leur prénom[1] (en certains lieux, c'est parfois inévitable).
- Où l'on vous propose du café en vous présentant le menu (ne s'applique pas au petit déjeuner).
- Où l'on sert des pommes de terre au four (ou du beurre) enveloppées d'une feuille d'aluminium.
- Où l'on débarrasse la table avant que tout le monde ait fini de manger.
- Où l'on vous fait attendre plus de vingt minutes quand vous arrivez à l'heure pour votre réservation.

1. C'est surtout une caractéristique du service nord-américain.

20
JUIN

LA CUISINE MEXICAINE

À une certaine époque, la cuisine chinoise était principalement représentée par le *chop suey* et le *chow mein*. Comme elle, depuis peu, la cuisine mexicaine se bat bec et ongles pour élever son image au-dessus du fast-food ou de la bouillie de haricots accompagnée de riz et d'éléments non identifiables cachés sous une sauce. Arrivant juste derrière la cuisine chinoise pour la variété, la cuisine du Mexique se fonde sur l'association d'ingrédients de base relativement peu nombreux : entre autres maïs, haricots, piments et tomates.

Lorsque les Espagnols envahirent le Mexique et soumirent les Aztèques au début du XVIe siècle, ils y découvrirent une tradition agricole et culinaire déjà ancienne. Le conquistador Bernal Díaz del Castillo décrivit en détail les somptueux banquets donnés au palais de Montezuma. Les Espagnols apportèrent avec eux les animaux domestiques qui enrichirent cette cuisine en viandes diverses. Quelques siècles plus tard, une autre fusion fut réalisée entre le Texas, avec la cuisine des cow-boys du Nouveau-Mexique, et la partie septentrionale du Mexique. La cuisine tex-mex qui en résulta se révéla être une version améliorée de l'une et de l'autre.

Le maïs joue un rôle de premier plan dans la cuisine mexicaine, et cela depuis des millénaires. C'était autrefois une plante sacrée dont on vénérait le cycle vital, des semis à la consommation en passant par la récolte, la mouture et la cuisson. Il est utilisé sous des formes variées mais la recette de base est la tortilla, mot espagnol traduisant l'aztèque *tlaxcalli*. Les tortillas sont souvent consommées fraîchement pressées, chaudes comme le pain, et quand elles sont mangées à la main, elles tiennent lieu d'assiette et de cuillère, pliées, roulées ou farcies d'ingrédients divers, par exemple de *frijoles refritos*. Ce terme est d'ailleurs impropre : les haricots ne sont pas « refrits » mais d'abord cuits à l'eau, puis poêlés une seule fois jusqu'à être presque secs.

Les tomates servent à confectionner des sauces dont la force dépend de la quantité de piments — grillés, frits, mijotés ou frais — qu'elles contiennent. Il existe à peu près deux mille variétés de piments.

20

JUIN

LE BABEURRE

Le babeurre, bu depuis des siècles par les gardiens de troupeaux et les laitières, est un sous-produit du beurre. Légèrement acidulé et plus épais que le lait frais, il est aussi moins gras, contrairement à ce que son nom semble indiquer. Le vrai babeurre n'est pas facile à trouver. Le produit qu'on appelle dans le commerce « lait ribot » ou « lait fermenté » en est une réplique manufacturée qui est loin d'en avoir la saveur.

21

JUIN

LEARNED HAND

Learned Hand (1872-1961), connu pour être le plus grand juge et juriste américain qui ait jamais siégé à la Cour suprême et admiré pour ses verdicts que l'on cite encore régulièrement, décrivait ainsi sa journée idéale :

Un beau jour de juin, doux et estival, qui commencerait par une promenade dans le jardin avec son épouse et continuerait, beaucoup plus tard, après divers événements, par une sieste avec la même. Ensuite une cocktail-party avec tous les amis qu'ils aiment et estiment depuis toujours. Le couronnement serait un dîner magnifique suivi de conversations avec les personnages les plus brillants, les plus illustres de l'histoire. Le point culminant serait celui où Marc Aurèle se tournerait vers Voltaire pour lui dire : « Ah, mais tais-toi donc ! J'aimerais entendre ce que dit Learned Hand. »

22
JUIN

LES MYRTILLES

Selon Waverley Root[1], certains campagnols d'Alaska aiment tant les myrtilles qu'ils ont les dents bleues pendant toute leur saison. Il s'agit bien entendu de myrtilles sauvages, plus petites et moins sucrées que les variétés cultivées que l'on trouve dans le commerce, et de l'avis général bien meilleures que ces dernières dans les tourtes.

Barbara Stone, directrice d'une agence de mannequins à New York et cuisinière experte, nous a donné cette recette de tarte aux myrtilles dont la préparation ne prend pas plus de vingt minutes et qui donne d'excellents résultats.

TARTE AUX MYRTILLES

100 G DE MYRTILLES ÉCRASÉES À LA FOURCHETTE
170 G DE SUCRE
10 CL D'EAU
2 CUILLERÉES À SOUPE DE FÉCULE DE MAÏS
300 G DE MYRTILLES ENTIÈRES

Dans une casserole, faites cuire les quatre premiers ingrédients sur feu vif, sans cesser de mélanger jusqu'à l'obtention d'une sauce épaisse (la préparation épaissit d'un seul coup). Retirez du feu et ajoutez immédiatement les 300 grammes de myrtilles entières. Versez l'ensemble dans un fond de tarte déjà cuit (le meilleur que vous puissiez confectionner ou acheter). Servez avec de la crème fouettée ou une boule de glace.

23
JUIN

COMPAGNONS DE TABLE

Épicure et Montaigne n'ont pas été les seuls à donner ce conseil : choisissez d'abord les convives. Il y en a qui s'entendront mieux avec d'autres. Il y en a peu qui s'entendent avec tout le monde.

1. Voir le 15 avril.

Un soir, à Londres, Robert Ginna, à l'époque producteur de films et qui devint plus tard directeur éditorial de Little, Brown & Company, fut invité avec sa femme à dîner au Savoy. L'hôte était un homme richissime, propriétaire de chevaux de course et d'une maîtresse française d'une beauté renversante. Celle-ci, parée d'émeraudes, était présente au dîner, ainsi que le fils et la belle-fille du magnat. Tout au long du repas, elle fit comme si Robert n'existait pas, mais juste avant la fin, pendant quelques étourdissantes minutes, elle le bombarda de tout son pouvoir de séduction. Pourtant, il était sûr de s'être comporté normalement.

Quand ils se levèrent de table, ils se dirigèrent vers le bar. Margaret, la femme de Robert, qui marchait à côté de lui, lui dit à mi-voix pour le consoler : « C'est pas grave, chéri. Quand tu auras son âge, tu pourras en avoir une toi aussi. Comme tous les petits garçons. »

24 JUIN

LA FETA

Dans toutes les petites épiceries de Grèce, on trouve en général trois ou quatre qualités de feta différentes, fromage blanc et friable qui est un symbole de la Grèce. Comme le roquefort, la feta est à base de lait de brebis. À un certain stade de sa maturation, celle-ci est interrompue par l'ajout de saumure, dans laquelle on laisse le fromage jusqu'à sa consommation pour qu'il reste frais et savoureux. On vend la feta à la coupe. Son nom, en grec, signifie « tranche ».

Excellente simplement servie avec du pain de campagne, des olives de Grèce et du vin, elle est également délicieuse en salade. Si vous la rincez à l'eau fraîche avant usage, elle sera un peu moins salée. Vous pouvez la conserver ainsi au réfrigérateur, dans un peu de lait.

25 JUIN

LE GÂTEAU DE MARIAGE

Dans la Rome antique, le gâteau de mariage se portait plutôt qu'il ne se mangeait. On jetait aux nouveaux mariés des grains de blé, symboles de fertilité, pour favoriser la fécondité de leur union. Plus tard, ce blé devint des petits gâteaux que l'on émiettait sur la tête de la mariée. Le couple était censé manger ces miettes, selon une tradition appelée *confarreatio*, ou « manger ensemble », origine du mot « confetti ».

En signe de prospérité, les familles aisées se mirent à empiler ces gâteaux les uns sur les autres, ce qui donna naissance au fil des siècles au gâteau de mariage en étages superposés, mais il fallut du travail pour en arriver là. Les pâtissiers durent résoudre des problèmes relevant de l'ingénierie architecturale pour que la couche supérieure soit bien soutenue par les couches inférieures. En 1840, quand la reine Victoria épousa son bien-aimé prince Albert, le gâteau servi au petit déjeuner de mariage pesait cent cinquante kilos et sa base faisait trois mètres de tour. À l'étage supérieur se dressaient trois statuettes d'une trentaine de centimètres de hauteur : Britannia bénissant les deux mariés, tous trois en costume antique.

Comme toujours, les Français ont une approche différente de celle des Anglais. Quand nous nous sommes mariés à Paris, la seule chose qui semblât appropriée était un croquembouche, pièce montée faite de macarons ou de choux caramélisés, collés à l'aide de glaçage à une haute armature conique. La découpe du gâteau ne fait l'objet d'aucune cérémonie : l'édifice est démantelé et les choux sont distribués aux invités, souvent accompagnés d'un coulis de fruits.

26 JUIN

LA RUÉE VERS L'OR

26 juin 1925 : c'est la première de *La Ruée vers l'or*, considérée comme le meilleur film comique de Charlie Chaplin, qui en est l'auteur, le réalisateur, le producteur, le compositeur et l'acteur principal. Dans un Klondike couvert de neige, lors de la Ruée vers l'or en Alaska, Chaplin joue son rôle habituel avec pantalon flottant et chaussures trop grandes, chapeau melon trop petit et

moustache en brosse à dents. Bien qu'il ne mesurât qu'un mètre soixante-six, c'était un être plus grand que nature. Sa première apparition au cinéma date de 1914, vite suivie par trente-quatre autres cette même année. Maître du comique burlesque comme du mélo déchirant, il réussit à passer du film muet au parlant. Hitler l'admirait tant qu'il tailla sa moustache en guidon de vélo pour adopter celle de Chaplin.

Dans une cabane isolée, le Petit Vagabond et le Chercheur d'or solitaire s'apprêtent à fêter Thanksgiving. Pourtant, cette journée ne diffère en rien des précédentes : ils n'ont toujours rien à manger. Avec un optimisme à toute épreuve, Charlot, en train de préparer un repas mémorable, touille quelque chose dans une marmite posée sur le fourneau. Il saisit l'objet avec une fourchette, le pose sur un plat, et Monsieur est servi : sa chaussure bouillie. Il ajoute quelques louches de « jus » puisées dans la marmite et porte cérémonieusement le plat à table. Le Chercheur d'or corpulent prend l'empeigne de la chaussure. Charlot mord délicatement dans la semelle de cuir et suce les clous comme les petits os d'une dinde rôtie. « Pas si mauvais que ça », dit-il d'une mimique avant d'enrouler un lacet autour de sa fourchette comme un spaghetti et de le mastiquer avec satisfaction.

27
JUIN

FRUITS ET FROMAGES

De même que les fruits frais vont avec certaines liqueurs, les fruits frais et certains fromages s'accordent bien ensemble.

POMME	camembert
	cheddar
	pâtes persillées
	parmigiano reggiano
	brie
BANANE	chèvres

CERISES	crema danica
FIGUE	stilton
RAISIN	camembert
	provolone
	pont-l'évêque
	appenzeller
NECTARINE	brie
ORANGE	gorgonzola
PÊCHE	triples crèmes
	gorgonzola
ANANAS	camembert
PRUNE ROUGE	appenzeller
PRUNE VIOLETTE	stilton
FRAISES	triples crèmes

28 JUIN

DEUX RÈGLES D'OR POUR LE VOYAGEUR

Pendant des années, nous avons respecté ces deux règles d'or en voyage :

- Ne restez jamais enfermé le soir : c'est la déprime assurée. Sortez, dîner dehors, promenez-vous dans les rues, respirez la vie du lieu.
- Ne mangez jamais dans un restaurant de musée.

Nous avons abandonné la seconde de ces règles après un déjeuner — recommandé par des amis — au restaurant Le Grand Louvre, alors situé sous la pyramide. La qualité de la cuisine, réalisée par André Daguin, et l'élégance du lieu nous incitèrent à essayer un autre restaurant parisien, celui du musée d'Orsay, au deuxième étage de l'ancienne gare convertie en 1986 en musée d'art moderne. Le plafond de la salle, à l'origine celle d'un palais aux fenêtres donnant sur la Seine, est couvert de fresques et de dorures, et des lustres y sont suspendus.

29
JUIN
LE BLOODY MARY

C'est probablement au Harry's Bar de Paris, bar aussi célèbre que miteux, que fut servi le premier Bloody Mary dans les années 20. Son nom fut inspiré soit par Marie Stuart, reine d'Écosse, soit par une jeune serveuse de bar de Chicago qui travaillait à l'enseigne du Seau de Sang (Bucket of Blood). La formule est simple et bien trouvée : deux parts de jus de tomate pour une de vodka, jus de citron, sauce Worcestershire, Tabasco, sel et poivre. Il est très probable qu'on lui ait prêté des vertus curatives.

Les proportions exactes dépendent du goût de chacun, mais pour 20 cl de jus de tomate, il faut 10 cl de vodka, le jus d'un demi-citron, cinq ou six traits de sauce Worcestershire, deux traits de Tabasco.

La recette a connu, depuis l'origine, bien des améliorations et beaucoup de variantes : sel au céleri, raifort frais râpé, *sweet and sour*, bouillon de bœuf et même ketchup lui ont été ajoutés en diverses quantités.

Cependant, un Bloody Mary classique a tout pour satisfaire. Et il peut être bu n'importe quand, mais il semble particulièrement bienvenu à la fin d'un petit déjeuner tardif.

30
JUIN
LE PIQUE-NIQUE

Le mot *picnic* apparaît pour la première fois dans la langue anglaise vers le milieu du XVIIIe siècle, dérivé du français *piquer*, associé à *nique*, mot désuet évoquant une petite chose sans importance. De nos jours, son sens s'est considérablement élargi, du sandwich mangé dans un parc public au barbecue de jardin, en passant par *Le Déjeuner sur l'herbe* de Manet, œuvre sophistiquée représentant deux hommes habillés, veste et cravate, assis auprès d'une femme nue et d'un panier renversé contenant du pain et des fruits. Quoi qu'il en soit, il désigne toujours un repas partagé en plein air.

Dans *Le Vent dans les saules* de Kenneth Grahame — à l'origine une série d'histoires qu'il racontait à son jeune fils Alistair — apparaît un superbe et très complet menu de pique-nique. Monsieur Rat initie son ami Taupe aux plaisirs du canotage.

> *[Il] réapparut, vacillant sous un gros panier de pique-nique en osier tressé.*
>
> *« Mets ça sous tes pieds », dit-il à Taupe en posant le panier à bord de la barque. Il détacha l'amarre et reprit les rames.*
>
> *« Qu'y a-t-il dans ce panier ? demanda Taupe, frémissant de curiosité.*
>
> *— Il y a du poulet froid, répondit Rat très rapidement ; languefroidejambonrôtidebœuffroidcornichonssaladepetitspains-sandwichaucressonpâté-bièreaugingembrelimonadeeaupétillante… »*

QUAND LE CHIEN EST MALADE

Vous pouvez leur demander tant que vous voudrez de ne pas lui donner à manger, il y en aura toujours pour penser : « Oh, juste un tout petit morceau ! » Et comme il y a trop de cœurs tendres, surtout dans un grand dîner, cela fait des chiens heureux qui deviennent vite des chiens très mal en point.

Pour remédier à cela, vous pouvez nourrir votre chien de la façon suivante pendant deux ou trois jours. En général, ça marche :

1 COMPRIMÉ (OU 1 DEMI-COMPRIMÉ) DE PEPTO-BISMOL DEUX FOIS PAR JOUR
RIZ BLANC CUIT À L'EAU
POULET POCHÉ SANS LA PEAU OU VIANDE MAIGRE

Il sera peut-être un peu difficile de faire passer le Pepto-Bismol. Il faut être plus malin que le chien.

JUILLET

▪ LE MELON ▪ LES BAGUETTES ▪ M. F. K. FISHER
▪ THOMAS JEFFERSON ▪ SYLVESTER GRAHAM
▪ LE CRABE ▪ LA MAYONNAISE
▪ L'ANNÉE DE TABLE ▪ L'AIL ▪ JULIETTE RÉCAMIER
▪ UN DÉJEUNER À NAXOS ▪ WEDGWOOD
▪ LES GLACES ▪ LA TOUR D'ARGENT
▪ LE GAZPACHO ▪ MANGER DE LA VIPÈRE
▪ LA VERRERIE ▪ LE HOMARD ▪ QUE PORTER
À TABLE ▪ CONSEILS DE GEORGE LANG POUR
UN BON DÎNER ▪ LE DAÏQUIRI
▪ LE BARBECUE ▪ LE MARTINI ▪ L'AMANT GREC
▪ LES DIFFÉRENTS TYPES DE GLACE ▪ SHAW
▪ LA SALADE FRANCILLON ▪ LA BIÈRE
▪ THE HEDGES ▪ UN DÉSASTRE
▪ GOÛTER EN CUISINANT ▪ LE SUCRE

1er JUILLET

LE MELON

« Il n'y a que deux belles choses au monde, les femmes et les roses, écrivait François de Malherbe, qu'on surnommait *le père Luxure*, et deux bons morceaux, les femmes et les melons. » Cet homme vivait avec son temps, la fin du XVIe siècle, époque où tout le monde était fou de melon, jusqu'au roi Henri IV et à son successeur Louis XIII pour qui Malherbe fut aussi poète de cour. Un document datant de 1583 décrit cinquante façons d'accommoder le melon. Presque cent ans plus tard, l'engouement général n'avait pas faibli. Un auteur anonyme notait alors qu'il n'y avait pas de repas où le melon ne figurât, « servi en pyramide et en montagne, comme s'il eût fallu en manger jusqu'à en étouffer ».

Ces melons d'antan étaient des cantaloups, acclimatés en Europe à partir de graines rapportées de Perse et plantées à Cantalupo, non loin de Rome. Les cantaloups sont la catégorie de melons la plus périssable. On trouve aussi des melons brodés et des melons d'hiver, lesquels incluent les variétés honeydew (melon vert) et casaba. Ce que les Américains appellent *cantaloupe* est en réalité un melon brodé. Les meilleurs que nous ayons jamais mangés étaient des melons de Cavaillon, qui sont des cantaloups. Petits, très sucrés et incroyablement parfumés, ils étaient adorés d'Alexandre Dumas, qui offrit à la ville de Cavaillon ses œuvres complètes — plus de trois cents volumes — en échange du privilège de s'en faire envoyer toute sa vie.

À maturité, tous les melons se détachent de leur pédoncule, ou il suffit de tirer légèrement sur celui-ci pour les cueillir. Cependant, certains sont coupés au sécateur ou détachés de la plante prématurément, et même s'ils s'assouplissent et deviennent plus juteux, ils ne mûrissent plus après récolte. Pour choisir un bon cantaloup bien mûr, vérifiez la présence de profonds sillons sur le fruit, d'une suave odeur de melon et d'une zone légèrement souple autour du pédoncule. Pour exprimer pleinement son arôme, un melon doit être servi frais mais non glacé.

2

JUILLET

LES BAGUETTES

Les baguettes à manger furent inventées en Chine il y a plus de quatre mille ans ; elles avaient probablement évolué à partir des bâtonnets utilisés pour piquer et saisir des aliments dans un récipient de cuisson. En Occident, cette fonction était assurée par le couteau, mais Confucius, estimant que les couteaux étaient des outils d'agression, fit la promotion des baguettes en conformité avec son enseignement de la non-violence. Leur nom chinois est *kuàizi*, qui signifie « petites personnes rapides », tandis que le mot anglais *chopsticks* « baguettes » dérive de *chop*, « rapide » en pidgin de Hong Kong.

L'usage des baguettes se répandit ensuite dans tout l'Extrême-Orient. Pour les riches, elles étaient en or, en argent, en ivoire ou en jade. La plupart, toutefois, étaient et sont encore en bambou, matériau abondant et bon marché, sans goût ni odeur qui risquerait de nuire à la saveur des aliments. Les Japonais, qui les fabriquaient en diverses essences de bois, les laquaient pour augmenter leur durabilité. Les baguettes en bambou jetables ne devinrent populaires qu'à la fin du XIXe siècle.

Selon la tradition, les baguettes chinoises et japonaises diffèrent par leur longueur et leur forme. Les baguettes chinoises ont environ vingt-cinq centimètres de longueur, une section carrée et le bout plat ou arrondi, tandis que les baguettes japonaises sont de section ronde avec une extrémité pointue et sont plus courtes d'environ cinq centimètres. Elles sont assez performantes pour pouvoir saisir un seul grain de riz entre leurs pointes, mais la bonne manière de manger le riz est de le pousser avec les baguettes en portant le bol près de la bouche.

L'étiquette relative aux baguettes est la suivante : ne pas gesticuler en les tenant à la main, ne pas s'en servir pour passer de la nourriture à quelqu'un d'autre. Les laisser tomber est de mauvais augure, ainsi que les laisser croisées sur le bord de son assiette, à moins qu'on ne veuille signifier au serveur que le repas est fini et qu'on attend l'addition.

3
JUILLET
M. F. K. FISHER

Le 3 juillet 1908, Mary Frances Kennedy naît à Albion, dans le Michigan. En tant que M. F. K. Fisher, nom plus masculin que féminin — Fisher était le nom de son premier mari —, elle devint le plus célèbre auteur gastronomique américain, écrivit plus de vingt livres et fut même un temps éditorialiste pour le *New Yorker*. Elle fut immensément admirée pour la pureté et la sécheresse de sa prose, et sa façon de louer la vie telle qu'elle doit être vécue et de mettre ces idées en pratique lui donne une place à part.

Comme son père était rédacteur en chef et copropriétaire d'un quotidien à Whittier (Californie), M. F. K., à l'âge de seize ans, était déjà journaliste à temps partiel. Elle apprit à écrire, en quelque sorte, comme on apprend à respirer. Jeune mariée en 1929, elle fit son premier voyage en France — qui devait être suivi de beaucoup d'autres — et, comme elle l'écrivit plus tard, « ce fut là, je le sais à présent, que j'ai commencé à grandir, à étudier, à aimer, à manger et à boire, à être moi et non ce qu'on attendait que je sois ».

Elle se maria trois fois. Son premier et son troisième mariage se conclurent par un divorce affectueux, tandis que son malheureux deuxième mariage, le plus passionné des trois, se termina par le suicide de son mari, malade et fatigué de vivre. *The Gastronomical Me*, recueil de mémoires et probablement son meilleur livre, évoque partiellement cette période et s'apparente, pour les lieux et les années décrits, aux œuvres d'A. J. Liebling et d'Ernest Hemingway. Elle déclara un jour qu'elle devait toujours écrire en s'adressant à une personne aimée, afin que son écriture sonne plus vrai, et que cette personne n'était autre que le lecteur, avec qui elle partageait une étrange intimité.

Évoquant sa première huître mangée à l'âge de seize ans et la terreur absolue que cela lui inspirait, elle écrit : « J'entends encore ma mère me dire qu'il était vulgaire, et très désagréable, de procéder avec une huître autrement qu'en l'avalant aussi vite que possible, sans même *penser*, mais que l'arrière-goût n'était pas mauvais. »

Elle eut de nombreux amis, dont Julia Child et Janet Flanner. Elle s'éteignit en Californie en 1992.

4 JUILLET

THOMAS JEFFERSON

Le 4 juillet 1826, Thomas Jefferson meurt à Monticello à l'âge de quatre-vingt-trois ans, le jour du cinquantième anniversaire de la Déclaration d'indépendance, dont il est l'auteur. Vice-président puis président, il se retirera de « cette occupation détestable qu'est la politique » et passa les dix-sept dernières années de sa vie parfaitement heureux dans sa ferme de Virginie. Il y cultivait plus de deux cent cinquante variétés de légumes, dont trente de celui qu'il aimait entre tous : les petits pois. Ceux-ci provenaient de tout le pays et du monde entier, de même que les fruits rouges, les arbres fruitiers et quelques cépages pour la viticulture. Il tenait un journal de jardinage précis jusqu'au moindre détail, notant toutes ses réussites, tous ses échecs et ses végétaux favoris, par exemple la cerise Carnation — devenue rare, si même elle existe encore —, qu'il décrivait comme « si supérieure aux autres qu'aucune autre ne mérite le nom de cerise ». Il n'en réservait pas moins ses plus vifs éloges à l'olivier, « le plus riche don que le Ciel ait fait à la terre ».

5 JUILLET

SYLVESTER GRAHAM

Le 5 juillet 1794 naissait Sylvester Graham. Deux ans plus tard, il se retrouvait orphelin en même temps que ses seize frères et sœurs. Homme de convictions ferventes, il devint pasteur comme l'avait été son père et se servit de sa chaire comme tribune pour encourager les fidèles à pratiquer le grand air et l'exercice physique. Il recommandait un programme de vie d'une grande rigueur dont la consommation de viande et d'alcool était exclue, sans oublier le sexe. Il exhortait les jeunes hommes à pratiquer la chasteté, prétendant que les relations sexuelles provoquaient le choléra, voire pire, la folie, et que chaque éjaculation raccourcissait un peu plus leur existence.

Sous d'autres aspects, il était en avance sur son temps. Il était convaincu que la plupart des troubles digestifs dont souffraient les Américains vers le milieu du XIXe siècle étaient dus à la farine blanche raffinée. Il recommanda donc une alimentation à base de son et de blé grossièrement concassé. Ce type de farine n'était pas nouveau, mais la foi intense qu'avait Graham en ses vertus attira sur elle l'attention du public. Graham créa un biscuit à base de cette farine, y ajoutant de la mélasse. Le Graham Cracker existe encore de nos jours, essentiellement fabriqué selon la même recette.

6 JUILLET

LE CRABE

John Hay, secrétaire d'État sous la présidence de William McKinley puis de Theodore Roosevelt et ambassadeur des États-Unis en Grande-Bretagne, écrivait qu'il y avait au monde trois créatures qui avaient l'air de s'approcher de vous en s'éloignant et de s'éloigner de vous en s'approchant : le diplomate, le crabe et la femme.

Les crabes, en réalité, se déplacent de côté. Il en existe plus de quatre mille espèces, dont la plus grande est le crabe araignée géant du Japon, dont l'envergure peut atteindre quatre mètres. Et tous les crabes, y compris les crabes de terre, naissent dans la mer.

Le crabe, comme le homard, possède un exosquelette, ce qui signifie que ses os ne sont autres que sa carapace, et de temps à autre il se livre à un impressionnant combat qui consiste à se libérer de cette carapace devenue trop petite, puis à se cacher en attendant que la prochaine se constitue. Les crabes mous, ou crabes en mue, sont pêchés durant cette période intermédiaire.

Sur la côte pacifique des États-Unis, les crabes les plus appréciés sont le crabe dungeness et le crabe royal d'Alaska. En Floride et autour du golfe du Mexique, on aime le *stone crab* ou crabe caillou, et sur la côte Est le crabe bleu, *Callinectes sapidus*, dont la première partie du nom signifie « beau nageur », titre choisi par William Warner pour le meirveilleux livre qu'il écrivit sur cette espèce. Dommage qu'ils soient si délicieux à manger.

7

JUILLET

LA MAYONNAISE

Pendant le premier été que nous avons passé ensemble, dans une maison de plage qu'on nous avait prêtée au nord de Los Angeles, nous faisions beaucoup de mayonnaise. C'était avant qu'on commençât à se méfier des œufs crus pour des raisons sanitaires, et dans un logis doté d'une cuisine rudimentaire. À l'époque, il nous semblait plus authentique — et plus athlétique — de battre le jaune d'œuf, l'huile et le jus de citron à la main au lieu de simplement acheter un batteur électrique. Goutte à goutte, nous versions l'huile dans la mixture jusqu'à ce que celle-ci devînt onctueuse, lisse et, pour finir, épaisse. Nous l'utilisions dans la salade russe, pour lier ensemble les légumes cuits : petits dés de carotte, de betterave, de pomme de terre, ainsi que petits pois et haricots. Proche de l'océan et dotée d'un court de tennis, notre maison attirait bien des visiteurs pour le déjeuner et l'après-midi.

Selon l'écrivain Ambrose Bierce, la mayonnaise était « une des sauces qui servent aux Français de religion d'État ». Son origine est nébuleuse, mais très certainement française. Son étymologie la plus simple la fait provenir de *moyeunaise*, *moyeu* désignant le jaune d'œuf en ancien français. Ou peut-être de *manier*, dans le sens de « manipuler », « malaxer ».

D'autres théories ont trait à des victoires militaires, une des plus anciennes remontant à 1589. Une autre affirme que la sauce ne reçut son nom que deux siècles plus tard, pendant la guerre de Sept Ans, en l'honneur de la victoire de Port-Mahon, dans les Baléares, remportée par le colonel de Rochambeau. Son chef, le maréchal de Richelieu, aurait ordonné qu'on fêtât cette victoire par un dîner. Pour l'occasion, le chef aurait inventé une nouvelle sauce, baptisée *mahonnaise* en allusion à la ville conquise. Dans son *Grand Dictionnaire de cuisine*, Alexandre Dumas, dont l'exactitude n'était pas toujours à la hauteur de sa vive imagination, établit aussi une relation entre mayonnaise et Richelieu, avançant que la sauce aurait reçu le nom de *momonnaise* en l'honneur du duc après sa capture du général Mamon.

Aujourd'hui comme hier, le secret est d'avoir tous les ingrédients à température ambiante.

MAYONNAISE

2 ŒUFS

1 CUILLERÉE À CAFÉ DE SEL FIN

1 DEMI-CUILLERÉE À SOUPE DE MOUTARDE EN POUDRE

40 CL D'HUILE D'OLIVE

6 CL DE JUS DE CITRON OU DE VINAIGRE DE VIN

À l'aide d'un fouet (ou d'un batteur électrique), battez les jaunes d'œufs jusqu'à ce qu'ils épaississent, puis ajoutez le sel et la moutarde en poudre. Incorporez l'huile d'olive goutte à goutte sans cesser de battre, en prenant soin de bien mélanger entre chaque ajout d'huile. Si vous versez trop d'huile d'un coup, la mayonnaise tournera. Quand elle est assez épaisse, incorporez le jus de citron ou le vinaigre jusqu'à obtenir la consistance souhaitée. Pour environ 500 grammes.

8 JUILLET

L'ANNÉE DE TABLE

Dans l'Égypte ancienne, le mariage était suivi d'une période de probation qui ne concernait pas seulement la chambre à coucher mais aussi la table. On l'appelait « l'année de table » (littéralement « l'année du manger »), à la fin de laquelle les jeunes mariés pouvaient se séparer ou continuer leur vie de couple. Il semble que la décision finale reposait sur le fait que le couple passait, pendant la journée, plus de temps ensemble à table qu'au lit, et que leur compatibilité mutuelle se mesurait à ce critère.

9 JUILLET

L'AIL

En 1796, lorsque Amelia Simmons rédigea le premier livre de cuisine d'Amérique du Nord, elle écrivit : « l'ail, bien que les Français s'en servent, est plus adapté aux usages de la médecine que de la cuisine ».

Elle ne faisait que refléter un phénomène bien connu de tous depuis plusieurs millénaires, bien qu'encore aujourd'hui on ne sache pas très bien ce qui rend l'ail efficace contre la lèpre, les maladies cardiaques, le rhume, le mal de tête et même certains cancers. Dans la Grèce antique, on lui attribuait aussi des vertus fortifiantes : les soldats en mangeaient avant la bataille et les athlètes avant les compétitions sportives.

L'ail, le plus puissant des membres de la famille de l'oignon, n'est pas seulement consommé depuis l'Antiquité mais sert aussi à maints usages, de l'embaumement des morts à la protection contre les vampires. Parfois surnommé « la rose puante », il a, à certaines époques, représenté le summum de la sophistication tandis qu'à d'autres il constituait une marque distinctive des classes inférieures.

On le récolte une seule fois par an, à la fin du printemps ou au début de l'été, et l'ail nouveau est si doux qu'on peut le manger cru. En vieillissant, il durcit et devient plus fort. L'ail blanc acheté au supermarché se conserve environ six mois. Mais dès que les gousses commencent à se tacher ou à se ramollir, elles deviennent inutilisables. Et même avant cela, le germe vert qui se développe au cœur de la gousse doit être retiré afin d'éviter qu'il ne communique de l'amertume aux plats.

10

JUILLET

JULIETTE RÉCAMIER

En 1792, à quinze ans, Juliette Bernard épouse un riche banquier du nom de Récamier qui a presque trois fois son âge. C'est un mariage arrangé : au lieu de se dévouer à son mari, la jeune épouse se consacrera au salon très fréquenté qu'elle tiendra plus tard et qui attirera d'importantes figures du monde littéraire et politique. Beaucoup tomberont amoureux d'elle ; sur les portraits que David et Gérard ont faits d'elle, elle apparaît charmante et pleine de séduction, bien qu'elle n'eût en réalité que peu d'intérêt pour les plaisirs de la chair.

À quarante ans, à son tour, elle tombe amoureuse pour la première fois, et c'est du vicomte François René de Chateaubriand, fondateur du romantisme français en littérature. Comme son mari vient alors de faire banqueroute — une fois de plus —, elle prend ses quartiers dans un couvent du faubourg Saint-Germain où Chateaubriand lui rend visite quotidiennement pour lui lire quelques passages des mémoires qu'il est en train d'écrire. Un jour, elle tombe si malade que la fin semble proche. Elle refuse toute nourriture, mais on réussit à la persuader de reprendre quelques forces en lui présentant un bol de pêches fraîches à la crème. Cet instant marque le début de son rétablissement, et elle vivra jusqu'à soixante-douze ans.

11

JUILLET

UN DÉJEUNER À NAXOS

Nous avons déjeuné dans un petit village de montagne appelé Kata Potamia, à la terrasse d'un café qui offrait une vue sur des collines fauves brûlées par le soleil. Les tables étaient disposées sous des arbres aux troncs blanchis à la chaux. Marchant depuis 8 heures du matin sur des chemins escarpés bordés de murets de pierre, nous avions traversé d'autres villages et des oliveraies où paissaient quelques chèvres, et n'avions rencontré que deux ou trois vieux messieurs et leurs ânes. Pas un seul randonneur à part nous. Nous avions en quelque sorte toute l'île pour nous seuls. Le serveur nous apporta des omelettes, une salade grecque et des pommes de terre frites si chaudes que nous pouvions à peine les croquer. Le chant des cigales s'amplifiait parfois jusqu'au vacarme, s'élevant brusquement pour se calmer ensuite, tel le passage d'un train. Nous étions assis juste en dessous de l'église, vieille et blanche comme toutes les autres bâtisses, et à midi sa cloche sonna. On aurait dit le son d'un marteau frappant un poêle en fonte, il n'y avait aucune réverbération. Nous entendions le serveur et la cuisinière parler dans la cuisine. Le soleil était féroce, mais pas sous les arbres. L'addition pour nous trois fut de 4 600 drachmes, environ 11 dollars. Ce déjeuner valait bien davantage.

12

JUILLET

WEDGWOOD

Josiah Wedgwood naquit le 12 juillet 1730 en Angleterre, à Burslem (Staffordshire), dans une famille de potiers. À l'âge de neuf ans, il commença à travailler dans la fabrique de son frère, et avant trente ans, il avait déjà fondé la sienne. Plus tard, il adjoignit à cette fabrique un village entier pour ses ouvriers qu'il baptisa Etruria. Il s'y trouvait des écoles, preuve de son attention au bien-être de ses employés.

Les céramiques bleu pâle de Wedgwood, immédiatement reconnaissables aux blanches silhouettes antiques qui se détachent en relief sur un fond de couleur unie, étaient une innovation considérable en comparaison de la poterie purement utilitaire que l'on produisait jusqu'alors. En plus de ses créations novatrices et de ses autres réalisations décoratives, Josiah Wedgwood fit passer un artisanat d'importance secondaire au statut d'industrie de premier plan, plaçant la barre très haut en matière de savoir-faire. Son associé, Thomas Bentley, excellait dans l'art de la promotion. Ensemble, ils commercialisèrent leur élégante vaisselle et divers objets décoratifs auprès des classes supérieures. Une de leurs collections fut rebaptisée Queen's Ware (Céramique de la reine) après que la reine Charlotte en eut fait l'achat. Wedgwood créa aussi tout un service de table pour la Grande Catherine.

Ses motifs sont encore réalisés par ses descendants, mais Wedgwood a laissé beaucoup plus qu'une entreprise prospère et une élégance nouvelle dans l'art de la table. Un de ses petits-fils s'appelait Charles Darwin, qui avait lui aussi quelques idées originales de son cru.

13

JUILLET

LES GLACES

L'empereur Néron, habitué à toujours obtenir ce qu'il désirait, envoyait des coureurs dans les Alpes pour rapporter de la neige à Rome. Ses cuisiniers l'aromatisaient ensuite avec des purées de fruits pour confectionner des sortes de sorbets. Après la chute de l'Empire romain, la recette fut oubliée, jusqu'à ce que Marco Polo, au XIIIe siècle, redécouvrît une préparation similaire dont il introduisit la recette en Italie. Doté de ce double héritage, le *sorbetto* italien pourrait être considéré comme le meilleur du monde s'il n'y avait pas la France. Lorsque Catherine de Médicis, venue d'Italie épouser Henri II, apporta dans ses bagages les recettes de ses plats favoris, les graines de ses légumes préférés et jusqu'à ses cuisiniers personnels, elle n'avait pas oublié d'y mettre l'art du dessert glacé.

Les glaces et les sorbets de Berthillon représentent la forme la plus achevée de ces desserts. Leurs nombreux parfums s'achètent un peu partout à Paris, mais surtout sur l'île Saint-Louis, à un petit guichet identifiable à la longue file d'attente qui s'étend sur le trottoir. À l'âge d'à peine un mois, notre fils goûta pour la première fois le sorbet à la poire, qui apparaît comme l'essence même de ce fruit. Depuis, il raffole des poires.

À moins que ce ne soit dans les gènes. Jusqu'à la Seconde Guerre mondiale, le grand-père de Kay fut propriétaire d'une crèmerie. Bien avant que l'on se souciât de cholestérol, il vantait la richesse en crème de ses glaces. Durant sa jeunesse, son fils lui donnait un coup de main, ce qui fit de lui un élément indispensable des réunions gourmandes entre adolescents. Il courtisa la mère de Kay en apportant des glaces à chacune de leurs rencontres.

14

JUILLET

LA TOUR D'ARGENT

L'histoire de la Tour d'Argent, le plus ancien restaurant de Paris, remonte au XVIe siècle. C'était alors une auberge où Henri IV, le Vert Galant, venait dîner de pâté de héron. Plus tard, le cardinal de Richelieu et Mme de Pompadour y dînèrent aussi.

La Tour d'argent, en tant que restaurant, n'existe toutefois que depuis 1780. Depuis, les têtes couronnées d'Europe et toute sorte de célébrités l'ont fréquentée. La vue panoramique que l'on découvre de la grande baie vitrée au dernier étage, au-dessus de la Seine, est éblouissante. Notre-Dame, la plus fameuse cathédrale de France, s'offre à vos yeux. L'addition, elle aussi, peut être éblouissante.

Tel un vignoble de grand cru, le restaurant appartient au même propriétaire depuis longtemps. Sa spécialité, le canard au sang, y est servie depuis plus d'un siècle. Les quenelles de brochet sont une autre de ses spécialités ; elles se composent de chair de brochet, de farine, de beurre et d'œufs. La cave contient tous les plus grands vins de France.

15

JUILLET

LE GAZPACHO

Le gazpacho était autrefois un plat de pauvre, un plat de paysans qui l'emportaient avec eux pour travailler dans les champs d'Andalousie. À l'origine, il était simplement composé de pain, d'eau et d'huile d'olive mélangés en une sorte de pâte. Plus tard, on y mit des légumes et il devint une soupe, toujours servie froide de nos jours comme pour lutter contre les chaleurs torrides de l'été espagnol.

On en trouve autant de variantes qu'il y a de régions en Espagne, mais le gazpacho classique provient de la région de Séville et de Cordoue. Dès le Moyen Âge, au mélange de pain, d'huile et d'eau, on ajouta du concombre et de l'ail coupés en petits dés, ainsi que des tomates. Quand Christophe Colomb eut rapporté le piment du Nouveau Monde, on l'ajouta aussi à la recette[1]. La soupe obtenue ne se répandit pas dans le reste de l'Europe et aux États-Unis avant le XIXe siècle.

Actuellement, certaines recettes régionales peuvent inclure de la mayonnaise, des amandes, des grains de raisin, des anchois, des haricots verts et des blancs d'œufs. Certains gazpachos sont mixés, d'autres se composent d'ingrédients distincts, flottant dans le jus de base. Et parfois aussi, on a une combinaison des deux, par exemple la recette de notre amie espagnole Corina

1. La tomate citée à la phrase précédente fut elle aussi rapportée du Nouveau Monde et constitue donc un ajout tardif à la recette du gazpacho.

Arranz, qui a mis vingt ans à la porter à la perfection. Sa sœur la sert en été dans son restaurant au village de Vallelado, près de Ségovie.

GAZPACHO

2 KG DE TOMATES MÛRES
1 PETIT CONCOMBRE
1 PETIT POIVRON VERT
1 DEMI-OIGNON DE TAILLE MOYENNE
1 DEMI-GOUSSE D'AIL
25 CL D'HUILE D'OLIVE VIERGE
2 CUILLERÉES À SOUPE DE VINAIGRE DE VIN ROUGE
1 TRANCHE DE PAIN RASSIS DE 10 CM DE CÔTÉ ENVIRON
(PAIN DE CAMPAGNE OU BAGUETTE)
SEL
LA GARNITURE :
1 PETIT CONCOMBRE ÉPLUCHÉ, ÉPÉPINÉ ET COUPÉ EN PETITS CUBES
2 PETITES TOMATES PELÉES, ÉPÉPINÉES ET COUPÉES EN PETITS CUBES
1 POIVRON VERT COUPÉ EN PETITS CUBES
1 PETIT OIGNON COUPÉ EN PETITS CUBES
PETITS CUBES DE PAIN FRAIS LÉGÈREMENT GRILLÉS AU FOUR

Épluchez les tomates et le concombre et coupez-les en tranches. Taillez les tomates, le concombre, le poivron vert, l'oignon et l'ail en morceaux, réunissez-les dans le bol d'un blender avec l'huile d'olive, le vinaigre et le sel. Mixez jusqu'à obtention d'un mélange homogène et goûtez-le ; rectifiez la quantité d'huile, de sel ou de vinaigre si nécessaire.
Placez le pain dans une assiette creuse contenant de l'eau froide. Lorsqu'il est bien imbibé, essorez-le dans votre main, ajoutez-le au contenu du blender et mixez de nouveau.
Gardez cette soupe au moins deux heures au réfrigérateur. Au moment de servir, vous pouvez ajouter quelques glaçons pour rafraîchir encore le mélange, mais retirez-les avant de servir. Disposez les garnitures sur la table séparément dans des petits bols : les convives pourront en ajouter une cuillerée à soupe de chaque à leur bol de soupe s'ils le désirent. Pour six à huit personnes.

16 JUILLET

MANGER DE LA VIPÈRE

Nés sans pattes, se mouvant gracieusement par la seule action de leur corps souple, les serpents sont depuis toujours craints et détestés par la plupart des hommes. Ils sont aussi, venimeux ou non, consommés par eux partout où ils existent. Et certains disent même que les espèces venimeuses sont les meilleures.

Il y a deux mille ans, les Chinois les consommaient séchés. Boa constrictor, cobra, python, serpent à sonnette, tous passent à la casserole. Le serpent à sonnette ou crotale, assez souvent consommé dans le sud-ouest des États-Unis, est censé avoir le goût de poulet. Le python, lui, est comparé à un intermédiaire entre le poulet et le thon.

En Angleterre existe une longue tradition du bouillon de vipère, et les cures de vipère étaient à la mode en France jusqu'au XVIIIe siècle. Elles étaient réputées bénéfiques pour la santé et la beauté. Mme de Sévigné encourageait sa fille à faire un mois de cure de vipère chaque année.

Un été, nous avions loué une grande maison près de Chinon. Le jardinier nous recommandait de faire attention aux vipères sur le vaste terrain. Il y en avait beaucoup, nous disait-il, mais si elles nous entendaient venir, elles s'enfuiraient. Le truc était de porter une clochette autour de la cheville. Cela nous parut être une précaution excessive. Nous craignions aussi qu'il se moquât ainsi des étrangers stupides que nous étions. Nous nous sommes donc passés des clochettes et personne ne fut mordu.

17 JUILLET

LA VERRERIE

Posséder du verre, dans l'Angleterre du XVIIIe siècle, était considéré comme un luxe, et les fenêtres étaient si lourdement taxées que beaucoup de gens les muraient. En ce qui concerne les verres de table, le mal était moindre : ces ustensiles étant taxés au poids, ce mode de taxation donna lieu à la fabrication des verres le plus légers possible, souvent dotés de pieds fins et délicats.

Pour des raisons économiques, l'Irlande était dispensée de cette taxe. C'est donc dans ce pays que la fabrication du cristal ou verre au plomb, inventé par l'Anglais George Ravenscroft vers 1675, prospéra dans des villes côtières telles que Waterford et Cork, où le combustible, en l'espèce le charbon, était abondant et peu coûteux. En 1783, George et William Penrose fondèrent la cristallerie de Waterford où ils appliquèrent les techniques de Ravenscroft. Leur fabrique prospéra pendant plus de soixante-cinq ans avant de succomber sous le poids d'une loi fiscale qui s'étendit à l'Irlande en même temps que la grande famine ravageait le pays, obligeant de nombreux travailleurs qualifiés à s'exiler. La cristallerie de Waterford ne rouvrit pas ses portes avant cent ans.

18

JUILLET

LE HOMARD

Le homard commence sa vie en tant qu'œuf fertilisé parmi les quelque dix mille à vingt mille que le homard femelle pond lentement dans l'eau de mer. Les œufs éclosent, libérant des larves d'environ huit millimètres de longueur qui nagent plusieurs semaines entre deux eaux, à quelques pieds de la surface, proies innocentes des poissons et des oiseaux de mer. Les survivants deviennent d'excellents nageurs et se dirigent vers les fonds marins, à la recherche d'une cachette appropriée.

C'est ainsi que vivent les jeunes homards pendant plusieurs années, dans des petits tunnels ou des crevasses de rocher, cachés sous les algues et s'aventurant rarement à l'extérieur. Maintes fois au cours de leur croissance, ils muent, abandonnant leur carapace pour s'en constituer une autre. Adultes, ils mueront une fois par an, couchés sur le côté, courbant et cambrant leur corps pour s'extraire de leur vieille coquille qu'ils mangent ensuite pour favoriser la pousse de la nouvelle.

Le homard croît plus vite en eau chaude qu'en eau froide. Dans les eaux glaciales de l'Atlantique Nord, un homard peut avoir besoin de six ou sept ans pour peser une livre et atteindre la taille minimale de pêche. Les mâles grandissent plus vite que les femelles et leurs pinces sont plus grosses. Chez les femelles, c'est la queue qui est plus grosse (il s'agit de l'abdomen).

Le homard adulte est une créature fabuleuse et impressionnante, de couleur bleu sombre ou verdâtre. Il a des mœurs nocturnes et solitaires, et un sens du territoire très développé. Les mâles, comme c'est le cas pour de nombreuses espèces de mammifères ou d'oiseaux, se battent pour établir leur domination, et les femelles recherchent les mâles les plus grands et les plus forts.

L'accouplement a lieu juste après la mue de la femelle. C'est un acte d'une douceur surprenante, où le mâle retourne avec grand soin le corps non protégé de la femelle. Les homards américains et les homards européens appartiennent tous à la même espèce, quoique ceux d'Amérique atteignent des tailles légèrement supérieures. Les langoustes, dépourvues de pinces et plus communes dans les eaux tropicales, ne sont pas des homards, bien qu'elles soient désignées comme tels en anglais (*lobster*). Il arrive que le cabillaud et le flet mangent de jeunes homards, mais l'ennemi numéro un de l'espèce, c'est l'homme.

Vous ne verrez dans le commerce que des homards malchanceux, qui se sont fait prendre et sont destinés à être mangés.

Pour choisir un homard :

- Recherchez les plus vifs, ceux qui battent de la queue et remuent des pinces.

- Entre plusieurs homards de la même taille, les plus lourds contiennent plus de chair.

■ Assurez-vous que la carapace soit bien dure : les carapaces solides viennent des eaux les plus froides et contiennent la chair la plus ferme et la plus délicieuse. Évitez les homards à carapace souple ; c'est un signe de mue proche, et la chair sera aqueuse et peu agréable.

19

JUILLET

QUE PORTER À TABLE

Les Romains, comme les Grecs, changeaient de chaussures avant de passer à table, mais ils se changeaient aussi entièrement et revêtaient une tunique pour l'occasion. Des musiciens jouaient aux moments où l'on apportait les plats.

En France, avant le XVIIe siècle, on portait un chapeau à table. Même de nos jours, dans le monde occidental, les dames qui viennent en chapeau le gardent pour manger. Soit dit en passant, les Français sont censés garder les mains toujours visibles durant un repas, tandis que les Anglais les posent sur leurs genoux.

Les serviettes de table sont un développement assez récent. Au Moyen Âge, on s'essuyait la bouche avec la nappe. La serviette attachée autour du cou est pratique mais inélégante, sauf lorsqu'on sert un crustacé tel que le homard. Cette pratique est toutefois le signe d'un convive grave, généralement âgé et de dimension imposante, tel un dessin de Daumier.

« Tenue de soirée » signifie noir et blanc : smoking et cravate noire pour les hommes, et robe du soir — pas obligatoirement noire et blanche — pour les femmes. On voit de telles tenues dans les films des années 20 et 30. Il y a longtemps, les agents de police qui officiaient dans les quartiers chic de l'Upper East Side à New York savaient nouer un nœud papillon aux jeunes hommes inexpérimentés incapables de le nouer correctement.

20
JUILLET

CONSEILS DE GEORGE LANG POUR UN BON DÎNER

George Lang[1], restaurateur et auteur de *Nobody Knows the Truffles I've Seen*, préconisait un certain nombre de règles pour réussir une réception à dîner. En voici quelques-unes :

- Essayez de donner l'impression que votre réception est la première et la dernière que vous donnerez jamais, et non une parmi beaucoup d'autres.
- Servez des plats que les gens connaissent, mais non des plats ordinaires.
- Réalisez le plan de table de façon que tout le monde ait un voisin intéressant pour une raison ou une autre : intérêt commun, décolleté profond…
- Invitez de belles femmes.
- Choisissez les vins avec soin, car ils sont un indicateur infaillible de l'importance que l'hôte donne à l'événement.

21
JUILLET

LE DAÏQUIRI

Ernest Hemingway est né le 21 juillet 1899. Dans son œuvre, il a glorifié Paris, la corrida, l'Afrique, Key West et l'Espagne, ainsi que Cuba et son cocktail classique, le daïquiri. Les meilleurs rhums cubains sont légers et sont produits autour de Santiago de Cuba. Le daïquiri semble avoir été également créé dans cette région vers 1900, lorsque les ingénieurs des mines nord-américains venaient se rafraîchir au bar de l'hôtel Venus à la fin d'une journée torride. Ils buvaient un mélange de rhum, de jus de citron vert, de glace et de sucre qui prit le nom de la mine de fer toute proche : Daiquiri.

1. Restaurateur new-yorkais d'origine hongroise (1924-2011). *Nobody Knows the Truffles I've Seen* (calembour sur *truffles* et *troubles*) est son autobiographie, publiée en 1998.

Voici la version du bar El Floridita, à La Havane, sur lequel régnait Hemingway :

DAÏQUIRI

LE JUS DE 1 DEMI-CITRON VERT
1 CUILLERÉE À CAFÉ DE SUCRE
5 CL DE RHUM PEU CORSÉ
1 TRAIT DE MARASQUIN
25 CL DE GLACE PILÉE

Dans un shaker, secouez tous les ingrédients sauf le rhum. Ajoutez le rhum et secouez jusqu'à ce qu'une écume apparaisse. Filtrez, servez. Pour un verre.

22 JUILLET

LE BARBECUE

Naguère, quand la viande grillée noircissait parce qu'elle avait cuit trop près des braises, nous disions en plaisantant que les parties brûlées étaient une bonne source de fibres. Pourtant, on a découvert récemment que les dangers du barbecue incluent la consommation de ces parties grasses et carbonisées. C'est en effet dans celles-ci que se forment les composants chimiques appelés HCA qui provoquent le cancer chez des animaux de laboratoire. Plus la viande est grasse, plus elle est cuite et plus forte est la chaleur, plus elle contient de ces substances carcinogènes. Il est plus sain de dégraisser la viande et de la manger peu cuite (à l'exception du poulet) ou juste à point que de la surcuire.

Un des moyens les plus efficaces de diminuer la quantité de HCA (pour des raisons encore inconnues) est de faire mariner viande, poulet ou poisson au minimum quinze minutes ou, mieux, une heure. Mais n'oublions pas que les marinades du commerce contiennent du sucre ou du sirop de maïs, qui se carbonisent en présence d'une flamme. Le mieux est d'utiliser une marinade contenant peu d'huile et beaucoup de vinaigre, de jus de citron, ou une marinade teriyaki. N'arrosez pas la viande de la marinade dans laquelle elle a reposé ; réservez-en plutôt un peu pour vous en servir pendant la cuisson.

23
JUILLET
LE MARTINI

Le critique et éditeur Bernard DeVoto l'appelait « le cadeau suprême de l'Amérique à la culture mondiale ». E. B. White admettait qu'il en buvait comme d'autres prennent de l'aspirine. Et tout bien considéré, un dry martini bien préparé, servi très froid et sans glaçons dans un vrai verre à martini, évasé sur un pied fin et grêle, représente toujours un point de rupture au cours de la journée ou de la soirée. On ne connaît pas avec certitude l'origine de son nom ; certains dévots lui donnent des surnoms affectueux tels que *see-through* (le transparent), *silver bullet* (balle d'argent) ou, comme l'appelait le peintre Sheridan Lord qui en buvait un chaque soir, « direct du droit au cœur ».

Il s'agit toujours dans ce cas de martinis au gin, bien entendu. Il en existe d'autres, dont certains très créatifs, mais toujours inférieurs. Il serait difficile de dire que les instructions que vous trouverez ci-après permettent d'obtenir le meilleur martini de tous les temps, mais il est très probable que vous soyez amené à le penser.

D'abord, prenez un bon gin anglais — les meilleurs étant Beefeater ou Tanqueray, tous deux titrant 47 degrés d'alcool. Pour le vermouth blanc sec, il faut du Noilly Prat ou du Martini & Rossi, quoique le Tribuno ou le Stock donnent aussi de bons résultats. Le vermouth est un vin blanc fortifié titrant environ 18 degrés et qui, une fois ouvert, s'évente vite à moins d'être réfrigéré. Même dans ces conditions, il ne se garde pas longtemps ; il est donc conseillé de l'acheter en petites bouteilles.

Dans un verre à mélange ou dans un shaker, déposez de six à huit cubes de glace dure que vous aurez cassés à la main (placez le cube dans le creux de votre main et fendez-le d'un coup sec avec une cuillère lourde). Il est important que la glace soit concassée afin qu'elle présente autant de surface que possible au gin et au vermouth — le martini est, et doit être, un cocktail légèrement dilué.

Sur cette glace, versez un bouchon ou un bouchon et demi de vermouth. Ajoutez du gin de façon à remplir le verre ou presque. La mesure dépend de l'expérience, mais cela fait à peu près 15 centilitres. Mélangez ou secouez jusqu'à ce que le contenu soit bien froid. Un martini qui n'est pas absolument glacé est un échec. (Vous pouvez mettre les verres au congélateur avant de préparer le cocktail, mais ce n'est pas essentiel.)

Répartissez le cocktail dans les verres sans y mettre de glace. Les verres doivent être remplis presque à ras bord. Ajoutez une olive, une seule, verte, non aromatisée, dénoyautée — ou une lanière de zeste de citron d'environ 4 cm de longueur, après l'avoir adroitement pressée entre vos doigts pour projeter un peu d'huile essentielle sur le cocktail —, ou un petit oignon au vinaigre (ce qui, techniquement, transforme le martini en gibson). La question de l'olive ou de l'oignon est très importante, car l'un ou l'autre aromatise le breuvage. Pour les oignons, je préfère la marque B & G et j'ajoute toujours un peu de leur jus au cocktail avant de le mélanger.

Tout martini est une création, un travail entièrement manuel ; il est préférable de ne pas en faire plus de deux à la fois. Il est également préférable de n'en boire qu'un, autrement tout devient flou. Comme disait James Thurber, « Un martini, ça va ; deux, c'est trop, et trois, ce n'est pas assez. » Dès la première gorgée, l'arôme du cocktail et son goût net et puissant produisent une extraordinaire sensation de bien-être qui peut se prolonger plus d'une heure.

Ne préparez jamais le martini à l'avance, cette merveilleuse fraîcheur en serait absente. Toujours selon DeVoto : « Conserver un martini au réfrigérateur, c'est tout aussi impossible que d'y conserver un baiser. »

Et voici enfin un dernier secret, peu conventionnel : secouez un flacon de sauce Worcestershire de marque Lea & Perrins, puis retirez rapidement le bouchon et laissez-en tomber le contenu — moins qu'une goutte — au fond du shaker avant la préparation. C'est la touche, imperceptible, indécelable, de grandeur.

J. S.

24 JUILLET

L'AMANT GREC

Nuit d'été. Soupe froide à la tomate, maïs frais et salade de bœuf grillé. La conversation porte sur une très belle femme de notre connaissance qui a plus ou moins rompu avec son amant grec mais qui lui rend encore visite de temps à autre dans la petite ville du Péloponnèse où il possède une maison. Quand il l'invite, il précise qu'ils vont passer des moments inoubliables et qu'ils ne coucheront même pas ensemble, « sauf en cas d'absolue nécessité ».

25 JUILLET

LES DIFFÉRENTS TYPES DE GLACE

Une crème glacée se compose de lait, de crème, de jaunes d'œufs et d'arômes. Elle doit son onctuosité et la richesse de son goût à sa haute teneur en corps gras. Lors du turbinage, l'air incorporé dans la masse est ce qui l'empêche de devenir un bloc de glace compact, mais la quantité d'air est limitée par la loi. En Italie, le *gelato* contient moins d'air que l'*ice cream* américain ou la glace française. Il est très onctueux, jamais trop sucré.

L'*iced milk*, spécialité nord-américaine, est essentiellement un sorbet auquel on a ajouté du lait. Il contient plus de matière grasse et d'air que la crème glacée, ce qui lui donne une texture plus légère. Souvent, il contient aussi davantage de sucre. Il fut inventé en Arabie sous le nom de *sharbah*, ce qui donna plus tard les termes *sherbet* et « sorbet ».

Dans la glace au yaourt, comme son nom l'indique, le yaourt remplace le lait et la crème. On lui prête des vertus diététiques supérieures à celles de la crème glacée, principalement à cause des bactéries du yaourt, mais celles-ci sont pour la plupart détruites par la congélation.

Un sorbet est à base de purée ou de jus de fruit et de sirop de sucre. Les sorbets français contiennent moins de sucre que les sorbets américains et leur goût de fruit est plus intense, tandis que les *sorbetti* italiens sont plus sucrés. Autre spécialité glacée italienne : le *granita* ou granité, moins sucré et plus granuleux.

26
JUILLET

SHAW

Le 26 juillet 1885, George Bernard Shaw fête son vingt-neuvième anniversaire en perdant sa virginité auprès d'une veuve plus âgée que lui de quinze ans. Quelque temps plus tard, Shaw est invité à un élégant dîner londonien où, selon la coutume, les invités sont priés de porter un toast à un sujet particulier et de prononcer un discours. Quand vient son tour, on lui demande de porter un toast sur le sexe. Shaw se met debout, élève son verre et commence : « Cela me donne énormément de plaisir. » Puis il se rassied.

27
JUILLET

LA SALADE FRANCILLON

Alexandre Dumas fils, enfant illégitime du grand romancier et de la couturière Marie-Catherine Labay, naît à Paris le 27 juillet 1824. Dumas fils, ainsi qu'on l'appellera toujours, est lui aussi écrivain, célèbre pour sa pièce à succès *La Dame aux camélias*. Partiellement autobiographique, elle relate son amour de jeunesse pour la jeune courtisane Marie Duplessis. Connue en anglais sous le titre *Camille*, avec un rôle-titre convoité par bien des actrices, elle a inspiré à Verdi son opéra *La Traviata*. Marie

Duplessis mourut de tuberculose en 1847, mais les mots qu'elle a inspirés vivent encore.

Dans une autre de ses pièces, *Francillon*, Dumas fils fait donner par un de ses personnages la recette d'une salade au succès garanti. Hâtivement notée par des spectateurs dans la salle, elle devint très vite populaire au menu des restaurants parisiens sous le nom de salade Francillon. La version originale contient des lamelles de truffes qui sont omises de la recette suivante :

SALADE FRANCILLON

5 OU 6 POMMES DE TERRE À CHAIR FERME
1 CUBE DE BOUILLON DE BŒUF
HUILE D'OLIVE EXTRA-VIERGE
VINAIGRE DE VIN
35 CL DE CHABLIS (ENVIRON)
SEL ET POIVRE À VOLONTÉ
CIBOULETTE À VOLONTÉ
PERSIL À VOLONTÉ
ROMARIN À VOLONTÉ
40 À 50 G DE BEURRE
1 BRANCHE DE CÉLERI
1 LIVRE DE MOULES FRAÎCHES, GRATTÉES ET LAVÉES

Commencez la préparation environ une heure et demie avant de servir. Faites cuire les pommes de terre dans l'eau additionnée du cube de bouillon. Laissez refroidir, puis pelez les pommes de terre et coupez-les en rondelles de 5 mm d'épaisseur. Assaisonnez d'une vinaigrette composée de trois parts d'huile d'olive pour une part de vinaigre. Ajoutez à peu près 10 cl de chablis, les herbes ciselées, sel et poivre. Mélangez avec précaution et laissez mariner.

Dans une grande casserole, réunissez le beurre, la branche de céleri, 25 cl de chablis et les moules nettoyées. Couvrez et faites chauffer sur feu vif jusqu'à ce que les moules soient ouvertes, 10 minutes environ, pas davantage. Décoquillez les moules en rejetant celles qui restent fermées. Égouttez-les soigneusement

puis ajoutez-les aux pommes de terre en mélangeant délicatement.
Couvrez le saladier d'une feuille d'aluminium et laissez rafraîchir cette salade de trente à quarante minutes au réfrigérateur. Éliminez tout excès de liquide, rectifiez l'assaisonnement en sel si nécessaire, et servez froid. Pour cinq ou six personnes.

28

JUILLET

LA BIÈRE

On fait de la bière depuis presque aussi longtemps qu'il y a des gens pour en boire, et presque partout où il y a des gens. Les ingrédients sont généralement à portée de main : des céréales, de l'eau, du houblon et de la levure. L'orge est le plus souvent la céréale de base, mais au Japon, on fabrique de la bière de riz et en Afrique de la bière de mil. Chaque année, plus de cent quarante milliards de litres de bière sont produits dans le monde. Sur ces ingrédients simples, le processus de fabrication est soigneusement contrôlé. D'abord, l'orge est touraillée (c'est-à-dire torréfiée) afin d'interrompre sa germination[1] ; elle devient alors du malt. Plus longue est la torréfaction, plus le malt prend une couleur brun foncé. Les proportions d'orge plus ou moins torréfiée dans le mélange final déterminent la couleur de la bière.

Le malt est ensuite concassé et délayé dans de l'eau chaude pour obtenir une sorte de pâte appelée maische que l'on fait bouillir pour la purifier. Cette maische étant excessivement sucrée, on lui ajoute du houblon pour lui donner de l'amertume. C'est du type de houblon employé — exclusivement les inflorescences des plants femelles — que dépend le goût de la bière.

Le moût part ensuite dans une cuve de fermentation où l'attend la levure, qui transformera ses sucres naturels en alcool. Le degré d'alcool se situe généralement entre 3,2 % et 7 %, mais il peut

1. Germination partielle qui constitue la véritable phase initiale du brassage (malt vert).

atteindre les 12 %. La fermentation produit du dioxyde de carbone, ce qui fait que la bière est naturellement gazéifiée. De nos jours, ce dioxyde de carbone est éliminé au cours de la fabrication et rajouté plus tard lorsque la bière est mise en bouteilles, en fûts ou en canettes.

Les deux principaux types de bière, la *lager* et l'*ale*, diffèrent à la fois par leur finition et par les levures employées. Les *lagers* fermentent plus longtemps et à plus basse température, ce qui leur donne un goût plus léger, tandis que les *ales* fermentent moins longtemps à une température plus élevée. Celles-ci ont en général une robe plus soutenue et un goût plus puissant, bien qu'elles soient à peu près aussi caloriques que les *lagers*.

En Angleterre et en Irlande, où la consommation de bière est un véritable rituel social que l'on pratique dans les pubs de quartier où se réunissent des habitués, les levures indigènes produisent des *ales*, que l'on subdivise en *stout*, *bitter* et *porter*. La Guinness Stout de Dublin représente la quintessence de l'*ale*. En Allemagne et en République tchèque, les levures locales produisent des *lagers*, la Pilsner étant la plus connue d'entre eux.

Le record mondial de consommation annuelle de bière est détenu par la République tchèque, avec plus de 160 litres par habitant. L'Irlande et l'Allemagne suivent de près. Les États-Unis, où la bière est arrivée très tôt, avec les Pèlerins, détiennent le record mondial pour la quantité de bière produite, mais se retrouvent au douzième rang pour la consommation, qui est d'environ 85 litres par personne.

Les bières nord-américaines sont pour la plupart des *lagers*, servies à 3 °C pour satisfaire le goût local, bien que le froid tue la saveur dans une certaine mesure. Les *ales* ne sont jamais servies tièdes, même en Angleterre, mais autour de 12 ou 13 °C ou à peu près comme le vin rouge. Quand une bière a été glacée, il ne faut pas la sortir du réfrigérateur pour l'y remettre plus tard, car les contrastes de température nuisent à sa saveur. La lumière aussi, ce qui explique pourquoi la bière est si souvent vendue en bouteilles de verre sombre ou en canettes. La meilleure bière vient d'un fût et est servie à la pression, car elle a été maintenue à la température optimale depuis son brassage.

Comme pour le vin, il existe un vocabulaire particulier pour décrire les caractéristiques d'une bière : sèche, fruitée, houblonnée, amère, sucrée, grillée, etc. Et de même que pour le vin, le prix reflète souvent fidèlement la qualité de la bière. Mais contrairement au vin, la bière ne s'améliore pas avec l'âge.

29
JUILLET

THE HEDGES

Le 29 juillet 1954, à East Hampton, sur Long Island, dans une vieille maison blanche proche de la ville, Henri Soulé ouvre The Hedges : nappes de lin blanc sur les tables et cave garnie de bouteilles venues tout droit du Pavillon, son restaurant de New York. Cette promenade vers l'océan, le long d'une belle avenue bordée de grandes résidences d'été, lui faisait l'effet d'être au paradis.

The Hedges, qui n'existe plus, était un petit restaurant simple mais élégant. Un jour débarquèrent pour déjeuner deux dames très riches qui visitaient les alentours. Soulé, qui les connaissait, sortit de la cuisine en tablier et s'excusa de sa tenue. Il les fit asseoir à table et leur demanda ce qu'elles désiraient manger. Le restaurant était vide ; ce n'était pas bon signe pour ces dames, en plus du service très lent. Mais le repas fut mémorable. Après ce déjeuner arrosé d'un excellent vin, elles demandèrent l'addition. Il n'y en avait pas. Comment, pas d'addition ? « The Hedges n'est pas ouvert pour le déjeuner », expliqua Soulé avec dignité.

30
JUILLET

UN DÉSASTRE

Ce dîner du 30 juillet 2002 avait été un désastre complet. Dans sa totalité, du début à la fin — plats ratés, invités trop nombreux, service et présentation des mets chaotiques. Nous avions enfreint deux de nos règles fondamentales : 1. Servir deux plats que nous n'avions jamais encore préparés ; et 2. Avoir trop de détails culinaires à régler au dernier moment. Les carottes au gingembre ? Brûlées. Le gratin de pommes de terre ? Trop de crème, pommes de terre pas assez cuites. Le rôti très élaboré que nous avions prévu se révéla aussi granuleux qu'un hachis Parmentier. Et ainsi de suite.

Une fois que tout le monde fut parti, au lieu de faire face à nos piles de vaisselle sale, nous nous étions assis ensemble sur le canapé, cherchant à discerner les raisons de cet échec. Le seul point positif, c'était que tout le monde avait bien bu. Avec un peu de chance, la mémoire leur ferait défaut.

Le lendemain, au téléphone, tous les invités : « Fabuleux dîner, merci ! »

GOÛTER EN CUISINANT

Le grand secret en cuisine, c'est de goûter ce que vous préparez, parfois avant, toujours pendant et surtout après. Aucune recette, si exacte soit-elle, ne dispense de goûter, et aucun succès passé ne garantit les suivants.

31
JUILLET

LE SUCRE

Le traité de Bréda, signé le 31 juillet 1667, mit fin à la guerre de Sept Ans entre les Pays-Bas et l'Angleterre. Les Pays-Bas gardaient le Surinam et les Anglais la Nouvelle-Néerlande, qui devint plus tard New York. Les plantations de canne à sucre du Surinam étaient d'une si grande valeur qu'on estima que les Hollandais avaient négocié la plus belle part.

Au XVIIe siècle, seuls les plus riches avaient accès au sucre, qui provenait d'Inde en transitant par Venise et constituait une marchandise de luxe ainsi qu'un produit médicinal. La traite négrière fut essentiellement créée pour assurer sa production, particulièrement aux Caraïbes et au Brésil. Dans d'immenses plantations, à l'aide d'une main-d'œuvre qui ne coûtait rien, le sucre revenait beaucoup moins cher que celui qu'on aurait pu produire en Europe à base de betterave[1].

De nos jours aux États-Unis, le sucre, omniprésent et bon marché, est l'égal du sirop de maïs comme édulcorant numéro un. Issu de canne à sucre ou de betterave sucrière, il peut prendre de nombreuses formes : sucre blanc raffiné, sucre roux partiellement raffiné et coloré par la mélasse qu'il contient ; sucre glace, et mélasse qui est un sous-produit du raffinage du sucre. La fabrication de sucre blanc se déroule en une demi-douzaine d'étapes dont la première est le broyage de la canne. Le jus obtenu est filtré pour éliminer les impuretés et la mélasse pigmentée qui enrobe les cristaux de saccharose du sucre brut, puis il est évaporé et séché pour obtenir du sucre blanc cristallisé.

Le sucre produit une énergie rapide, mais sa valeur nutritionnelle est quasi nulle. Pourtant, les Américains consomment en moyenne près de trois cents kilos de sucre par an et par personne dans leur nourriture et leurs boissons. Cela équivaut à trente-deux cuillerées à soupe par jour. Une cuillerée à café de sucre contient peu de calories — environ quinze, et la même quantité d'édulcorant artificiel contient à peu près deux calories.

1. En réalité, la canne était la seule source de sucre disponible, la technique d'extraction industrielle du sucre de betterave n'ayant été maîtrisée qu'au début du XIXe siècle.

AOÛT

▪ LA VICHYSSOISE ▪ OUZO, RAKI, ARAK
▪ CHRISTOPHE COLOMB ▪ LA PASTÈQUE
▪ ALEXIS SOYER ▪ LE YAOURT ▪ LE PREMIER
REPAS FAIT DE MES MAINS ▪ VIE DE CHIEN
▪ LA TOMATE ▪ CLOS-MONTMARTRE
▪ LA PÊCHE ▪ DIAMOND JIM BRADY
▪ LE GUACAMOLE ▪ LA GRANDE PANNE
▪ JULIA CHILD ▪ LE DROIT DE BOUCHON
▪ VAUX-LE-VICOMTE ▪ LES TACHES DE VIN
▪ LES OLIVES ▪ L'ARTICHAUT
▪ CRU-DES-PTOLÉMÉES ▪ DENIS PAPIN
▪ L'ABRICOT ▪ POMPÉI ▪ LES FIGUES AU WHISKY
▪ LES CHAMPIGNONS VÉNÉNEUX
▪ LA FORMULE SECRÈTE ▪ LA CERISE
▪ L'ARMAGNAC ▪ LA CUISINE CHINOISE
▪ UN DÎNER CHEZ DONALD SULTAN ▪ LE MAÏS

1er

AOÛT

LA VICHYSSOISE

Il est difficile de résister à un plat dont le nom évoque des merveilles. L'aubergine — qui est un fruit, pas un légume — en tant que nom ne signifie rien, et même « aubergine à la parmesane » ne fait pas tellement plus d'effet, mais *imam bayildi,* qui signifie en turc « l'imam évanoui », c'est tout autre chose. L'aubergine est farcie d'un mélange d'oignon haché, de tomate et de persil, le tout doré dans l'huile d'olive avec ail et raisins secs, puis longuement rôti au four. L'arôme de ce plat fit s'évanouir d'extase l'imam de la légende.

Il y a aussi la vichyssoise (ou crème vichyssoise), un potage froid et onctueux à base de poireau et de pomme de terre, désormais un classique. Julia Child ne l'estimait guère, arguant que c'était une invention américaine sur le modèle de la véritable soupe poireaux-pommes de terre (« délicieusement odorante, délicieuse au goût, et toute simple à préparer »). Richard Olney, autorité culinaire non moins respectable, ne jeta sur la vichyssoise qu'un bref regard lorsqu'il chanta les louanges du potage poireaux-pommes de terre tel qu'on le prépare le soir en France dans les foyers de la classe laborieuse, message de confort et de bien-être qu'il serait lui-même heureux de recevoir chaque soir de sa vie.

Il est vrai que, dans un certain sens, la vichyssoise est américaine. Elle fut créée par un chef français, Louis Diat, à New York au début du XXe siècle. Diat était originaire de la région de Vichy ; le potage s'inspirait d'une des recettes de sa mère. Curieusement, il ne la nommait pas vichyssoise dans son livre de recette, mais le mot plut, et il resta.

La recette de la vichyssoise est en fait très simple :

VICHYSSOISE

500 G DE BLANCS DE POIREAU EN TRANCHES FINES

1 OIGNON MOYEN ÉMINCÉ (FACULTATIF)

BEURRE
500 G DE POMMES DE TERRE ÉPLUCHÉES
ET COUPÉES EN FINES RONDELLES
1,6 L DE BOUILLON DE VOLAILLE MAISON OU PRÉPARÉ AVEC UN CUBE
25 CL DE CRÈME LIQUIDE, OU D'UN MÉLANGE DE CRÈME ET DE LAIT
SEL
CIBOULETTE CISELÉE

Dans une casserole couverte, faites suer doucement au beurre les poireaux et l'oignon. Ajoutez les pommes de terre et le bouillon de volaille, portez à ébullition, couvrez et faites cuire environ 30 minutes sur feu doux, ou jusqu'à ce que les légumes soient tendres. Mixez le tout dans un blender ou passez-le au chinois, ou au moulin à légumes. Versez le potage dans la casserole et ajoutez la crème. Mélangez. Portez à frémissement, sans bouillir, rectifiez l'assaisonnement en sel. Laissez refroidir à température ambiante, puis couvrez et gardez au réfrigérateur jusqu'à ce que la vichyssoise soit complètement froide.
Julia Child conseillait utilement de saler un peu plus que d'habitude, car le goût du sel s'atténue dans une préparation froide. Le potage doit être onctueux, modérément épais.
Servez bien glacé, parsemé de ciboulette fraîchement ciselée. Pour cinq ou six personnes.

2
AOÛT

OUZO, RAKI, ARAK

L'alcool grec appelé ouzo est incolore, transparent et anisé. On le boit le plus souvent allongé d'eau, ce qui lui donne un aspect blanc laiteux et atténue sa puissance en alcool, qui n'est pas négligeable. L'équivalent en Turquie s'appelle raki et en Indonésie arak. Tous deux sont distillés à base de fruits, avec ou sans arôme d'anis. Arak et raki sont forts et âpres ; leur nom provient sans doute du mot arabe signifiant « sueur », allusion probable à leurs effets sur l'organisme en fonction de la quantité bue.

Mais ce n'est pas juste une histoire d'alcool. C'est tout un style de vie, un état d'esprit. Être assis à la terrasse d'une taverne, quand le jour décline, peut-être dans le vieux quartier athénien de Plaka, au pied de l'Acropole, à l'écart des foules estivales, et siroter un ouzo, c'est du pur plaisir. Avec les accompagnements traditionnels appelés *meze*, en général inclus dans le prix du verre, à portée de main. Il peut s'agir d'une petite assiette de boulettes de viande, d'une friture de poissons, d'une salade de tomates-concombres ou de fromage (le plus souvent de la feta).

Si vous êtes seul, c'est une solitude heureuse. Les vagues de conversation roulent vers vous depuis les tables voisines. Les passants vont et viennent dans la rue étroite. La vie semble cohérente et, pour une fois, avance à la bonne allure. Si l'on est entre amis, c'est alors une soirée digne de celles que décrivit Kazantzakis dans *Alexis Zorba* ou Henry Miller dans *Le Colosse de Maroussi*, tout en conversations enflammées sur tous les sujets possibles, et se prolongeant tard dans la nuit.

3

AOÛT

CHRISTOPHE COLOMB

3 août 1492. Quatre-vingt-huit hommes sous le commandement de Christophe Colomb quittent l'Espagne à bord de la *Niña*, de la *Pinta* et du vaisseau amiral *Santa Maria* avec la mission de prouver une idée extravagante : la Terre est ronde. Ils ont emporté assez de vivres pour une année. Mais les fûts de bois qui les contiennent se dilatent puis se contractent sous l'action de l'air marin, laissant échapper la saumure où sont conservées les viandes. Celle-ci se répand dans les ingrédients secs — riz, pois, fèves, farine et biscuits de marin — et les fait moisir. Les viandes pourrissantes et les quelques poissons que l'on parvient à pêcher sont cuits

à même le pont, à un feu allumé sur un lit de sable, avant d'être servis dans un plat commun. Il y a aussi à bord de la morue salée, des anchois, des amandes, des raisins secs, de la mélasse, du miel, des olives et de l'huile d'olive, ainsi qu'un vin rouge très corsé.

Trente-quatre jours se sont écoulés depuis la dernière escale, aux Canaries, pour embarquer de l'eau potable, et l'équipage est au bord de la mutinerie. Ils craignent en effet que leur capitaine se soit trompé, que la Terre soit réellement plate et que le bord en soit proche. Christophe Colomb les convainc de tenir encore trois jours. Et le lendemain, 12 octobre, la terre est en vue.

4

AOÛT

LA PASTÈQUE

La meilleure pastèque de toute notre vie, nous l'avons dégustée sur l'île de Naxos, dans les Cyclades. Après avoir marché pendant des heures, nous nous étions effondrés sur les chaises d'une terrasse de café à l'ombre des arbres, espérant nous rafraîchir en cette torride journée d'août. On nous servit de généreuses portions de ce fruit, exceptionnellement juteuses, et nous comprîmes alors pourquoi la pastèque, dans l'Antiquité, était utilisée comme source d'eau lorsque celle-ci était rare ou polluée.

Originaire d'Afrique, bien connue des anciens Égyptiens, la pastèque arriva en Amérique avec les esclaves de la traite négrière. Il n'y a pas si longtemps, elle pouvait peser plus de dix kilos, assez pour les convives d'un grand pique-nique. De nos jours, les familles étant plus réduites et moins patientes pour éliminer les pépins, les variétés courantes dans le commerce sont plus proches des cinq kilos et tiennent tout entières dans un réfrigérateur. Et grâce aux travaux d'un chercheur japonais sur des hybrides stériles il y a une cinquantaine d'années, elles sont aussi dépourvues de pépins.

L'écorce d'une pastèque est plus fragile qu'on ne le pense. Les fruits sont récoltés manuellement en plein champ et passés de main en main jusqu'au camion. On dit que pour reconnaître une bonne pastèque, il faut la frapper du doigt : c'est un mythe. Recherchez plutôt les fruits d'un vert mat sombre plutôt que luisant et présentant une face plus jaune à l'endroit où ils ont reposé sur le sol. Si cette face plus claire est blanche ou vert pâle, cela signifie que la pastèque a été ramassée avant maturité, et elle ne l'atteindra jamais une fois cueillie.

5

AOÛT

ALEXIS SOYER

Alexis Benoît Soyer mourut à Londres le 5 août 1858, à l'âge de quarante-huit ans. Natif de Meaux, il fut une des grandes figures de son temps. Sa famille envisageait pour lui une carrière ecclésiastique, mais il fit son apprentissage dans la cuisine et, sept ans plus tard, rejoignit son frère aîné, chef personnel du duc de Cambridge à Londres.

Grâce à ses contacts dans la noblesse anglaise, il se retrouva ensuite chef au Reform Club, institution très orientée à gauche où il resta quinze ans, écrivant en parallèle des ouvrages sur la cuisine et la nutrition. *The Gastronomic Regenerator*, par exemple, contient deux mille recettes réparties entre « Cuisine pour les riches » et « Cuisine pour les familles ». Seul son autre livre *Soyer's Shilling Cookery* (« Cuisine à un shilling »), avec ses recettes appétissantes et bon marché pour ménages modestes, put rivaliser avec l'immense succès du premier. Soyer fut aussi l'inventeur d'ustensiles domestiques d'une grande ingéniosité tels que minuteurs, casseroles à œufs, cafetières et plats à rôtir, ainsi que de sauces et de condiments que commercialisèrent ses amis MM. Crosse et Blackwell. D'une grande prestance dans ses habits de chef, il créait lui-même ses tenues, ses toques et jusqu'à ses cartes de visite.

Tout en étant très bien placé dans les milieux chic des classes supérieures, Soyer fut sollicité par le gouvernement anglais pour organiser des soupes populaires en Irlande pendant la grande famine de 1847. Bientôt, il nourrissait à Dublin près de huit mille affamés par jour. Six ans plus tard, pendant la guerre de Crimée, il entreprit de créer une cuisine ambulante qui se révéla si efficace qu'elle était encore en service durant la Seconde Guerre mondiale. Soyer lança l'alimentation militaire sur de nouvelles bases, élevant ce qui n'avait été jusqu'alors que rations immangeables au rang de repas riches et nourrissants. Alors qu'il travaillait au côté de Florence Nightingale[1], il contracta une fièvre maligne et retourna en Angleterre, mais il ne se remit jamais complètement et mourut trois ans plus tard.

6

AOÛT

LE YAOURT

« Yaourt » est un mot d'origine turque (*yoğurt*), comme l'est très probablement le produit, bien qu'on le connaisse depuis longtemps en Inde, dans certaines régions d'Asie et dans les pays arabes. Pendant la fermentation du lait, le lactose se transforme en acide lactique, ce qui lui donne ce petit goût aigrelet et le rend assimilable par les intolérants au lactose. En France, il apparut pour la première fois sous François Ier, dont les problèmes digestifs disparurent grâce au yaourt dispensé par un médecin de Constantinople, qui rentra chez lui sans avoir divulgué le secret de sa préparation.

Le yaourt est légèrement laxatif et certaines variétés contiennent un faible taux d'alcool. Il a la réputation d'entretenir la santé et la longévité, mais le fameux yaourt de ferme qu'on appelle « yaourt bulgare », censé être un remède de longue vie, ne se trouve qu'en Bulgarie. Les bactéries auxquelles il doit son existence sont strictement locales.

1. Infirmière anglaise (1820-1910), pionnière de l'infirmerie moderne.

Avec un peu de yaourt et de concombre, on peut obtenir une version rapide, simple et irrésistible du *raita* indien.

RAITA

1 GROS CONCOMBRE, ÉPLUCHÉ

250 G DE YAOURT (OU MOINS)

À VOLONTÉ : PAPRIKA, SEL ET POIVRE

1 CUILLERÉE À CAFÉ DE JUS DE CITRON

CERFEUIL ET CIBOULETTE CISELÉS

Fendez le concombre en deux dans le sens de la longueur ; retirez les graines et coupez la chair en fines tranches. Mettez-les dans une passoire, saupoudrez d'une cuillerée à café de sel et laissez égoutter une demi-heure. Mélangez le yaourt, le paprika, jus de citron, cerfeuil et ciboulette ; salez et poivrez. Rincez le concombre à l'eau froide et épongez-le avec du papier absorbant. Ajoutez-le au yaourt. Pour deux personnes.

7

AOÛT

LE PREMIER REPAS FAIT DE MES MAINS

Le 7 juillet 1973, l'équipe de base-ball des Atlanta Braves gagnaient leur premier match sans point ni coup sûr, avec Phil Niekro au poste de lanceur. À peine trois semaines auparavant, la Commission d'enquête sénatoriale sur la campagne électorale, au cours d'une enquête sur la tentative de cambriolage du Watergate, était tombée en arrêt devant le témoignage d'Alexander Butterfield qui signalait l'existence d'un système d'écoutes dans le bureau Ovale du président Nixon. Et le même jour, moi aussi je faisais ma percée : je préparais mon premier repas pour Jim.

J'aimerais pouvoir dire que je m'étais inspirée de l'introduction de Julia Child à la recette des *open-faced tarts* (tartes salées) dans *Mastering the Art of French Cooking* : « Elles sont pratiquement inratables… Servez-les avec une salade, de la baguette chaude et un vin blanc frais ; faites-les suivre de quelques fruits, et vous avez un menu parfait pour le midi ou le soir. » Mais je ne pense pas avoir eu un grand usage de Julia Child à cette époque. J'étais plutôt *The Joy of Cooking* et c'est probablement dans ce livre que j'ai trouvé ma recette de quiche lorraine, un classique idéal pour le petit déjeuner, le brunch, le déjeuner, le dîner, ou pour un petit creux à n'importe quelle heure.

Jim avait fait une vinaigrette pour la salade verte. Il fit l'éloge de la quiche. Au dessert, il y avait des pêches. Et, clin d'œil à l'Italie, une bouteille de soave bien fraîche en cette chaude journée d'août. Nous étions dans mon nouvel appartement, au sommet d'une vieille maison, ouvert sur la dense verdure d'une plantation d'ormes. Nous nous étions assis à une table carrée en merisier aux pieds massifs, le premier meuble que je m'étais acheté. Était-ce un déjeuner parfait ou un dîner parfait ? Dans un cas comme dans l'autre, ce n'était que le premier.

K. S.

8

AOÛT

VIE DE CHIEN

« Oh, mon Dieu ! Fais-le sortir tout de suite ! »

À la campagne, c'est toujours un branle-bas de combat, certes peu fréquent, quand le chien revient d'une petite balade de santé — la plupart du temps juste avant le dîner, on ne sait pourquoi — imprégné d'une forte et très reconnaissable odeur de sconse.

Le vieux remède de bonne femme pour ce genre de problème, c'est le jus de tomate. Et bien entendu, il faut que quelqu'un aille en acheter pendant que le chien, l'air tout innocent et parfois même légèrement indigné, est forcé de rester à l'extérieur.

Il existe une méthode plus efficace, attribuée à l'ingénieur Paul Krebaum. Mélangez, dans un grand récipient à ouverture large — ce détail est important :

1 LITRE D'EAU OXYGÉNÉE À 3 %
200 G DE BICARBONATE DE SODIUM
1 CUILLERÉE À CAFÉ DE SAVON LIQUIDE DOUX

Frottez le chien de ce puissant mélange oxydant en pénétrant bien jusqu'à la base du poil et en évitant les yeux. Laissez reposer quelques minutes jusqu'à ce que l'odeur ait sensiblement diminué. Rincez abondamment et recommencez si nécessaire, ou au bout d'un jour ou deux si l'odeur persiste.

Après cet épisode très éprouvant, le chien peut aller se reposer dans une chambre d'amis inoccupée, au moins jusqu'à la fin du dîner.

9

AOÛT

LA TOMATE

Thomas Jefferson tenait un carnet de jardinage et, même durant son mandat de président, notait scrupuleusement au fil des mois l'apparition des différents fruits et légumes sur les marchés de Washington. Et parmi ceux-ci figuraient les tomates, dont il nota une saison particulièrement longue, du 16 juillet au 17 novembre. On ne sait pas au juste comment Jefferson aimait ses tomates, puisqu'une théorie selon laquelle elles devaient être consommées très cuites était alors en vigueur.

Depuis, les tomates sont victimes de leur succès. Afin d'assurer leur disponibilité toute l'année, on les a rendues plus ou moins insipides et on les a dotées d'une peau épaisse pour supporter la cueillette mécanique. Ce progrès botanique s'est fait entièrement au profit du vendeur. De nombreuses tomates sont cueillies encore vertes et artificiellement mûries à l'éthylène.

Les meilleures tomates sont celles de culture locale, mûries sur la plante. Elles ont leur saison, comme les pêches et le maïs frais. Et à la saison des tomates, recherchez celles qui sont fermes sans être dures, d'une couleur uniforme et bien parfumées. Pour leur faire atteindre la perfection, laissez-les un jour ou deux à température ambiante, côté pédoncule vers le haut. Et bien qu'elles adorent le soleil tant qu'elles sont sur la plante, ne les y exposez pas après cueillette.

Ne gardez pas les tomates au réfrigérateur : cela détruit leur goût.

Les tomates en conserve, en tant que substitut aux tomates fraîches pour la cuisine, sont tout à fait acceptables. Marcella Hazan et d'autres spécialistes de cuisine italienne recommandent les conserves de tomates olivettes de la variété San Marzano conditionnées en Italie, dans la région de Naples, et cueillies à pleine maturité. D'autres variétés conviennent également. Si elles sont trop acides au goût, on peut y remédier en ajoutant un peu de sel. Les tomates en elles-mêmes sont pauvres en sodium et en calories, riches en vitamines C, A et B, et dépourvues de cholestérol comme tous les fruits. Elles sont aussi légèrement laxatives.

10

AOÛT

CLOS-MONTMARTRE

Il existe une vigne qui subsiste au cœur de Paris, à Montmartre, seule survivante parmi beaucoup d'autres vignes parisiennes, souvent des vignes d'abbayes quand la ville avait encore des murs d'enceinte, beaucoup moins de ponts et un grand chaudron de fer dressé près du fleuve pour frire les faussaires tout vifs dans l'huile bouillante.

Cette parcelle est située à l'angle de la rue des Saules et de la rue Saint-Vincent, à quelques rues du Sacré-Cœur. Petite, elle ne produit par an que cinq cents bouteilles, vendues à la mairie du XVIIIe arrondissement et aux enchères. Le vin s'appelle clos-montmartre, il n'est ni très cher ni très bon, mais il vient du cœur du cœur de la France.

11

AOÛT

LA PÊCHE

Cela fait plus de quatre mille ans qu'on célèbre la pêche pour ses qualités érotiques : sa forme, le délicat duvet de sa surface, ses nuances colorées rappelant la chair. Elle est originaire de Chine, où elle symbolise à la fois l'immortalité et les organes génitaux féminins. Une jeunes mariée était qualifiée de « pêche », et même de nos jours l'expression anglaise *she's a peach*, louant la douceur et la gentillesse d'une femme, n'est pas encore complètement tombée en désuétude.

Pendant trois étés consécutifs, notre fils Theo a été chargé du tri et de la vente sur l'étal d'un vendeur de pêches au marché. Voici ce qu'il y a appris :

- Si l'on veut des pêches bien sucrées, il faut que les fruits mûrissent sur l'arbre. Celles des supermarchés sont cueillies trop tôt avant leur expédition.
- Une pêche mûre est légèrement souple sous le doigt. Plus souple, elle va pourrir bientôt.
- La taille n'a aucune importance.
- Les pêches jaunes comme les pêches blanches sont bonnes à manger fraîches. Pour faire des tartes, les jaunes sont meilleures ; on peut les acheter légèrement fermes pour les trancher plus facilement, car elles s'attendrissent durant la cuisson. Les blanches sont meilleures dans le cocktail Bellini (comme lui ont dit ses clients les plus avertis).

C'est peut-être au bord du Grand Canal, à Venise, où il fut créé au Harry's Bar dans les années 30, que le Bellini est le meilleur, mais tout de même :

BELLINI

60 G DE PURÉE DE PÊCHE BLANCHE FRAÎCHE

1 TRAIT DE JUS DE CITRON

18 CL DE CHAMPAGNE FRAPPÉ

Mélangez le jus de citron et la purée de pêche, versez celle-ci dans une flûte à champagne, puis complétez avec le champagne. Pour un Bellini.

12 AOÛT

DIAMOND JIM BRADY

12 août 1856 : James Buchanan Brady, futur gourmand légendaire qu'on célébrera plus tard sous le nom de Diamond Jim, naît à New York. Fils d'un patron de bar, il deviendra une des personnalités les plus riches — mais non des plus distinguées — de la ville. Il avait l'habitude de porter des diamants partout : épingles de cravate, boutons de manchette, cannes. C'était le résultat de conseils reçus dans sa jeunesse : pour être riche, il faut ressembler à la richesse ; or rien pour cela ne faisait mieux l'affaire que les diamants.

De taille imposante, sociable et bon vivant, Brady était notoirement l'ami de la chanteuse et actrice Lillian Russell, dont le gabarit et l'appétit étaient également non négligeables. Les repas, en ce temps-là, étaient plus copieux que ceux d'aujourd'hui. Au dîner, Diamond Jim Brady engloutissait plusieurs douzaines d'huîtres, quelques crabes et une soupe de tortue, deux canards entiers, une demi-douzaine de homards, un steak d'aloyau, de la tortue d'eau douce, et pour le dessert un plateau entier de gâteaux et de confiseries. Le propriétaire de Rector's, son restaurant préféré, l'appelait « mes vingt-cinq meilleurs clients ». Il mourut à soixante et un ans.

13 AOÛT

LE GUACAMOLE

Connus des anciens Aztèques, le guacamole est une des rares authentiques recettes mexicaines connues au nord de la frontière. Très apprécié pour la richesse de son goût, il réalise une harmonie quasi parfaite d'avocat, de tomate, de sel et d'oignon ou de piment frais. Il est bon à tout moment, avant un repas — peut-être pas au petit déjeuner tout de même — comme amuse-bouche ou entrée ; mais c'est en été qu'il est le meilleur.

Il en existe d'infinies variantes selon les proportions, la texture et aussi les préférences du cuisinier. Bill Benton, un poète qui a grandi à Galveston et vécu à Santa Fe, est notre guide en la matière. C'est à lui que nous devons la recette publiée par Ronald Johnson dans *Southwestern Cooking : New and Old*, que nous avons prise pour base. Nous la faisons plus pimentée.

GUACAMOLE

2 AVOCATS MÛRS, ÉPLUCHÉS ET DÉNOYAUTÉS (GARDEZ LES NOYAUX)
1 CUILLERÉE À SOUPE DE JUS DE CITRON
50 G DE CIBOULES OU DE CÉBETTES CISELÉES, AVEC UN PEU DE VERT
1 TOMATE, PELÉE, ÉPÉPINÉE ET COUPÉE EN PETITS DÉS
1 PETITE GOUSSE D'AIL HACHÉE
1 CUILLERÉE À CAFÉ DE SEL FIN
1 CUILLERÉE À CAFÉ DE POUDRE DE CHILI
8 GOUTTES, OU PLUS, DE TABASCO

Coupez les avocats en deux dans le sens de la longueur et séparez les deux moitiés par un mouvement de torsion. Retirez (et gardez) le noyau, retirez la chair avec une cuillère et écrasez-la à la fourchette pour en faire une purée de texture irrégulière. Ajoutez le jus de citron, puis tous les autres ingrédients, et mixez jusqu'à obtenir la consistance que vous souhaitez. Goûtez et rectifiez l'assaisonnement.
Enfoncez à demi les noyaux dans le guacamole et couvrez directement la surface de film étirable. Laissez reposer de 10 à 15 minutes pour permettre aux saveurs de se développer. Les noyaux et le jus de citron empêchent le guacamole de noircir, effet causé par l'exposition à l'air, mais le guacamole doit de toute façon être servi dans l'heure qui suit sa préparation. Pour quatre personnes.

14

AOÛT

LA GRANDE PANNE

14 août 2003, 16 h 11. Dans notre cuisine, la lumière décroît progressivement puis s'éteint, petit symptôme individuel de l'énorme panne d'électricité qui est en train de balayer tout le Nord-Est, de l'Ohio à New York. Nous croyons d'abord à une panne de secteur, ce qui n'aurait rien d'étonnant dans la partie Est de Long Island. Elle menace toujours lorsque éclatent les fréquents orages de pluie et de vent qui s'abattent sur la région ; elle est parfois limitée à quelques rues quand une seule ligne a été touchée. Elle ne manque jamais de se produire quand les ouragans qui remontent des Caraïbes vers le nord font rage ; on peut alors surveiller la progression de l'intempérie, et l'on a tout le temps de s'y préparer en achetant des rouleaux d'adhésif pour renforcer les fenêtres, des piles pour les lampes-torches, des bougies…

À l'automne 1985, nous habitions une maison qu'on nous avait prêtée le temps que se terminent les travaux, très en retard, de la nôtre. L'ouragan Gloria, qui remontait alors la côte, faisait mine de vouloir passer exactement sur notre petit coin de Long Island. Nous avons donc renforcé les fenêtres ainsi que celles des amis qui n'occupaient leur maison que le week-end, mangeant au passage autant de glace que nous avions pu en trouver dans leur congélateur pour minimiser les pertes. Lorsque Gloria ne fut plus qu'à un jet de pierre, notre adduction d'eau étant équipée d'un système de pompage électrique, nous en remplîmes tous les seaux, toutes les cuvettes et tous les récipients sur lesquels nous avions pu mettre la main, y compris notre baignoire, nous préparant ainsi à un black-out qui risquait de durer plusieurs jours. Et la première nuit, nous fûmes invités à dîner chez un ami qui cuisinait au gaz. Pour les repas des jours suivants, nous fîmes usage de pain, de beurre de cacahuète et d'un ouvre-boîte.

Mais en 2003, à 4 heures de l'après-midi, il n'y avait eu aucune alerte et pas davantage de préavis ; il nous restait juste les quelques heures qui nous séparaient de la nuit noire. Nous rassemblâmes toutes les bougies que nous pûmes trouver dans la maison, deux lampes-torches et un poste de radio à piles pour suivre le développement de l'ouragan, surtout en ville où les transports en commun s'étaient interrompus, où les gens étaient extraits des ascenseurs et des rames de métro dans des tunnels d'une obscurité totale.

En comparaison, nous avions de la chance. Nous venions de finir la préparation de l'entrée et du dessert d'un dîner où nous attendions des invités. Le plat principal devait être un *polpettone alla toscana*[1] accompagné d'endives braisées et de carottes glacées. Au lieu de cela, nous sortîmes le barbecue et le sac de charbon, et l'élégant *polpettone* se trouva divisé en six hamburgers. Il ne restait plus que quelques glaçons pour l'apéritif, mais un invité nous fit remarquer : « Ne trouvez-vous pas que nous sommes tous plus beaux à la lumière des bougies ? »

15
AOÛT
JULIA CHILD

15 août 1912 : Julia McWilliams, future grande figure de la gastronomie américaine sous son nom d'épouse Julia Child, naît à Pasadena, en Californie. Son père est riche. Sa famille a toujours eu du personnel de cuisine, et Julia ne commencera pas à cuisiner avant l'âge de trente-deux ans. Jusqu'alors, disait-elle, « je me contentais de manger ».

Diplômée du Smith College en 1934, c'est une grande fille pleine de vie, bien dans sa peau. Elle travaille quelque temps comme rédactrice à New York, puis retourne en Californie. Lorsque les États-Unis entrent dans la Seconde Guerre mondiale, elle s'engage dans le très chic OSS — Office of

1. Voir le 4 avril.

Strategic Services — où elle espère devenir espionne malgré son mètre quatre-vingt-huit. Au lieu de cela, elle se retrouve à classer des dossiers à Ceylan, où elle rencontre un jour celui qu'elle épousera.

Julia et Paul Child se marient en 1946 et s'installent bientôt à Paris, où Julia essaie d'apprendre à cuisiner. Elle s'inscrit aux cours du Cordon-Bleu où elle est la seule femme de sa classe. Elle fait la rencontre de Louisette Bertholle et de Simone Beck, et bientôt les trois femmes ouvrent leur école de cuisine et commencent la rédaction d'un livre, *Mastering the Art of French Cooking*, qui exercera une influence considérable et dont l'écriture demandera dix ans. Le livre est dédié à la France et à ses habitants, qui, à travers des générations d'inventivité et d'application, ont créé « un des plus grands arts du monde ».

C'est par la télévision qu'elle est réellement devenue célèbre. À sa première apparition, elle battait des œufs pour faire une omelette et le public fut instantanément conquis par elle, par son caractère, par sa voix enthousiaste et haut perchée. Elle s'imposa bientôt par sa personnalité, imperturbable et tout en joie de vivre. « Je suis tombée amoureuse du public, disait-elle ; le public est tombé amoureux de moi, et j'ai essayé de faire en sorte que ça dure. »

Passionnée, animée d'un véritable désir d'enseigner, elle était toujours si détendue que certains croyaient qu'elle avait bu. Même devenue emblème national, elle resta fidèle à ses principes et à la télévision publique, où elle était libre de cuisiner à l'écran tripes, rognons et autres denrées impensables sur une chaîne de télévision commerciale.

Durant sa carrière, elle écrivit dix livres, tous célébrés pour leur clarté. Elle dit un jour que sa maison idéale n'aurait que deux pièces, la chambre à coucher et la cuisine, et quand on lui demandait quels étaient ses petits plaisirs coupables, elle répondait : « La culpabilité, je ne sais pas ce que c'est. »

Elle mourut en Californie, deux jours avant son quatre-vingt-douzième anniversaire.

16

AOÛT

LE DROIT DE BOUCHON

De nombreux restaurants — mais pas tous — laissent les clients apporter leur vin[1] et les font payer pour l'ouvrir et le servir. Cette somme, appelée droit de bouchon, peut aller de dix à cinquante dollars la bouteille, mais peut être supprimée pour certains clients ou à certaines occasions, selon l'établissement. Le droit de bouchon est censé couvrir les frais d'ouverture et de service du vin, ainsi que le lavage des verres. Il est inclus dans le prix des vins proposés à la carte du restaurant.

Bien entendu, le restaurant préfère vendre le vin de sa cave, lequel contribue de façon considérable à ses bénéfices. De là le droit de bouchon. De plus, comme le soulignent certains restaurateurs, leur métier consiste à vendre à manger et à boire, pas à autoriser les clients à apporter leur nourriture.

Mais il arrive que les clients, soucieux des marges élevées pratiquées sur les vins au restaurant, apportent le leur par souci d'économie, même avec un droit de bouchon. Une certaine étiquette n'en est pas moins à respecter :

- Téléphoner à l'avance pour connaître les usages du restaurant.
- Ne pas apporter un vin qui soit déjà à la carte.
- Ne pas profiter de la largesse du restaurant pour apporter plusieurs bouteilles dont chacune nécessiterait l'usage d'un verre différent ; et s'il y a beaucoup de convives à table, ne pas apporter un grand nombre de bouteilles.
- Essayer de commander aussi une bouteille de la carte des vins pour compléter celle qu'on a apportée.
- Laisser un pourboire dont le montant tienne compte de votre bouteille comme si vous l'aviez commandée.

1. Aux États-Unis surtout ; beaucoup plus rarement en Europe.

17
AOÛT

VAUX-LE-VICOMTE

Le soir du 17 août 1661, le jeune roi Louis XIV prend part à un magnifique festin donné dans un château — disons plutôt un palais, récemment construit par Nicolas Fouquet, son surintendant des Finances. Les six mille invités, traversant les bois en direction du château, passent devant des tableaux vivants représentant des satyres et des nymphes. Les jets d'eau, dans les vastes jardins, sont en pleine action, et des éléphants parés de bijoux se tiennent entre les arbres. On sert aux convives des plats préparés par le fameux Vatel sur des plats d'argent ou d'or massif. La musique a été composée spécialement pour l'occasion par Jean-Baptiste Lulli ; il y a aussi un feu d'artifice et la représentation d'une comédie de Molière.

Ce château, celui de Vaux-le-Vicomte, a été élevé en quatre ou cinq ans seulement. À certains moments, plus de dix-huit mille hommes travaillaient ensemble sur le chantier. L'architecte en est Le Vau, qui plus tard bâtira Versailles ; les jardins sont de Le Nôtre, les fresques et la décoration de Le Brun, qui tous deux participeront aussi à la construction de Versailles. Fouquet les a découverts le premier et les a présentés au monarque. Vaux-le-Vicomte possède aussi une impressionnante collection de peintures et de sculptures, ainsi qu'une bibliothèque de vingt-sept mille volumes.

Cet incroyable étalage de richesses — et, peut-être, la possibilité qu'un portrait de Mlle de La Vallière, déjà maîtresse du roi, fût reconnaissable sur une des peintures réalisées par Le Brun — suscita chez le souverain de profonds soupçons et une extrême jalousie. Son premier mouvement fut de partir brusquement, mais sa mère le persuada de n'en rien faire pour ne pas gâcher cette magnifique soirée. Mais il ne dormit pas dans l'appartement royal qui lui avait été destiné, ce qui peut avoir fait comprendre à Fouquet que l'affaire était sérieuse.

Fouquet était un ministre compétent et avait acquis son immense fortune par des moyens alors reconnus comme légaux, mais le roi, irrité, avait le sentiment qu'il profitait « au-delà de sa condition ». Fouquet fut arrêté, et son procès, qui dura trois ans, fut la plus célèbre affaire judiciaire de son temps, truquée dans une certaine mesure. Malgré l'intervention et les supplications d'amis loyaux tels que Mme de Sévigné et La Fontaine, il fut reconnu coupable et condamné à l'exil, peine que le roi commua en emprisonnement à vie.

Les biens immobiliers et la fortune de Fouquet furent confisqués, et il mourut en prison, dix-neuf ans après cette soirée fatale.

Vaux-le-Vicomte, qui n'a perdu qu'un peu de sa splendeur, est toujours debout. À une cinquantaine de kilomètres de Paris, il est accessible par la route ou par le train et, bien que propriété privée, ouvert au public.

18 AOÛT

LES TACHES DE VIN

Il y a toujours quelqu'un qui renverse du vin. Sur la moquette, sur la nappe ou sur soi-même. Si l'on ne prend pas des mesures immédiates, la tache est presque impossible à effacer. N'attendez pas : couvrez-la d'une couche de sel de table et laissez reposer. Le sel aspirera le vin et il n'y aura plus qu'à laver le tissu. L'eau gazeuse est un autre remède, car c'est une solution saline. Elle convient mieux aux taches sur les vêtements, où il est impossible de faire tenir le sel en place.

19 AOÛT

LES OLIVES

Les olives peuvent revêtir de nombreuses formes et couleurs, mais il s'agit toujours essentiellement du même fruit. Lorsque vous en voyez un étalage vaste et varié, les différences dépendent largement du moment de leur récolte (certaines sont cueillies vertes) et de leur traitement après récolte.

Voici quelques-unes des variétés les plus courantes :

- De Grèce, les grosses olives de Kalamata, les plus connues, mais aussi celles de Nauplie, vert sombre et cassées à l'aide d'un maillet pour laisser pénétrer la saumure pendant la marinade.
- D'Italie, les olives noires douces de Gaeta, qui peuvent être séchées ou saumurées.
- D'Espagne, entre autres nombreuses variétés, la manzanilla verte.
- De France, la petite olive noire de Nice ; ainsi que la picholine (cultivée aussi en Californie), verte et excellente en saumure.
- Du Maroc, des olives de couleur sombre, séchées ou conservées à l'huile.
- De Californie, la grosse variété barouni, originaire de Tunisie ; la mission et la sevillano, d'un noir violacé ; et l'ascolano, verte — toutes traitées à la saumure.

Sauf dans le cas des olives séchées, on peut les dénoyauter soi-même. Frappez l'olive avec le plat de la lame d'un gros couteau : la chair sera suffisamment assouplie pour que vous puissiez en retirer le noyau sans ouvrir l'olive.

L'olivier est un arbre vénéré ; il peut vivre très longtemps. Ses feuilles minces d'un gris argenté semblent refléter les terres maigres où il prospère, bien qu'au printemps les vastes oliveraies plantées sur les collines blanchissent d'une floraison qui plus tard donnera les fruits. Une branche d'olivier dans le bec d'une colombe est le signe que Dieu envoya à Noé pour l'informer que le Déluge se retirait ; aujourd'hui encore, c'est un signe de paix. L'immense olivier tordu qui croît dans le jardin de Gethsémani, sous lequel Jésus est réputé avoir prié la veille de sa crucifixion, semble avoir deux mille ans, bien qu'en réalité il soit moins ancien.

20 AOÛT

L'ARTICHAUT

L'artichaut est la fleur — ou plus exactement le bouton floral — d'une plante appartenant à la famille des chardons ; ses pétales sont raides et pointus. Quand ce bouton est cuit, la base de chaque feuille, tirée entre les dents, est comestible. Elle a donné naissance à l'expression italienne *la politica del carciofo* (« la politique de l'artichaut »), qui signifie qu'on s'occupe de ses ennemis l'un après l'autre. Une fois toutes les feuilles mangées, le foin apparaît, non comestible. Et le foin retiré, voilà la partie la plus désirable : le cœur.

Pour cuire les artichauts, le plus simple est de les faire à l'eau ou à la vapeur, mais il existe aussi de nombreuses recettes d'artichauts farcis ou de cœurs d'artichaut cuits entiers. Chaudes ou froides, les feuilles sont délicieuses trempées dans le beurre fondu ou la vinaigrette. On peut aussi les servir avec une mayonnaise, une sauce mousseline ou une sauce tartare.

Quand vous achetez des artichauts, choisissez-les fermes et lourds, aux feuilles bien serrées, non décolorées à l'extrémité. Vous pouvez les conserver plusieurs jours comme des fleurs, la tige dans l'eau. Après cuisson, ils ne se gardent pas plus d'une journée au réfrigérateur.

21 AOÛT

CRU-DES-PTOLÉMÉES

Les grands vignobles de l'Égypte antique — dont était issu le vin que Cléopâtre servit à César — disparurent sous les vagues de l'islam et de la prohibition de l'alcool jusqu'au tout début du XXe siècle[1], époque où ils furent replantés sur le site de

1. La replantation de vignes en Égypte remonte en réalité aux années 1880 avec l'établissement du domaine Gianaclis, producteur du cru-des-ptolémées. Le cru reine-cléopâtre semble avoir été rebaptisé. Le domaine produit d'autres vins, blancs et rouges.

l'ancienne Alexandrie. Deux des vins produits aujourd'hui en Égypte — cru-des-ptolémées et reine-cléopâtre —, tous deux blancs, n'égalent peut-être pas les breuvages que l'on entreposait dans les tombes des pharaons, mais ils vous transportent tout de même à travers les âges.

22
AOÛT

DENIS PAPIN

Un jour où nous nous promenions dans les rues de Blois, cité des grands seigneurs féodaux de la France médiévale, nous tombâmes nez à nez avec une imposante statue d'homme dont le piédestal portait cette inscription : « Denis Papin, né à Blois le 22 août 1647, inventeur de la *marmite à pression* en 1679 ». Le terme français « marmite à pression » ne nous étant pas familier, il nous fallut le vérifier dans un dictionnaire : c'était en fait ce que nous appelons *pressure cooker*, soit un autocuiseur.

Trois cents ans, vraiment ? La cocotte à pression ne fut finalement adoptée par le public que sous la Seconde Guerre mondiale, parce qu'elle permettait d'économiser le combustible et accélérait la cuisson des aliments tout en préservant leur saveur et leur moelleux, qualités qui ont aussi assuré de nos jours la popularité du four à micro-ondes. Dès l'origine, Papin avait prévu son usage dans les cuisines et fut déçu lorsque l'appareil, au lieu de cela, fut utilisé comme stérilisateur industriel. Très en avance sur son temps, il travaillait aussi sur des projets de sous-marin et de lance-grenades, sans oublier celui d'un chariot à vapeur, comme James Watt à peu près à la même époque. Watt s'était inspiré de la marmite de Papin pour élaborer les premières versions du véhicule, posant les bases de la future Révolution industrielle. Papin, lui, mourut dans la misère, à Londres, en 1712.

23
AOÛT

L'ABRICOT

À l'origine, l'abricotier croissait à l'état sauvage dans les montagnes de Chine, pays où il est cultivé depuis plus de quatre mille ans. Il se répandit vers l'ouest ; en Perse, on appela l'abricot « œuf du soleil » et à Rome *praecocium*, « le précoce », parce que le fruit mûrissait au printemps. C'est de *praecocium* que vient le mot « abricot ». En réalité, il prend sa couleur orangée avant même de mûrir ; c'est pourquoi on fait parfois l'erreur de le cueillir trop tôt, avant que sa saveur se soit complètement développée. On trouve aussi des abricots blancs, rosés, gris et même noirs, et leur taille peut aller de celle d'une noisette à celle d'une balle de tennis.

Moins de cinq pour cent des abricots sont consommés frais. Le reste est mis en conserve ou, plus couramment, séché. Les principaux producteurs d'abricots secs sont la Turquie et la Californie, où l'arbre fut introduit par les explorateurs espagnols et acclimaté par les missionnaires. Les abricots californiens sont coupés en deux avant séchage, tandis que les abricots turcs sont séchés entiers après extraction du noyau. Le séchage au soleil sur des claies dure trois jours ; c'est le meilleur moyen de préserver la couleur et la saveur du fruit. L'abricot sec est très riche en vitamine A et contient autant de fibres que son cousin le pruneau.

24
AOÛT

POMPÉI

Jusqu'à l'éruption du Vésuve survenue le 24 août de l'an 79 après Jésus-Christ, Pompéi, ville côtière proche de Naples, était célèbre pour son *garum*[1], ses choux et ses luxueuses villas. Il s'y

1. Voir le 28 mai.

trouvait quarante boulangeries dont beaucoup produisaient les miches rondes que l'on fabrique encore dans la région. L'ostréiculture était pratiquée non loin de là ; on y élevait aussi des coquillages qui produisaient la pourpre dont on teignait les toges royales. Il y avait des domaines viticoles équipés de pressoirs automatiques et des magasins où l'on vendait toute sorte de produits.

Lorsque débuta l'éruption du volcan, une grande partie des vingt mille habitants de Pompéi s'enfuirent immédiatement. Ceux qui s'attardèrent — près de deux mille — furent asphyxiés par les fumées sulfureuses ou ensevelis sous une pluie de pierre ponce, de cendres volcaniques et de lave. Parmi eux se trouvait Pline l'Ancien, commandant de la flotte romaine qui mouillait non loin de là dans la baie de Naples, qui s'était rendu à Pompéi pour sauver des amis. Ils avaient attaché des oreillers sur leurs têtes afin de se protéger de cette pluie minérale, mais sur le chemin du navire, Pline fut terrassé par les fumées toxiques, s'effondra et mourut en pleine rue.

Tous les hauts lieux de Pompéi devinrent des tombes : son grand cirque de gladiateurs, ses deux théâtres, ses tavernes, ses thermes publics et ses bordels. Lorsque des fouilles furent entreprises près de dix-sept siècles plus tard, tout ce que l'on découvrit était inchangé depuis les quelques minutes qui avaient précédé le désastre : bouteilles de vin, une sorte de pizza, fruits frais et secs sur les tables, instruments de toilette, ustensiles de cuisine. Plus de trois mille fresques furent retrouvées dans les maisons, les plus décoratives — des scènes de la vie des dieux et des déesses — se trouvant en général sur les murs des salles à manger. Les vestibules étaient ornés de chiens en mosaïque accompagnés de la mention *Cave canem* (« Attention au chien »), mais le danger venait d'ailleurs.

25
AOÛT

LES FIGUES AU WHISKY

Il y avait à Plaisance, dans le Gers, un restaurant gratifié d'une étoile au Michelin. Nous y dînâmes un soir en compagnie d'un descendant de l'homme qui inspira à Dumas le personnage de d'Artagnan. Le dessert était délicieux : des figues dodues servies dans un sirop alcoolisé. Quand le chef, Maurice Cosculluela, apparut en salle pour faire le tour des tables et saluer les clients, nous lui demandâmes de nous en dire davantage sur ces figues. C'était, nous dit-il, une recette de sa création. Il nous avoua son admiration pour les lunettes (dix dollars dans un drugstore aux États-Unis) que Jim venait de chausser pour lire l'addition. « Juste ce dont j'ai besoin », dit Cosculluela. Où pouvait-il trouver ça ? « Nous vous en enverrons une paire. » En attendant, il nous donna sa recette, que nous avons souvent servie à table.

FIGUES AU WHISKY

1 SACHET DE FIGUES SÈCHES
500 G DE SUCRE
35 CL DE SCOTCH

Faites cuire les figues à petite ébullition dans à peu près 1 litre d'eau avec le sucre pendant vingt minutes. Laissez tiédir, éliminez la moitié du sirop de cuisson, puis ajoutez le scotch. Transférez le tout dans un saladier et laissez reposer jusqu'au moment de servir. Pour quatre ou cinq personnes.

26
AOÛT

LES CHAMPIGNONS VÉNÉNEUX

Il est difficile de juger à la mine d'un champignon s'il est vénéneux ou non. Il faut pouvoir l'identifier avec certitude.

Plus de deux mille espèces de champignons au monde sont parfaitement comestibles et une trentaine seulement sont dangereuses. Parmi ces dernières, l'amanite phalloïde est la cause de la grande majorité des décès. Et ce champignon blanc[1] au pied délicat, sortant d'une volve renflée, est très commun.

En 54 de notre ère, l'empereur Claude succomba à ce champignon, introduit dans sa nourriture par sa quatrième épouse, Agrippine la Jeune, afin que Néron, le fils qu'elle avait eu d'un premier lit, pût accéder au trône impérial. Claude présentait les symptômes classiques — sueurs froides, soif dévorante, douleurs abdominales, diarrhée et vomissements —, qui apparaissent en général dans les dix heures après l'ingestion.

Dans le film de Sacha Guitry *Le Roman d'un tricheur* (1936), un garçon de douze ans, par l'intermédiaire de champignons vénéneux, apprend sur les conséquences de la mauvaise conduite une leçon qu'il n'oubliera jamais. Pour avoir volé huit sous dans le tiroir-caisse de l'épicerie de ses parents afin de s'acheter des billes, il a été privé de champignons au dîner familial. Le lendemain matin, il trouve tous les membres de sa famille morts. L'oncle sourd-muet avait cueilli, par erreur, des amanites phalloïdes.

LA FORMULE SECRÈTE

Depuis des siècles, la recette exacte de la bénédictine et de la chartreuse — deux liqueurs d'origine monastique obtenues par macération de plantes dans l'eau-de-vie, la première créée vers 1510 et la seconde un siècle plus tard — reste secrète. On raconte que seules trois personnes au monde connaissent en même temps la formule de la bénédictine.

La composition de l'amer Angostura (Angostura Bitters), fébrifuge et tonique inventé au Venezuela par un chirurgien de l'armée de Simón Bolívar au tout début du XIXe siècle, est, elle aussi, encore tenue secrète.

1. Le chapeau est plutôt verdâtre. L'amanite vireuse et l'amanite printanière sont blanches et également mortelles.

27 AOÛT

LA CERISE

Membre de la famille des rosacées — celle de la rose —, la cerise est une drupe, ce qui veut dire qu'elle possède un noyau, comme la prune, la pêche et l'abricot. Celui de la cerise est un projectile idéal pour les concours de crachage de noyaux, activité dont le record actuel, consigné dans le *Livre Guinness des records* de cette année, est de 28 mètres et 98 centimètres à la date du 27 août 1994, à Langenthal (Allemagne).

C'est le fruit le plus souvent représenté par les poètes et les peintres. Il en existe près de mille variétés, douces ou aigres. La plus populaire aux États-Unis est la Bing, cultivée pour la première fois dans les années 1870 par Henderson Lewelling, qui lui donna le nom d'un de ses employés chinois.

Les cerisiers en fleur associés à la culture japonaise ne portent pas de fruits. Leur nom, *sakura*, est un prénom féminin très populaire au Japon, bien que l'arbre ne symbolise pas la longévité mais le caractère fugitif de la vie. Mais sait-on vraiment ce qu'il y a dans un prénom ? Une semaine après l'attaque japonaise sur Pearl Harbor, quelqu'un à Washington abattit — sans doute en représailles — quatre cerisiers. Ils faisaient partie des quatre mille cerisiers du Japon offerts par Tokyo à la capitale fédérale quarante ans auparavant. Histoire d'éviter d'autres actes de vandalisme durant cette guerre, on décida de les appeler « cerisiers d'Orient ».

La cerise au marasquin trouve son origine en Yougoslavie, où l'on conservait dans la liqueur une variété de cerise appelée marasque. Mais peu après l'arrivée de cette spécialité aux États-Unis, la marasque fut remplacée par la variété Royal Anne, l'alcool fut éliminé et le fruit confit se retrouva au sommet des coupes glacées pour enfants.

Et bien entendu, George Washington n'abattit jamais de cerisier dans son enfance.

28

AOÛT

L'ARMAGNAC

La Gascogne est le pays des Trois Mousquetaires, du foie gras et de l'armagnac, ce cousin rustique et intense du cognac. Au XVIe siècle, Henri IV l'adorait au point d'écrire à sa maîtresse Gabrielle d'Estrées : « Vive Dieu, mignone, rien n'est comparable au seul armagnac. »

En août, à l'époque où les Français partent en vacances, un groupe d'amis d'enfance ayant grandi en Gascogne — plus précisément dans le Gers et dans les Landes du Sud — retournent dans leurs châteaux où ils s'invitent mutuellement à dîner. À la fin du repas, chacun à son tour porte un toast à son hôte, à leurs amis et à leurs épouses. Et l'on sert toujours de l'armagnac. Plusieurs d'entre eux font leur propre armagnac et le mettent en bouteilles, mais l'armagnac jouit d'une telle popularité locale qu'on en exporte peu. C'est pourquoi, aux États-Unis, pour cent bouteilles de cognac, on vend une bouteille d'armagnac. Tous deux sont des eaux-de-vie provenant de la distillation du marc de raisin, mais si le cognac est distillé deux fois avant d'être vieilli en fûts de chêne blanc, l'armagnac n'est distillé qu'une fois et vieilli en fûts de chêne noir[1], ce qui lui donne un goût de terroir, notion française exprimant la quintessence du lieu où il a été produit. Le meilleur armagnac est vieilli un quart de siècle avant d'être mis en bouteilles, après quoi il ne s'améliore plus.

Comme nous passions ce mois d'août dans une grande ferme près de Lectoure, nous fûmes invités à quelques-uns de ces dîners par l'intermédiaire d'amis. Par une chaude soirée, à une tablée de quarante personnes, l'hôte leva son verre

1. En réalité, armagnac et cognac sont tous deux vieillis en fûts de chêne sessile ou pédonculé (obligatoires pour l'armagnac) originaire de la forêt de Tronçais ou du Limousin ; les dénominations « chêne noir » ou « chêne blanc » concernent des variétés nord-américaines qui ne sont pas utilisées pour l'affinage de ces eaux-de-vie.

et proposa, en solide bon vivant du Sud-Ouest, que tout le monde se réunît dans le salon pour un concours de chant. Soudain, à une table voisine, un homme poussa un cri et se mit debout ; quelques instants plus tard, une femme fit de même. Il fallut quelques minutes pour s'apercevoir que six mètres plus haut, cachées dans les moulures, des guêpes succombaient sous la montée de la chaleur et tombaient comme des billes de plomb sur les tables, piquant partout où elles atterrissaient.

Le concours de chant fut annulé, mais on refit passer une tournée d'armagnac comme antidote et consolation.

29
AOÛT
LA CUISINE CHINOISE

Il est difficile de parler de cuisine chinoise, car la Chine est si vaste qu'elle comprend plusieurs styles distincts, qui sont :

- La cuisine du Nord, ou de Beijing : ail, sésame, peu de riz.
- La cuisine du Centre et de l'Ouest, ou du Sichuan : aigre-doux, épicé ou très pimenté.
- La cuisine du Sud-Est, ou de Shanghai : sauce de soja.
- La cuisine du Sud, ou de Canton : poissons et fruits de mer, haricots noirs, ail.

L'essence de la cuisine chinoise réside dans l'art de mélanger tant les ingrédients que les saveurs de base, qui sont au nombre de cinq : doux (ou sucré), amer, salé, acide ou aigre, piquant. L'aigre-doux, par exemple, est une association intéressante, tandis que l'aigre et le salé ont tendance à s'annuler mutuellement.

Un repas est composé de deux éléments principaux : le « nécessaire », *fan*, et « ce qui donne le plaisir », *cai*. Le riz et les autres céréales constituent le *fan*. La viande, le poisson, les légumes constituent le *cai*.

On a pour coutume de remplir à nouveau le bol de riz à la fin du repas mais de le laisser intact pour signifier que l'on n'a plus faim.

Traditionnellement, les hommes s'asseyent d'un côté de la table et les femmes de l'autre, ce qui n'est pas un si mauvais arrangement, au moins pour la conversation.

30
AOÛT

UN DÎNER CHEZ DONALD SULTAN

La salle à manger, dans la petite maison de campagne de Donald Sultan, est plus longue que large, et son parquet usé est peint d'un éclatant motif de damier noir et blanc. Elle est attenante à une cuisine carrée qui n'a rien de moderne. On imagine qu'un peintre doit avoir un sens du style. Peut-être pas Francis Bacon ou Jackson Pollock, mais à coup sûr Donald Sultan, qui a, entre autres créations, conçu le décor d'un hôtel de Budapest qui porte son nom, et se trouve être en outre un excellent cuisinier. Un soir d'août, il nous servit un dîner impromptu qui ne lui demanda pourtant pas plus de dix minutes de préparation.

Avec l'apéritif, il servit deux fromages. L'un des deux, croyait-il se souvenir, était du fromage de yak, mais on en doutait, et l'autre était un fribourg. Sur une planche, il y avait aussi un salami italien très sec avec un couteau tranchant et des crackers. La table était recouverte d'une très belle nappe, la vaisselle et les couverts étaient dressés. Beaucoup de bougies, certaines dans des appliques murales.

Sur un grand plateau étaient présentées des tomates vertes et rouges en tranches avec de la mozzarella et du basilic. Sur un autre, des chapons achetés chez un rôtisseur, coupés en quartiers. Mais le repas commença par des œufs à la coque garnis d'une cuillerée de caviar. Un peu plus tard, un plat d'épis de maïs frais cuits à la vapeur fut porté à table.

Nous étions cinq. Après l'œuf, chacun se servit comme il le désirait. Comme toujours, il y avait du bon vin, et au dessert, de fins biscuits achetés chez un excellent pâtissier du coin.

Tout, dans ce dîner, était un plaisir : la nourriture, l'intimité, le sentiment de bien-être, la présentation des plats. Notre réaction était à prévoir : nous devrions faire cela chez nous.

31

AOÛT

LE MAÏS

« Les gens ont fait tout ce qu'ils ont pu, écrit Garrison Keillor, mais il faut se rendre à l'évidence : le sexe n'est pas meilleur que le maïs. »

Le maïs doux qu'on achète à la campagne, fraîchement cueilli, est un produit de saison. Le sucre que contiennent la plupart des variétés commence à se transformer en amidon immédiatement après cueillette. Les grains frais peuvent être mangés crus comme tout autre légume, mais quoi que l'on fasse, il ne faut les cuire que très peu de temps, trente secondes selon certains experts et en tout cas jamais plus de trois ou quatre minutes à l'eau bouillante. Plus longue est la cuisson, plus le maïs durcit. Et il ne faut pas saler l'eau, car cela aussi durcit les grains.

Le maïs que l'on trouve toute l'année en supermarché est souvent une variété hyper-sucrée qui tourne en amidon plus tard que les autres. C'est bien, mais ce n'est pas comparable au maïs cueilli dans un champ tout proche.

Pas besoin d'écarter les feuilles pour inspecter un épi de maïs comme le font les citadins méfiants. Une simple pression des doigts suffit à discerner, à travers l'enveloppe, un épi sain aux grains rebondis, et s'il y a exceptionnellement un petit ver, il n'est pas dangereux. Le maïs peut même être cuit dans son enveloppe ; il suffit de retirer les couches les plus coriaces. Le goût en est encore meilleur ainsi, et les épis restent chauds plus longtemps une fois sortis de l'eau.

On peut aussi faire cuire le maïs à la vapeur ou le rôtir au four. Dans ce dernier cas, si l'on retire l'enveloppe, les grains ont tendance à se caraméliser, ce qui est un régal.

Nous avons l'habitude de servir le maïs en été comme un plat complet, avec un gros morceau de beurre sur une assiette pour que chacun y roule son épi, et rien d'autre à part du sel et du poivre. James Beard aimait manger son maïs avec du beurre et du bacon émietté. D'autres préfèrent l'huile d'olive, les herbes fraîches et même le piment.

SEPTEMBRE

▪ LA TABLE ▪ LE BEURRE DE CACAHUÈTE
▪ FAIRE DU THÉ ▪ CHATEAUBRIAND
▪ LE FALERNE ▪ LA SALSA ▪ LA POMME
▪ BISTROTS ET BRASSERIES ▪ LE PARMESAN
▪ CAHORS ▪ IDÉES DE DÎNERS SIMPLES
▪ LES CHAMPIGNONS ▪ L'EN-CAS ▪ LES BLINIS
▪ LA DATTE ▪ LE MENU ▪ SANS PÉPINS
▪ SAMUEL JOHNSON ▪ LE FOUR À MICRO-ONDES
▪ LES MOULES ▪ *E PLURIBUS UNUM* ▪ CHÂTEAU
▪ COMMENT DEVENIR UN HABITUÉ
▪ LE CHAMBERTIN ▪ LE BROCOLI
▪ LA ROMANÉE-CONTI ▪ LE COLONEL
JOHNSON ▪ RAISINS SECS ET PRUNEAUX
▪ COMMENT ACHETER LE BŒUF
▪ LA SAUCE WORCESTERSHIRE
▪ AU GRAND COUVERT ▪ LA MARGARINE

1er

SEPTEMBRE

LA TABLE

Les petites pièces et les petits logis aident à discipliner l'esprit, disait Léonard de Vinci, qui ajoutait que les grandes pièces et les grands logis l'affaiblissent. On pourrait dire à peu près la même chose des tables à manger. Plus petites elles sont, plus grande est l'intimité ; les grandes tables sont bonnes pour les châteaux.

Si une table est trop large, il devient difficile de se parler d'un bord à l'autre et l'on ne peut converser qu'avec son voisin de droite ou de gauche. Si elle est trop étroite, c'est le contraire qui est vrai, car on s'adresse plus facilement à qui nous fait face. L'idéal est une table d'environ quatre-vingts centimètres de largeur, sa longueur étant fonction de celle de la pièce.

2

SEPTEMBRE

LE BEURRE DE CACAHUÈTE

Deux cuillerées à soupe : c'est la dose habituelle — de beurre de cacahuète — pour faire un sandwich. Selon la croyance populaire, l'augmentation considérable de la taille des Américains ces dernières décennies serait due aux quelque mille cinq cents sandwichs au beurre de cacahuète qu'a déjà consommés chaque enfant à l'âge où il entre dans le secondaire.

Le beurre de cacahuète est une bonne source de protéines et même de fibres ; chaque pot de quatre cents grammes contient l'équivalent de cinq cent cinquante cacahuètes. Sans contenir de cholestérol, il reste assez riche avec presque cent calories par cuillerée, d'autant que la loi exige qu'il contienne quatre-vingt-dix pour cent de cacahuètes. Pour la version *crunchy*, on ajoute des petits morceaux de cacahuètes après la mouture. La présence d'huile végétale hydrogénée, maintenant décriée, préserve la consistance et permet au produit de se conserver un an sans réfrigération. Dans le beurre de cacahuète naturel, sans aucun additif, l'huile finit par se séparer de la masse et le beurre rancit s'il n'est pas conservé au frais.

Depuis des siècles, les Indiens d'Amérique du Sud et certaines tribus africaines consomment des cacahuètes écrasées sous une forme ou une autre, mais c'est en 1890 que le beurre de cacahuète fut inventé par un certain Ambrose Straub, médecin à Saint Louis, à la recherche d'une source de protéines compatible avec la dentition défectueuse de ses patients âgés. C'est en 1903 qu'il obtint une patente pour son « moulin à beurre de cacahuète », qu'il présenta l'année suivante à l'Exposition universelle de Saint Louis. Le succès fut immédiat : les Américains consomment en moyenne chaque année plus d'un kilo et demi de beurre de cacahuète.

Lors d'un déjeuner en France, nous faisions observer que certains produits étaient difficiles à trouver dans les commerces de quartier.

« Qu'avez-vous du mal à trouver ? demanda l'hôtesse.

— Par exemple du bicarbonate de sodium, du beurre de cacahuète…

— J'ai horreur de ça ! » répondit-elle simplement.

3

SEPTEMBRE

FAIRE DU THÉ

On ne fait pas du thé en remplissant une tasse d'eau chaude ou bouillante et en y plongeant un sachet. Ça ressemble à du thé, mais ce n'en est pas.

La proportion habituelle pour un thé digne de ce nom est d'une cuillerée à café de feuilles de thé noir ou vert pour vingt centilitres d'eau. Celle-ci doit être fraîche et pure, et de préférence non calcaire, ce qui influe sur la qualité finale. Il faut chauffer la théière en y versant de l'eau bouillante qu'on y laisse quelques instants, après quoi on la vide et on y met les feuilles de thé. Lorsque l'eau pour le thé atteint la pleine ébullition, elle est versée sur les feuilles. Selon la fameuse expression anglaise, il faut toujours rapprocher la théière de la bouilloire, jamais la bouilloire de la théière.

Laissez le thé infuser entre trois et cinq minutes afin que les feuilles aient le temps de se déployer et de libérer tout leur arôme. Remuez et servez en vous aidant d'un petite passoire spécialement conçue pour cet usage. (En pratique, on dit que les feuilles restent au fond de la théière si l'on commence par les couvrir de deux à trois centimètres d'eau pour qu'elles s'hydratent, s'alourdissent et tombent.)

Utilisez un cache-théière, si vous réussissez à en trouver un dans le commerce.

Les Italiens, les Français et les Américains boivent du café. Les Turcs et les Allemands aussi. Les Chinois, les Japonais et les Anglais boivent du thé. Le thé à la russe est servi dans un verre, avec du citron. Le thé à l'anglaise, souvent avec du lait. Le *five o'clock* anglais, avec ses petits sandwichs, ses scones, ses gâteaux, etc., fut paraît-il créé par la duchesse de Bedford au tout début du XIXe siècle pour les soirs où l'on dînait très tard.

La plupart des thés indiens sont noirs. Ceux d'Assam et de Darjeeling figurent parmi les plus connus.

4

SEPTEMBRE

CHATEAUBRIAND

Dans une maison des remparts de Saint-Malo, un 4 septembre 1768, naquit François René de Chateaubriand, dernier d'une famille de dix enfants et fils d'un riche armateur et capitaine malouin. C'est près de là qu'il fut inhumé, en 1848, sur la petite île du Grand Bé que l'on peut atteindre à pied à marée basse. Selon ses dernières volontés, sa tombe ne porte ni nom ni date, juste une croix assez grande pour être visible de la côte.

La puissance de sa prose romantique et ses liaisons amoureuses tragiques firent de Chateaubriand le plus grand écrivain français de son temps. Il fut haut fonctionnaire sous Napoléon Ier, mais il finit par s'en désillusionner et vira antibonapartiste. Sous la Restauration, il fut ambassadeur à Londres pour les Bourbons, puis ministre des Affaires étrangères. S'il est célèbre pour ses œuvres littéraires et ses aventures amoureuses, il l'est aussi pour une recette de steak créée en son honneur par Montmireil, son chef personnel à l'ambassade londonienne. Il faut couper dans le cœur du filet une tranche de bœuf de cinq centimètres d'épaisseur, la beurrer grassement, la poivrer et la faire griller ou poêler. Ce plat est souvent préparé pour deux personnes, coupé en tranches fines, garni d'un beurre maître-d'hôtel et servi avec une sauce béarnaise.

5
SEPTEMBRE

LE FALERNE

Au temps de Jules César, il y avait déjà des vignes dans la vallée du Rhône et dans la région de Bordeaux. C'étaient les ancêtres des grands vignobles à venir.

Le plus illustre vin romain, le falerne, surnommé « le vin des empereurs », n'existe plus. Il y en avait trois crus : un blanc sec, un vin doux de couleur jaune qui devait ressembler à un sauternes, et un rouge. C'était un vin de très longue garde : on dit que l'excellent millésime 121 avant Jésus-Christ se buvait encore un siècle plus tard. Le poète Horace louait le falerne, se plaignant au passage de ne pas avoir les moyens de se l'offrir. C'était le petrus de son époque.

6
SEPTEMBRE

LA SALSA

On peut juger de la qualité de n'importe quel restaurant mexicain à l'un des premiers éléments apportés à table : la salsa. Son nom, qui signifie « sauce » ou « jus », apparaît dès 1571 dans des récits de conquistadors au Nouveau Monde.

La meilleure salsa est faite maison ; tout restaurant et toute famille mexicaine ont leur propre recette qui varie selon la texture de la préparation et la force du piment employé. Parmi les ingrédients, on retrouve la tomate, fraîche ou en conserve, et l'oignon à parts à peu près égales. Les ciboules sont souvent préférées, mais l'oignon jaune, blanc ou rouge convient très bien. Le degré de puissance est déterminé par la quantité de piment, qu'il s'agisse de piments verts frais ou de jalapeños, là encore frais ou en conserve. Persil haché, un peu de jus de citron vert ou de vinaigre, et sel apparaissent aussi dans la plupart des recettes, ainsi que la coriandre fraîche. On trouve également souvent de l'ail, de l'origan, de l'huile et même un peu de sucre.

La salsa est une préparation ancienne que réalisaient déjà les Aztèques, les Mayas et les Incas à base de tomate — originaire de leur continent —, d'oignon et d'épices. Chez les Aztèques assez riches pour avoir viande et poisson à leur table, elle servait de condiment, tandis que les pauvres en assaisonnaient leurs tortillas de maïs. Aujourd'hui, quand on parle de salsa, on se réfère à cette sauce mexicaine pour chips de maïs qui est devenue, aux États-Unis, plus populaire que le ketchup.

7

SEPTEMBRE

LA POMME

Bien que la pomme en soit dotée — chacun connaît la figure quasi légendaire de Johnny Appleseed[1], souvent représentée, de façon très inexacte, semant à la volée des pépins de pomme tirés d'un sac —, les pépins ne permettent pas de reproduire une variété de pomme de façon régulière. La longue histoire de la pomme est faite de plantations et de greffages : pour obtenir les fruits de la variété désirée, il faut greffer sur un pommier un rameau provenant d'un autre pommier de cette variété. Si l'on

1. John Chapman (1774-1845), surnommé Johnny Appleseed (Johnny Pépin-de-Pomme), consacra sa vie à implanter des pépinières de pommiers aux États-Unis, principalement dans le Middle West.

ne plante que des pépins, il est impossible de savoir quels fruits porteront les arbres.

Il n'est fait aucune mention dans la Bible de la pomme qu'Ève tient en main sur de nombreux tableaux. Le fruit n'y est pas nommé autrement que « fruit de la connaissance ». Il est possible que cette représentation soit liée à l'importance que revêtait la pomme autrefois : pour les Romains, par exemple, c'était un luxe. Chez les Grecs, aussi, le fruit du pommier domestique était rare et cher, à tel point qu'il existait une loi interdisant à un couple de jeunes mariés de partager plus d'une pomme avant d'entrer dans le lit nuptial. Et même de nos jours, selon une tradition sicilienne, si une jeune fille à sa fenêtre jette une pomme dans la rue, le garçon qui la ramassera sera son mari. Si c'est un prêtre qui la ramasse, elle mourra vierge.

Les pommes — on en connaît plus de dix mille variétés — sont disponibles toute l'année, mais elles sont meilleures et plus abondantes en été et en automne, leur période naturelle de récolte. Sur les marchés, vous trouverez les pommes les plus commercialement rentables, pas nécessairement les meilleures, et leur popularité résulte souvent de leur fadeur.

Dans la plupart des supermarchés, vous trouverez des variétés de pommes bonnes pour tout usage : jonathan, mcIntosh, gala, cortland, granny smith. Mais certaines se prêtent plus que d'autres à tel ou tel type de préparation :

- Pour la compote : mcIntosh, cortland, fuji, gala.
- Pour les tartes : granny smith, rome beauty, cortland, reinette.
- Pour le cidre : winesap[1].

Dans une pomme, il n'y a que quatre-vingt-dix calories (environ) et aucune matière grasse, mais il y a aussi beaucoup de vitamine C et le fruit, de surcroît, facilite la digestion. Une livre de pommes contient trois fruits de calibre moyen, et il en faut un kilo, soit six pommes, pour faire une tourte.

1. Certaines de ces variétés sont spécifiquement nord-américaines. En France, la juliet (cultivée en bio) est directement issue de la rome beauty.

8

SEPTEMBRE

BISTROTS ET BRASSERIES

Les bistrots sont de petits cafés ou restaurants, et les brasseries à l'origine méritaient pleinement leur nom — on y brassait de la bière — mais ne sont maintenant que des lieux de restauration. Il est parfois difficile de les distinguer les uns des autres, leur définition étant assez floue.

Un bistrot est un lieu où l'on peut manger et boire sans façons. L'idée de consommer des plats simples dans une atmosphère chaleureuse a tout pour séduire. L'origine du terme est sujette à débat : selon certains, elle serait liée au mot russe *bistro,* qui signifie « vite », et daterait de l'occupation de Paris par les troupes russes en 1815. Une autre hypothèse le fait dériver du mot « bistrouille », terme populaire signifiant « mélanger, trafiquer » et désignant en particulier un mélange de café et d'eau-de-vie.

La brasserie, au contraire, a toujours eu une étymologie très claire : de lieu où l'on brassait de la bière, ce type d'établissement est devenu celui où l'on vendait de la bière, en même temps que des plats cuisinés et d'autres breuvages. Une brasserie sert un menu classique toute la journée et souvent jusque très tard dans la nuit. Depuis toujours, elle est appréciée des artistes, des écrivains, des journalistes et des hommes politiques.

À Paris, on connaît la très chic brasserie Lipp, que célébrèrent Hemingway et plus tard Hermann Goering ; ainsi que Bofinger, trésor de la Belle Époque ; et une de nos brasseries favorites, Flo, dans un passage étroit du Xe arrondissement[1]. Chez Lipp, le commun des mortels est exilé à l'étage, mais chez Flo, il n'y a qu'un rez-de-chaussée.

1. Le passage des Petites-Écuries.

9

SEPTEMBRE

LE PARMESAN

Lors du grand incendie qui ravagea Londres en 1666, Samuel Pepys dut prendre des mesures pour protéger certains biens précieux d'une destruction totale : « Ce soir-là, sir W. Penn et moi, nous avons creusé un autre trou dans le jardin pour y mettre notre vin et moi mon fromage *parmazan*. »

Le parmesan — parmigiano reggiano pour être précis — est techniquement un *grana*, c'est-à-dire un fromage à pâte dure et granuleuse qui ne ressemble que de très loin à la version râpée que l'on achète en sachet dans les supermarchés. Le véritable parmigiano reggiano est fabriqué à la main dans cinq provinces d'Italie du Nord à partir de lait cru partiellement écrémé, uniquement entre avril et mi-novembre. Il se présente sous forme de grosses meules de plus de trente kilos, avec les mots *parmigiano reggiano* gravés en petits points tout autour de la croûte. Son affinage dure au minimum dix-huit mois et peut se prolonger plusieurs années : plus vieux est le fromage, meilleur il est. De couleur jaune paille, friable et légèrement humide, il ne doit pas être découpé au couteau mais piqué et détaché sous forme d'éclats, comme la pierre d'une carrière.

C'est un des grands fromages du monde. Il possède une saveur légèrement salée, puissante et irrésistible, qu'on le consomme entier ou râpé. Il est vrai qu'il ne faut jamais l'acheter râpé, mais il faut aussi savoir que son arôme se dissipe rapidement. Pour les pâtes, il vaut donc mieux le râper grossièrement, et plus finement pour les soupes et les autres préparations. Grâce au lait écrémé, sa teneur en matières grasses est étonnamment basse : à peu près trente pour cent.

Le parmesan doit être conservé dans la partie basse du réfrigérateur, bien enveloppé dans plusieurs couches d'aluminium ou de film étirable. Avant de vous en servir, faites-le revenir à température ambiante sans le retirer de son enveloppe protectrice. Avant de le remettre au frais, donnez-lui un nouvel habit d'aluminium ou de film neuf. Si le fromage se dessèche ou commence à blanchir, enveloppez-le de mousseline légèrement humide et gardez-le une journée au réfrigérateur. Éliminez toute moisissure.

10 SEPTEMBRE

CAHORS

Cahors, capitale du Quercy, est une belle ville bordée sur trois côtés par une rivière. Comme beaucoup de villes du sud de la France, elle était célèbre à l'époque gallo-romaine. Elle possède encore un très beau pont médiéval, le pont Valentré, vieux de sept siècles, dont les contreforts fendent les eaux du Lot telles des proues de navire.

On produit à Cahors un vin typique, relativement peu connu, que nous achetons souvent. Très reconnaissable à sa robe sombre et à ses qualités tanniques très prononcées, le vin de Cahors, encore jeune, se révèle un peu âpre, mais à bonne maturité il est équilibré, riche et doté d'un nez élégant. Les vignes de Bordeaux ne sont pas très loin, la grandeur non plus sans doute, mais quoi qu'il en soit, le cahors est un très bon vin.

11 SEPTEMBRE

IDÉES DE DÎNERS SIMPLES

Avoir une bonne recette, c'est une chose, mais un dîner complet est une tout autre affaire. Quand on est pris par le temps et que l'on n'a rien prévu, il est bon d'avoir noté à la fin de son carnet de recettes quelques modèles de menus faciles à préparer. Vos invités peuvent prendre l'apéritif confortablement assis pendant que vous assurez en cuisine.

Voici une de nos formules :

BRUSCHETTA (pain de campagne toasté, frotté encore chaud d'ail et d'huile d'olive)

SALADE CAESAR sans œuf
TOURNEDOS DE FILET DE BŒUF bardés de tranches de bacon et poêlés
POMMES DE TERRE AU FOUR
SORBETS
CAFÉ

12
SEPTEMBRE
LES CHAMPIGNONS

En 1959, Jacques Pépin, célèbre chef et auteur culinaire, quitta la France pour les États-Unis après avoir fait son apprentissage dans le restaurant de ses parents, près de Lyon, et servi en tant que cuisinier personnel de trois chefs d'État dont Charles de Gaulle. À son arrivée à New York, il fut très étonné de ne pas trouver de champignons dans les supermarchés américains. Vingt-cinq ans plus tard, on y trouvait des petits champignons blancs en barquette, mais ils n'avaient malheureusement aucun goût. Et depuis, vingt années encore ont passé, et une révolution gastronomique a eu lieu. Il y a des champignons partout.

On cultive maintenant les champignons blancs que tout le monde connaît, mais aussi certaines variétés qui auparavant ne se trouvaient qu'à l'état sauvage. Grâce à ce mode de production, ils sont disponibles toute l'année, frais ou séchés. Les plus courants sont les membres de la famille des bolets, parmi lesquels les *porcini* d'Italie, les *shiitake* du Japon et les cèpes de France[1]. Cuisinés en soupes, dans des ragoûts ou des sautés, voire dans des sandwichs pour remplacer la viande, ils sont également délicieux seuls, sautés à la poêle.

Les chanterelles sont grandes et d'une vive couleur orangée ; on les cuit le plus souvent à l'étuvée. Une autre variété

1. En réalité, *porcini* et cèpes sont une seule et même espèce, et le *shiitake* n'est pas un bolet mais un lentin. Les chanterelles nord-américaines sont en général plus grandes que leur équivalent européen.

spectaculaire est le champignon homard[1], d'un beau rouge vif, excellent à la poêle.

Les minuscules *enoki* japonais sont consommés dans des salades et des plats sautés au wok ; on les aime pour leur texture plutôt que pour leur goût assez fade. Les pleurotes, gris pâle et dont la forme rappelle celle d'une huître, ont une texture ferme et accompagnent très bien viandes et gibiers.

Les plus rares des champignons sauvages — parce que personne n'a réussi à les cultiver — sont les morilles. Reconnaissables à leur chapeau conique, elles sont difficiles à trouver dans le commerce en dehors du début du mois de mai. Séchées, réhydratées et accommodées à la crème, elles gardent toute leur saveur intense et boisée.

Les champignons frais peuvent se conserver un jour ou deux au réfrigérateur, dans un emballage pas trop serré afin de conserver leur humidité. On ne doit pas les laver et encore moins les faire tremper, car ils absorberaient l'eau au lieu des liquides ou des matières grasses prévus pour leur cuisson. Il faut les essuyer avec du papier absorbant humide ou avec une brosse douce.

13

SEPTEMBRE

L'EN-CAS

« En-cas » est un vieux mot français qui désigne une collation ou un repas léger. Il vient de l'expression « en cas de » : dans les châteaux, sous l'Ancien Régime, on laissait un repas froid sur une petite table pour ceux qui rentraient tard. L'en-cas de Louis XIV, à Versailles, se composait de pain, de deux bouteilles de vin et d'une carafe d'eau pour la nuit.

1. Ce *lobster mushroom* (*Hypomyces lactifluorum*) est un champignon parasite de certaines autres variétés (russules et lactaires). On le trouve exclusivement en Amérique du Nord.

14

SEPTEMBRE

LES BLINIS

Buckwheat, « sarrasin », est un mot à consonance très américaine, bien que la plante soit originaire d'Asie où elle pousse encore à l'état sauvage. Il vient en fait du néerlandais *boeke*, « hêtre », et *weite*, « blé », sans doute parce que ses graines ressemblent à de petites faines de hêtre. Le sarrasin n'est pas une céréale ; il appartient à la même famille que la rhubarbe. Sa croissance est plus rapide dans les climats froids et dans les sols pauvres ; on dit qu'il est bénéfique pour la pression artérielle mais impropre à la fabrication du pain. Les fameuses nouilles japonaises *soba* sont à base de sarrasin, ainsi que les petites crêpes appelées blinis, délicieuses avec de la crème aigre et du caviar ou du saumon fumé.

Blini est, en russe, le pluriel de *blin*, « petite crêpe ». Dans la vieille Russie, on servait des blinis et de la vodka aux enterrements et on en jetait même un peu dans la fosse funéraire, comme un adieu aux choses de ce monde ou peut-être comme provisions pour le voyage à venir.

Les blinis sont excellents servis lors d'un petit déjeuner tardif ou au déjeuner. Les petits blinis peuvent servir de canapés, selon une recette que nous avons adaptée de celle qu'employait le Russian Tea Room[1] avant sa fermeture.

BLINIS

25 CL D'EAU TIÈDE
1 SACHET DE LEVURE DE BOULANGER INSTANTANÉE
1 PINCÉE DE SUCRE
110 G DE FARINE TYPE 55, TAMISÉE AVANT PESAGE
150 G DE FARINE DE SARRASIN, TAMISÉE AVANT PESAGE
1 CUILLERÉE À CAFÉ DE SEL
25 CL DE LAIT ENTIER TIÉDI
125 G DE BEURRE DOUX, FONDU ET TIÈDE
2 GROS ŒUFS LÉGÈREMENT BATTUS

1. Fondé en 1927 au 150 de la 57e Rue Ouest à Manhattan, le restaurant The Russian Tea Room ferma en 1996, puis en 2002, pour rouvrir en 2006.

CRÈME AIGRE (OU CRÈME FRAÎCHE) À VOLONTÉ
CAVIAR À VOLONTÉ

Mélangez l'eau tiède, la levure et le sel dans un saladier et laissez reposer 5 minutes ou jusqu'à ce qu'une mousse se forme. Si aucune mousse ne se forme, recommencez avec un autre sachet de levure ou de la levure fraîche.

Ajoutez les deux farines et le sel, puis incorporez le lait, trois cuillerées à soupe de beurre, puis les œufs un par un. Couvrez le saladier de film étirable et déposez-le dans un plat à rôtir contenant 2 à 3 cm d'eau chaude. Laissez lever la pâte dans un endroit tiède pendant environ une ou deux heures, jusqu'à ce qu'elle ait doublé de volume, que des bulles paraissent à la surface et que des fils se forment lorsqu'on la soulève avec une cuillère.

À ce stade, la pâte peut être faite jusqu'à trois jours à l'avance et gardée, bien couverte, au réfrigérateur. Si nécessaire, détendez-la avec un peu de lait avant de vous en servir.

Préchauffez le four à 120 °C. Faites chauffer une grande poêle antiadhérente sur feu moyen à vif. Quand elle est chaude, badigeonnez-la d'un peu de beurre fondu (ne le laissez pas noircir). Remuez la pâte et déposez-en une bonne cuillerée à café dans la poêle pour un blini de petite taille ou une bonne cuillerée à soupe pour un grand blini. Faites cuire en retournant les blinis une fois ; les deux faces doivent être bien dorées (ce qui prend environ 2 minutes). Gardez les blinis au chaud dans le four pendant que vous faites les suivants.

Servez garni d'un peu de crème aigre et de caviar. Pour deux ou trois douzaines de blinis.

Les grands blinis peuvent être roulés autour d'une farce au saumon.

FARCE AU SAUMON

2 OIGNONS HACHÉS
3 CUILLERÉES À SOUPE DE BEURRE
25 CL DE VIN BLANC

500 G DE SAUMON FUMÉ COUPÉ EN MORCEAUX IRRÉGULIERS
BEURRE FONDU

Faites légèrement dorer les oignons dans le beurre. Ajoutez le vin blanc et le saumon fumé ; laissez mijoter 1 heure sur feu doux. Déposez environ 2 cuillerées à soupe de cette préparation sur le bord d'un blini chauffé, enroulez le blini, recommencez avec le reste de farce et de blinis. Rangez les blinis fourrés dans un petit plat à rôtir, couvrez d'une feuille d'aluminium et faites chauffer au four à 150 °C pendant quelques minutes. Servez avec du beurre fondu. Pour farcir une douzaine de blinis.

15
SEPTEMBRE

LA DATTE

Les dattes, sucrées et couleur d'ambre, sont sans doute originaires du Moyen-Orient, où l'Irak en est le principal producteur et exportateur.

En arabe, le palmier dattier est appelé *nakhla*, « l'arbre de vie ». Mahomet recommandait à ses fidèles de le chérir, et les dattes sont encore à l'heure actuelle la première nourriture que l'on mange à la fin de chaque journée de ramadan. Le fruit est en soi si nourrissant que, même de nos jours, les nomades du désert peuvent survivre pendant de longues périodes sans rien consommer d'autre que des dattes et le lait de leurs chèvres.

Pendant des millénaires, le palmier dattier n'a pas seulement donné ses fruits mais aussi son tronc pour faire des cordes et du chaume pour les toits, ses feuilles pour tresser des paniers et sa sève pour confectionner un alcool distillé appelé arak. C'est un arbre qui accompagne les humains depuis la préhistoire ; il est représenté sur les plus anciens bas-reliefs égyptiens. La culture des dattes est probablement aussi la plus ancienne de l'humanité. L'arbre peut être femelle ou mâle ; le premier a besoin d'être pollinisé par le second pour porter des fruits. Les insectes ne participent pas à la tâche, car les fleurs du palmier dattier ne les attirent pas. Le vent peut le faire, un peu au petit bonheur la chance, mais la méthode la plus efficace consiste à apporter manuellement le pollen de la fleur mâle à la fleur femelle. Un seul arbre mâle peut produire assez de pollen pour plus de cinquante arbres femelles.

Les arbres atteignent leur maturité au bout d'une trentaine d'années. Une fois fertilisés, ils sont prolifiques : un arbre femelle peut à lui seul produire plus de cinquante kilos de dattes par an pendant plusieurs décennies. Les dattes que l'on peut acheter au supermarché sont généralement de la variété moelleuse, les « demi-sèches » et les « croquantes » étant moins recherchées. Sucrées, souvent collantes et assez caloriques, elles sont consommées fraîches ou séchées ou employées en pâtisserie. Elles sont riches en fer et en fibres.

Dans l'Antiquité, les meilleures dates étaient censées provenir de Jéricho, où elles sont encore cultivées dans les meilleures conditions. En effet, le palmier dattier, selon l'expression de Waverley Root[1], aime avoir « la tête au soleil et les pieds dans l'eau », ce qui est le cas dans une oasis. Pendant la période de maturation des dattes, entre avril et septembre, il suffit d'un peu de rosée matinale pour détruire la récolte.

16
SEPTEMBRE

LE MENU

Il incombe à un restaurant de donner la liste des plats disponibles et de leur prix. La carte reflète la collaboration entre le restaurateur et le chef. Le restaurateur tient à ce qu'elle représente l'esprit du lieu et le chef revendique la liberté d'y exprimer ses préférences et son style. Ce style se manifeste souvent par la présence de plats du jour annoncés vocalement par le serveur. La liste en paraît parfois plus longue que le menu lui-même.

1. Voir le 15 avril.

Les premiers menus étaient à l'usage exclusif du personnel de cuisine et de salle, affichés en cuisine pour leur rappeler quels plats servir et dans quel ordre. Quand on commença à les présenter aux clients, c'étaient de longs catalogues où figuraient non seulement la douzaine de plats réellement disponibles mais aussi la centaine que le chef pouvait éventuellement réaliser s'il en avait les ingrédients et l'inclination.

Aux États-Unis, il n'y a pas longtemps, pour consulter le menu d'un restaurant, il fallait y entrer, mais on le trouve de plus en plus souvent affiché à la devanture, comme en Europe. Au Japon, le menu prend souvent la forme de copies des plats en plastique, d'un réalisme saisissant. Si votre maîtrise du japonais laisse à désirer, le serveur sortira avec vous afin que vous puissiez désigner la copie de votre choix.

17

SEPTEMBRE

SANS PÉPINS

L'expression commerciale « sans pépins », à propos des agrumes, ne signifie pas que le fruit ne contient pas un seul pépin mais qu'il y en a moins de cinq dans chaque citron, orange ou pamplemousse.

18

SEPTEMBRE

SAMUEL JOHNSON

Il y a des gens qui prétendent, assez bêtement, ne pas attacher d'importance à ce qu'ils mangent... Mon opinion, à moi, est que celui qui ne s'intéresse pas à son ventre ne s'intéressera à rien d'autre.

Samuel Johnson

Samuel Johnson, un homme qui ne fut jamais riche ni puissant mais qui donna son nom à une époque, est né un 18 septembre

1709 à Lichfield, en Angleterre. Sa grandeur résidait dans sa puissante intelligence, dans son esprit et dans ses textes — essais, biographie, critiques — qui exercèrent une grande influence. Il rédigea aussi, presque sans aide, le premier dictionnaire de la langue anglaise.

Son biographe, James Boswell, disait de lui : « Je n'ai jamais vu un homme aimer autant que lui la bonne chère. Quand il était à table, l'occupation du moment l'absorbait entièrement. » Il mangeait avec une fougue qui dégoûtait parfois les autres convives, mais cela ne l'empêchait pas d'être un compagnon de table très recherché pour le plaisir de sa conversation passionnante. Il disait lui-même à propos de sa gloutonnerie : « Parce que je mange à beaucoup de bonnes tables, je suis meilleur juge en matière de cuisine qu'un autre que moi qui aurait un excellent cuisinier mais souperait le plus souvent chez lui. Son goût, petit à petit, s'adapte à celui de son cuisinier, tandis que moi, ayant davantage d'expérience, je suis plus à même de juger. »

LE FOUR À MICRO-ONDES

Le 18 septembre 1999, le Dr Percy Spencer, expert en électronique, fut admis à titre posthume au National Inventors Hall of Fame[1], succédant aux frères Wright et à Thomas Edison parmi les précédents lauréats. Sa renommée reposait principalement sur l'invention du four à micro-ondes, issu de ses recherches sur le radar après la Seconde Guerre mondiale. Debout à côté d'un magnétron, Spencer s'aperçut soudain que le chocolat qu'il avait dans une poche était en train de fondre. Il confirma le pouvoir chauffant du magnétron en disposant à côté de l'appareil des grains de maïs à pop-corn qu'il regarda gonfler et éclater.

Le premier four à micro-ondes, construit en 1947, pesait 340 kilos, était aussi gros qu'un réfrigérateur et ne servait que dans les restaurants. Mais au cours des décennies suivantes, on parvint à réduire sa taille et à le rendre plus maniable.

1. Organisation fondée en 1973 à Akron (Ohio) pour honorer les réalisations des inventeurs.

19
SEPTEMBRE
LES MOULES

Le 19 septembre 1902 est le jour de naissance de William B. Leeds, un géant américain de l'étain qui fut un habitué du restaurant Maxim's. Il raffolait tant de la soupe crémeuse aux moules qu'on y servait qu'on la rebaptisa de son nom : billi-bi.

Appelée « l'huître du pauvre » en raison de son abondance et de son prix modeste, la moule fait l'objet d'un élevage depuis plus de huit siècles, mais elle était déjà consommée depuis des millénaires avant l'invention de la mytiliculture. Elle est plus appréciée en Europe qu'aux États-Unis.

BILLI-BI

6 LITRES DE MOULES GRATTÉES ET LAVÉES
12 CUILLERÉES À SOUPE D'OIGNONS ET D'ÉCHALOTES HACHÉS
4 CUILLERÉES À SOUPE DE PERSIL HACHÉ,
ET UN PEU PLUS POUR SERVIR
4 CUILLERÉES À SOUPE DE BEURRE
25 CL DE VIN BLANC
1 FEUILLE DE LAURIER
1 CUILLERÉE À CAFÉ DE THYM SÉCHÉ
SEL, POIVRE
12 CL DE CRÈME FRAÎCHE OU DE CRÈME LIQUIDE

Faites ouvrir les moules à la vapeur avec les autres ingrédients (sauf la crème) dans une grande marmite bien couverte. Au bout de dix minutes, éliminez les coquilles non ouvertes. Décoquillez les moules et gardez-les au chaud. Filtrez le jus des moules, faites-le réduire, puis liez-le avec la crème. Ajoutez les moules et faites juste chauffer, sans bouillir. Servez garni de persil haché. Pour six à huit personnes.

20 SEPTEMBRE

E PLURIBUS UNUM

L'histoire nous apprend que Benjamin Franklin, John Adams et Thomas Jefferson proposèrent d'un commun accord la formule *E pluribus unum* (« Un à partir de plusieurs ») comme devise officielle des tout jeunes États-Unis. Mais certains pensent que Franklin, d'esprit facétieux, avait trouvé la phrase dans une vieille recette de vinaigrette pour salade.

21 SEPTEMBRE

CHÂTEAU

La mention « château » dans le nom d'un vin français signifie généralement qu'on a affaire à un bordeaux. L'image de la grande propriété dominée par un château ou une vaste demeure correspond parfois à la réalité, mais il existe d'importants domaines viticoles sans château au sens strict du terme.

Souvent, un nom imposant se trouve associé à un vin médiocre et aussi, au contraire, un nom simple à un grand cru. Dans ce dernier cas, on peut citer château-ausone, château-latour, château-lafite et même petrus, dont le nom ne comporte aucun château.

Il arrive que des bourgognes et des vins d'autres origines portent un nom de château, par exemple château-de-beaucastel et château-fortia (côtes-du-rhône), château-fuissé (Bourgogne), château-du-nozet (Loire) ou château-vignelaure (côtes-de-provence), sans oublier la grande et fameuse appellation châteauneuf-du-pape, près d'Avignon, qui couvre trois mille deux cents hectares. De nombreux vignerons y travaillent ; les meilleurs d'entre eux produisent un excellent vin de garde à la robe sombre et aux arômes puissants.

22
SEPTEMBRE
COMMENT DEVENIR UN HABITUÉ

Il est agréable de compter parmi les habitués d'un restaurant : on est reconnu à la porte, chaleureusement accueilli et traité avec une évidente considération. Comment accéder à ce statut ? De l'avis des restaurateurs et des serveurs, il y a une méthodologie.

■ Inutile de se pointer chaque semaine. Trois ou quatre visites raisonnablement rapprochées suffisent généralement.

■ La fidélité vaut mieux que la fréquence. Quand on voyage, si l'on se rend au même restaurant au moins une fois à chaque séjour dans une ville, même si ce n'est que deux fois par an, cela peut suffire à vous qualifier.

■ Une dépense généreuse à la commande, sur la quantité comme sur la qualité, et un bon pourboire — *a fortiori* les deux — se révèlent infaillibles.

■ Le comportement aussi peut être plus important que l'argent. Un client poli et patient, et qui le reste quand les choses ne tournent plus rond, est toujours tenu en très haute estime.

■ Restaurateurs, chefs et serveurs se dévouent pour les clients au naturel enthousiaste qui aiment la cuisine, le service et l'atmosphère — bref l'expérience entière — et n'hésitent pas à le faire savoir.

23
SEPTEMBRE
LE CHAMBERTIN

Un tableau vit de sa légende, disait Picasso ; il en est ainsi des mets et des boissons. Le caviar est nimbé de son aura aristocratique. Certains vins aussi. L'écrivain anglais Hilaire Belloc observait à propos de sa jeunesse passée qu'il avait oublié la ville, oublié la fille, mais pas le vin, qui était un chambertin.

Dans *Out of Africa* (*La Ferme africaine*), Karen Blixen sert une très bonne bouteille à Emmanuelson, son maître d'hôtel en disgrâce, qui lui rend visite mal rasé, les pieds dans des chaussures usées. Elle lui sert un dîner qui sera sans doute son dernier, puisqu'il se prépare à faire cent quarante kilomètres à pied à travers le pays Masaï, sur des pistes cabossées, entouré d'animaux féroces. Une fois son verre rempli, Emmanuelson en boit une gorgée avant de l'élever dans la lumière. Au bout d'un long moment, il dit : « Fameux, fameux ! » et identifie le corps et la saveur du vin comme étant ceux d'un chambertin 1906. À ce moment, Karen Blixen, qui jusqu'alors n'a eu que peu d'estime pour l'homme, éprouve pour lui un immense respect.

Pourtant, le chambertin n'est plus ce qu'il a été. Ces vignes qui avaient produit des vins extraordinaires pendant plus de mille ans furent rassemblées en 1702 sous la houlette d'un propriétaire du nom de Jobert, qui réussit à donner son cachet à l'appellation et à y faire sa fortune. Depuis, les treize hectares qui constituaient son domaine ont été divisés entre de nombreux propriétaires, à présent plus de deux douzaines. Ce qu'ils produisent n'est pas toujours un grand vin, ni même un bon vin, mais il n'en porte pas moins l'étiquette chambertin ou chambertin-clos-de-bèze. Maintenant, il faut un bon guide des vins ou un négociant fiable pour se diriger dans cette jungle.

24

SEPTEMBRE

LE BROCOLI

Les origines du brocoli sont obscures, mais on sait au moins qu'il était connu des Romains de l'Antiquité. Le fils de l'empereur Tibère en raffolait, dit-on, à un point extrême. Il fut apporté d'Italie en France par les cuisiniers de Catherine de Médicis en 1533, mais il lui fallut beaucoup plus de temps pour lui faire traverser la Manche. Il parvint en Amérique à peu près au temps de la guerre d'Indépendance ; il figure dans le traité de jardinage écrit par le Virginien John Randolph en 1775.

Membre de la famille du chou, très riche en vitamines, le brocoli ne doit pas être cuit trop longtemps. Il ne faut pas lui laisser le temps de ramollir. Il est délicieux avec un beurre citronné ou une sauce hollandaise. Sa gloire littéraire semble tenir pour une grande part à la légende qu'écrivit E. B. White pour un dessin humoristique du *New Yorker*. On y voit une mère à bout d'arguments qui cherche à faire manger son enfant obstiné.

« Je te dis que ce sont des brocolis, mon chéri.

— Et moi, je dis que ce sont des épinards et que j'en veux pas. »

25
SEPTEMBRE

ROMANÉE-CONTI

Vers 1960, je lus *The Wines of France* d'Alexis Lichine. Un peu plus tard, inspiré par cette lecture, je fis l'achat de ma toute première grande bouteille chez un caviste établi à quelques pas de l'hôtel Saint-Regis. C'était de la romanée-conti. Je ne me souviens plus bien du millésime, mais ce devait être un 1956. Ce que je n'ai pas oublié, c'est le prix : seize dollars. Aujourd'hui, une telle bouteille en coûterait plus d'un millier.

Le romanée-conti est sans doute le plus grand de tous les bourgognes. Il est issu d'un petit vignoble d'un hectare et soixante-trois ares qui était déjà un joyau lorsque Mme de Pompadour le convoitait. Après la Révolution française, il fut plusieurs fois vendu aux enchères, la dernière fois en 1868. Il produit chaque année environ trois cents caisses et jusqu'à cinq cents dans les millésimes prolifiques. C'est ce rendement limité, associé à sa légende, qui le rend si cher. Pour comparer, un grand bordeaux comme château-lynch-bages expédie chaque année entre trente-cinq mille et quarante-cinq mille caisses.

Les bourgognes — ou plus exactement les grands bourgognes — sont célèbres pour leurs qualités aromatiques et, au contraire des bordeaux, ne sont généralement pas mis en carafe, car leur bouquet souffre de l'exposition à l'air. Je n'en savais rien lorsque j'ai bu les seules bouteilles de romanée-conti que je boirai sans doute dans ma vie, mais fort heureusement, à chaque fois, il était servi à la bouteille. Je crois bien me souvenir qu'il avait, en bon bourgogne, quelques degrés de température de moins qu'un bordeaux de niveau équivalent.

J. S.

26
SEPTEMBRE

LE COLONEL JOHNSON

Le 26 septembre 1820, le colonel Robert Gibbon Johnson, homme proche de la cinquantaine, en costume noir, chemise à jabot et coiffé d'un tricorne, gravit le perron du palais de justice du comté de Salem (New Jersey) et, devant une foule de deux mille spectateurs fascinés, entreprend de manger des tomates crues. Beaucoup s'attendaient à un suicide public, mais Johnson ne manifeste aucune réaction morbide, prouvant ainsi une bonne fois pour toutes que la tomate n'est pas toxique et ne provoque ni cancer de l'estomac ni appendicite.

Depuis douze ans, il cultivait sur les terres de sa ferme des tomates issues de graines rapportées d'Amérique du Sud, mais il n'avait jamais réussi à convaincre ses voisins que les tomates pussent être autres que décoratives. De nos jours, le New Jersey est encore célèbre pour la qualité de ses tomates. Il y a cent ans, cet État comptait entre vingt-cinq et trente conserveries de tomates, dont l'usine de ketchup Heinz à Salem.

27
SEPTEMBRE

RAISINS SECS ET PRUNEAUX

Il arrive parfois qu'une rose se vende mieux quand on lui donne un autre nom. En 1873, lorsqu'une sécheresse fit flétrir les raisins sur les vignes, un commerçant plein d'imagination les rebaptisa « délices du Pérou », créant ainsi le marché du raisin sec dans le pays. Plus récemment, dans l'espoir d'améliorer l'image du pruneau, des millions ont été dépensés pour le renommer « prune séchée ».

28

SEPTEMBRE

COMMENT ACHETER LE BŒUF

Depuis environ dix mille ans avant notre ère, l'humanité mange de la viande rouge. Très tôt, elle a aussi appris que cette viande est meilleure au goût, plus facile à mâcher et plus digeste quand elle est cuite. Encore récemment, avoir du bœuf sur sa table était un signe de richesse et de statut social élevé, car la viande était relativement rare. Alors même qu'il avait les foules révolutionnaires aux trousses, Louis XVI parvint à emporter un stock de plat de côtes dans sa voiture pour se consoler pendant sa fuite.

Aux États-Unis, le département de l'Agriculture classe la viande de bœuf en cinq degrés de qualité, mais la plupart du temps on n'en trouve que trois dans le commerce : *prime* (premier choix), *choice* (deuxième choix) et *good* (bonne qualité). *Good* désigne en fait une viande moins grasse, tandis que le *prime beef* — le degré supérieur — doit présenter le persillé ou graisse intramusculaire qui contribue au goût et à la tendreté.

À part cela, voici quelques règles utiles pour acheter la viande de bœuf :

- Sa couleur doit être rouge vif ou rouge foncé (mais plus la viande est maturée, plus sa couleur s'assombrit).
- Elle doit être assez ferme pour rebondir sous la pression de l'index.
- La viande la plus savoureuse et la plus tendre présente des marbrures de graisse blanches ou jaunâtres entre les fibres musculaires.
- La tendreté tient à plusieurs facteurs qui incluent l'âge et la race de la bête, ainsi que son alimentation. Le fameux bœuf de Kobe, qui est peut-être le bœuf le plus cher du monde, est nourri de riz, de haricots et de bière, en plus d'être massé

quotidiennement. Ce sont les muscles qui ont le moins travaillé du vivant de l'animal qui donnent les morceaux les plus tendres, en particulier ceux qui se situent derrière l'épaule et le long du dos : le train de côtes et l'aloyau. C'est là que se trouvent les côtes à griller, les entrecôtes et les morceaux à steak. Les parties les moins tendres sont celles qui contiennent des tissus conjonctifs en plus du tissu musculaire : épaule, jarret avant, jarret arrière, cuisse et partie ventrale. Dans celles-ci, on a les morceaux à braiser, à hacher, à bouillir et à mijoter.

Pour attendrir des morceaux un peu durs, on peut hacher la viande, la trancher à contrefil — ce qui raccourcit les fibres et les rend plus faciles à mastiquer — ou encore la cuire longuement dans un liquide. Les méthodes de cuisson sèche, à savoir le rôtissage, la grillade et la friture, conviennent mieux aux morceaux tendres. L'idée que la viande conserve plus de jus quand on la saisit ou qu'on la fait dorer en début de cuisson n'a aucun fondement.

Même ceux qui réduisent leur consommation de viande de bœuf ne cachent pas le plaisir qu'elle leur donne. Comme le disait le grand chef Carême, « le bœuf est l'âme de la cuisine ».

29

SEPTEMBRE

LA SAUCE WORCESTERSHIRE

En 1938, la sauce Worcestershire faisait déjà si bien partie du paysage alimentaire qu'il y en avait un flacon sur la table où Adolf Hitler, à Munich, força Mussolini, Chamberlain et Daladier à accepter des conditions désastreuses. Déjà à cette époque, sa formule était centenaire : on la devait à la nostalgie d'un lord anglais, ex-gouverneur du Bengale, qui avait adoré ce condiment aux Indes.

De retour en Angleterre, il avait confié à deux pharmaciens locaux, John Lea et William Perrins, le soin de reproduire la recette, laquelle incluait des anchois, du tamarin, des piments et de la mélasse, le tout mariné dans du vinaigre. Le résultat fut si désagréable au goût qu'ils rangèrent le produit à la cave et l'oublièrent. Deux ans plus tard, quand ils le retrouvèrent, il s'était si bien affiné qu'ils décidèrent de le mettre en bouteilles et de le vendre, prétendant au passage que le produit, entre autres vertus, faisait pousser les cheveux et les embellissait. Depuis, la recette et le procédé de maturation sont restés inchangés.

30

SEPTEMBRE

AU GRAND COUVERT

On peut manger seul, ce qui est un peu triste ; on peut aussi manger en petit comité avec des amis, ou en public au restaurant, ou encore au grand couvert, comme les rois de France de Louis XIV à Louis XVI, devant toute la cour qui regardait le roi prendre son repas. La reine Marie-Antoinette ne prisait guère cette cérémonie. Elle n'y apparaissait qu'une fois par semaine et faisait semblant de manger.

LA MARGARINE

En 1869, Hippolyte Mège-Mouriès, à la recherche d'un substitut bon marché du beurre, mélangea de la graisse de bœuf, du lait écrémé et une lanière de tétine de vache[1], et réalisa ainsi la première margarine, produit au succès immédiat et dont on a, depuis, nettement amélioré la couleur, la texture et le goût. Napoléon III le gratifia d'un prix.

1. On croyait à l'époque que le pis de vache contenait une substance capable d'apporter un goût de beurre à la margarine.

OCTOBRE

▪ QUELQUES RÈGLES POUR UN DÎNER ▪ LE STILTON ▪ LES CAFÉS ANGLAIS ▪ LA CUISINE EN ÉGYPTE ▪ LE CONCOMBRE ▪ GLANER ▪ LA SOUPE DE BETTERAVE ▪ PREMIÈRES FOIS EN FRANCE ▪ LA TRUFFE ▪ ROMPRE LE JEÛNE ▪ LE JAMBON ▪ CURNONSKY ▪ LA POMME DE TERRE ▪ UN DÎNER À BERLIN ▪ LE PAVILLON ▪ MARIE-ANTOINETTE ▪ CRAIG CLAIBORNE ▪ LIEBLING ▪ JONATHAN SWIFT ▪ CATHERINE DE MÉDICIS ▪ LE BABA AU RHUM ▪ LES POMMES DU COMMERCE ▪ LES VINS DE CALIFORNIE ▪ QUAND ALICE WATERS REÇOIT CHEZ ELLE ▪ LE SOMMELIER ▪ TROIS LIEUX OÙ DÉJEUNER ▪ LE VINAIGRE BALSAMIQUE ▪ ESCOFFIER ▪ LE FOIE GRAS ▪ IRMA ROMBAUER ▪ CHÂTAIGNE ET MARRON

1er OCTOBRE

QUELQUES RÈGLES POUR UN DÎNER

Voici quatre conditions que Brillat-Savarin jugeait indispensables à un dîner réussi :

- Une nourriture au moins passable.
- Du bon vin.
- Une compagnie agréable.
- Suffisamment de temps.

Voici maintenant quelques-uns des éléments qu'il considérait comme désirables, quoique non essentiels :

- Un maximum de douze invités.
- Une salle à manger assez fraîche (entre 16 et 20 °C), bien éclairée, et du linge de table bien frais.
- La soirée doit durer au moins jusqu'à 11 heures du soir, mais pas au-delà de minuit.

2 OCTOBRE

LE STILTON

Donnant un jour une conférence à Cambridge, l'éminent érudit Dmitry Mirsky définit l'importance de Pouchkine dans la littérature russe avec une concision remarquable. Ce que Shakespeare était pour l'Angleterre, ce que Dante était pour l'Italie, ce que Goethe était pour l'Allemagne, Pouchkine l'était pour la Russie. Y avait-il des questions ?

On pourrait définir les fromages un peu de la même façon, en terminant par : le stilton l'est pour l'Angleterre.

C'est au début du XVIIIe siècle, à partir d'un relais de diligence appelé The Bell Inn, sur la grand-route du Nord qui reliait Londres à l'est de l'Angleterre, que la réputation d'un certain fromage local commença à se répandre. Bien qu'il n'y fût pas fabriqué, il prit le nom de Stilton, le village le plus proche. Naturellement persillé de bleu, crémeux mais assez ferme pour être tranché, légèrement friable, il est excellent avec du vin rouge ou du porto et avec des fruits. C'est le seul fromage anglais qui bénéficie d'un cahier des charges officiel : il doit être fabriqué à partir de lait de vaches anglaises dans une aire bien définie autour de Melton Mowbray, région dont le sous-sol ferreux pourrait contribuer à expliquer la présence naturelle de veines bleues dans le stilton. De forme cylindrique — environ 25 centimètres de hauteur et 20 à 23 centimètres de diamètre —, le stilton pèse environ 7,5 kilos.

Sa production, qui se faisait autrefois à la ferme, est désormais entièrement commerciale. Sa qualité varie essentiellement selon le temps d'affinage, qui est au minimum de six mois et peut se prolonger jusqu'à dix-huit mois. On vérifie sa maturité en prélevant une « carotte » dans la masse du fromage. Le stilton est à base de lait pasteurisé. Comme les autres fromages, il devait être meilleur avant que cette restriction fût imposée. Il possède une croûte naturelle brunâtre et rugueuse que l'on peut manger.

Si vous achetez un stilton entier, le mieux est de le trancher horizontalement et de replacer la croûte supérieure après usage afin que le fromage garde son moelleux. Si vous achetez le stilton à la coupe, ne le laissez surtout pas se dessécher.

3
OCTOBRE

LES CAFÉS ANGLAIS

À Londres, les cafés se multiplièrent à partir de 1652, quand la nouvelle boisson à la mode, le café, fut arrivée du continent européen. Selon une publicité de l'époque, « [le café] ferme l'orifice de l'estomac, fortifie la chaleur interne, facilite la digestion, éveille l'esprit, rend le cœur léger, est bon contre les maux d'yeux, la toux ou les refroidissements, le rhume, la consomption, le mal de tête, l'hydropisie, la goutte, le scorbut, les écrouelles et maintes autres affections ».

Lieux de réunion pour se détendre et échanger des informations à une époque où la poste était lente et où la presse balbutiait à peine, les cafés devinrent le centre de la vie sociale londonienne. Pour le prix d'admission, un penny, on avait droit non seulement à sa première tasse de café, mais aussi aux nouvelles du jour, transmises par ceux qui distribuaient les gazettes ou diffusaient simplement les derniers cancans.

Précurseurs d'une autre institution, le club anglais, les cafés devinrent l'endroit où l'on était sûr de trouver telle ou telle personne à certaines heures. Chaque café recevait une clientèle particulière : hommes d'affaires pour l'un, hommes politiques ou intellectuels pour l'autre. Pendant trente ans, on put trouver John Dryden, dont la conversation littéraire attirait des Pepys ou des Pope, au Will's Coffee-House. La convivialité, dans ces cafés, était si intense que, même pendant la grande peste de Londres, ils furent toujours pleins malgré le risque de contagion. Les clients prenaient tout de même la précaution de demander leur état de santé à leurs compagnons de table.

La popularité des cafés était telle qu'en 1675, Charles II demanda par édit leur suppression, les décrivant comme des lieux de débauche et de conspiration. Il pensait en particulier aux cafés que fréquentaient ses rivaux politiques. L'édit souleva une telle vague de protestation que le roi n'essaya même pas de l'appliquer.

On n'y servait pas seulement du café, mais aussi du chocolat et du thé, qui coûtaient plus cher — et même beaucoup plus cher, en ce qui concernait le thé. La plupart des clients buvaient du café.

Les serveurs y disposaient une tasse auprès d'un écriteau où l'on pouvait lire *To Insure Prompt Service* (« Pour s'assurer un service rapide »), et ceux qui en avaient les moyens y jetaient une pièce. Plus tard, on appela cette pratique *tips*, « pourboire ».

4 OCTOBRE

LA CUISINE EN ÉGYPTE

En Égypte, le poisson provient de la mer Rouge et de la Méditerranée, et non du Nil, où il était autrefois si abondant qu'on le considérait comme la nourriture des pauvres. Préparé avec plus de raffinement, il figurait aussi à la table des riches. C'est en Égypte que fut inventée la pratique du gavage des oies que l'on faisait rôtir à la broche. L'oie est toujours une spécialité égyptienne, ainsi que le pigeon, préparé de toutes les façons possibles et imaginables. L'agneau et le mouton, eux, sont venus du Proche-Orient, notamment de Turquie. Et, hier comme aujourd'hui, la bière légère a toujours été la boisson préférée.

5 OCTOBRE

LE CONCOMBRE

Visitant les îles Hébrides en 1773 en compagnie de James Boswell, Samuel Johnson fit remarquer qu'un concombre « doit être bien tranché, assaisonné de poivre et de vinaigre, puis jeté, car il n'est bon à rien ».

Pour une fois, le grand homme avait tort. Le concombre, un des plus anciens légumes de l'histoire de l'agriculture, est excellent en salade, permet de faire de jolis décors alimentaires, un potage délicieux[1] et, en Angleterre, des petits sandwichs fins et élégants qu'on sert avec le thé. Comme il est composé d'eau à quatre-vingt-seize pour cent, il ne contient pratiquement aucune calorie, ce qui ne l'empêche pas d'être riche en sels minéraux et en vitamines A et C.

Une salade de concombre peut se faire en vingt minutes, quelques heures à l'avance :

1. Voir le 20 décembre.

SALADE DE CONCOMBRE

1 CONCOMBRE, NON PELÉ, COUPÉ EN PETITS CUBES
1 OIGNON ROUGE COUPÉ EN PETITS CUBES
1 GROSSE TOMATE COUPÉE EN PETITS CUBES
HUILE D'OLIVE EXTRA-VIERGE
VINAIGRE DE VIN ROUGE
SEL, POIVRE DU MOULIN

Réunissez dans un saladier le concombre, l'oignon rouge et la tomate en quantités égales. Préparez une vinaigrette avec le vinaigre et l'huile en proportions égales, ou en mesurant une part de vinaigre pour deux parts d'huile, en y ajoutant du sel et du poivre du moulin selon votre goût. Servez avec du bon pain. Pour environ cinq personnes.

6

OCTOBRE

GLANER

La glaneuse la plus célèbre est certainement Ruth, dans le livre de l'Ancien Testament qui porte son nom. Jeune veuve, elle quitte son pays pour prendre soin de sa belle-mère, Naomi, veuve elle aussi. Afin de joindre les deux bouts, elle se rend au champ d'orge d'un voisin nommé Boaz et lui demande la permission de ramasser les épis laissés au sol par les moissonneurs. Cette orge lui permet de se nourrir et de nourrir Naomi, et à la fin de l'histoire Ruth épouse Boaz.

Historiquement, le glanage était autrefois un moyen d'aider les pauvres. Une partie de la moisson était délibérément laissée dans le champ pour que les nécessiteux pussent la ramasser. De nos jours, les méthodes de moissonnage sont sans doute plus efficaces mais on ne peut pas en dire autant des gens. Aux États-Unis, la nourriture est gaspillée à hauteur d'environ cinquante millions de tonnes par an, y compris les invendus de supermarchés et les restes non consommés dans la restauration. Cela fait à peu près soixante kilos par personne. Tout cela finit dans les décharges, et même si l'on termine bien son assiette, comme on l'enseignait naguère aux enfants, ça n'y change pas grand-chose.

Il existe encore dans tout le pays des groupes de volontaires qui vont glaner pour les pauvres. Récemment, dans l'État du Maine, des écoliers ont pu ramasser cinquante tonnes de pommes de terre après une récolte. La partie orientale de Long Island est aussi une région de pommes de terre. Bien que certains champs aient succombé aux griffes des promoteurs immobiliers, il en reste encore beaucoup où croît cette petite plante buissonnante et vert sombre. En automne, des camions chargés à bloc prennent parfois les virages de manière un peu trop raide, provoquant la chute de pommes de terre qui roulent vers les bas-côtés. Il nous arrive d'arrêter notre voiture pour les ramasser. Nous les faisons cuire le soir même, avant que les meurtrissures qu'elles ont subies pendant leur chute ne les gâtent complètement. Non que nous ne puissions nous en offrir, comme Ruth ; c'est juste une façon de les aider à accomplir leur destin de pomme de terre.

7

OCTOBRE

LA SOUPE DE BETTERAVE

Le bortsch — également connu sous le nom de *borshch*, *borshch* ou *borsch* — est la soupe russe la plus connue et, avec la soupe au chou, la plus populaire. Il en existe de nombreuses versions : russe, ukrainienne, polonaise, simples ou sophistiquées. Le bortsch que Carême[1] préparait pour le tsar contenait du poulet, du veau, du canard, de la saucisse, du filet de bœuf, des œufs, du lard fumé, des carottes, du céleri et du raifort, entre autres ingrédients. La version d'Irma Rombauer[2] ne contient que des carottes, des oignons, du chou et des betteraves, plus quelques épices et condiments.

1. Voir le 8 juin.
2. Voir le 30 octobre.

« À tout ce que je fais, j'applique le principe du bortsch russe, déclarait le poète Evgueni Evtouchenko. On peut y mettre tout ce qu'on veut : betteraves, carottes, chou, oignons… Ce qui compte, c'est le résultat — le goût du bortsch. »

8

OCTOBRE

PREMIÈRES FOIS EN FRANCE

8 octobre 1976, notre première nuit en France. Nous l'avons passée à Beaune, capitale vinicole de la Bourgogne. Notre hôtel-restaurant avait une étoile Michelin bien méritée. Et une étoile dans cette région de France, on peut en général s'y fier. Nous avons très bien mangé. Ensuite, une fine au bar — la première de sa vie pour Kay —, avant de retrouver le confort de notre chambre avec la parfaite conscience de notre bonne fortune.

Le lendemain matin, des camions passaient dans la rue. Comme nous avions assez faim pour un petit déjeuner, nous l'avons commandé au lit, et j'ai lu le *Paris Trib*[1] dans mon bain.

Le voyage venait de commencer.

J. S.

Les écrevisses que j'avais commandées sans savoir ce que c'était arrivèrent devant mes yeux telles de bizarres crevettes géantes dans leur carapace. Comme elles me paraissaient impossibles à décortiquer, enhardie par le vin de Beaune, je mangeai tout, la tête et le reste. Les serveurs restaient impassibles, les autres clients avaient l'air épatés. Après dîner, au bar, j'eus en main un verre comme je n'en avais vu que dans les films et je bus un cognac à l'eau de Seltz, qui ne m'enivra pas davantage que cette nuit tout entière — l'hôtel, l'homme, la France…

K. S.

1. Édition parisienne de l'*International Herald Tribune*.

9

OCTOBRE

LA TRUFFE

La truffe est la fructification d'un champignon souterrain qui vit sur les racines des arbres, souvent des chênes. Jadis, elle était considérée comme aphrodisiaque et l'est encore aujourd'hui. On trouve certains types de truffe en Amérique du Nord, en Afrique du Nord et en Espagne, mais la truffe noire récoltée en France et la truffe blanche d'Alba, qui pousse en Italie, sont supérieures à toutes les autres[1]. Fraîche, la truffe est un véritable régal, seule ou en accompagnement d'autres produits. Avant la Révolution française, une dinde truffée ne pouvait figurer qu'à la table de la haute noblesse ou des courtisanes les plus coûteuses.

La truffe est, en quelque sorte, accidentelle. Pourquoi elle se forme, où elle apparaît, cela reste un mystère. Les anciens croyaient que la foudre était un facteur décisif de leur apparition. Comme dans toutes les vieilles croyances, il y a probablement un fond de vérité, car on a observé que certains sols qui avaient autrefois produit des truffes pouvaient en donner de nouveau après avoir subi un choc — la construction d'une route à proximité ou même l'impact répété d'un ballon de basket-ball.

C'est leur arôme très particulier, très puissant, qui fait que les truffes sont détectées par les chiens ou les cochons. C'est un talent naturel pour ces derniers, mais le problème est de séparer le cochon de la truffe qu'il vient de déterrer.

Les truffes commencent à grossir au printemps et au début de l'été. Même une fois qu'elles ont leur taille maximale, elles n'ont pas encore atteint leur pleine maturité, qui vient à la fin de l'automne et en hiver, où elles sont à point.

1. La truffe noire *Tuber melanosporum* ne pousse pas qu'en France : la truffe d'Espagne est aussi une *melanosporum*. En France, on la trouve en Quercy et en Provence beaucoup plus qu'en Périgord. Elle pousse aussi en Italie et en Australie.

10
OCTOBRE
ROMPRE LE JEÛNE

Pour bien manger en Angleterre, il faut prendre le petit déjeuner trois fois par jour.
Somerset Maugham

Le petit déjeuner s'appelle en anglais *breakfast*, mot issu de l'expression *breaking the fast*, « rompre le jeûne », car c'est le premier repas depuis le dîner de la veille. Il reflète toujours la culture du pays où il est servi. Un petit déjeuner anglais traditionnel contient assez de protéines pour qu'on puisse tenir jusqu'à l'heure du thé. Il peut comporter des œufs au jambon, du porridge, du pain grillé et des kippers, ces derniers n'étant pas pour les petites natures à cette heure de la journée. Au Japon, il inclut du riz, une soupe miso, des légumes marinés, du poisson, du thé et parfois un œuf cru. Pour les Allemands, ce sera des charcuteries, du fromage, du yaourt, et des pains noirs à la texture compacte. Les Français, eux, subsistent avec un café et un croissant, tandis que les Italiens vont encore plus loin en remplaçant ce croissant riche et beurré par un simple petit pain.

11
OCTOBRE
LE JAMBON

Il y a deux types de jambon : cru ou cuit. Cru signifie en réalité conservé au sel ou à la saumure et, dans de nombreux cas, fumé. Le *prosciutto* est un exemple de jambon cru, le plus célèbre étant celui de Parme, issu de cochons nourris au petit-lait issu de la fabrication du parmesan. Les jambons sont déposés sur des plateaux contenant du sel gemme ou du sel marin où ils sont retournés un fois par semaine pendant au moins un mois. Ils sont ensuite accrochés et séchés pendant trois à six mois, voire plus longtemps. Le jambon de Parme est servi en tranches ultra-fines ; sa saveur est douce et sa texture veloutée.

Parmi les autres jambons crus célèbres, citons le jambon d'Ardenne, fabriqué en Belgique ; le jambon de Westphalie et le jambon de Bayonne, sombre, aux accents fumés.

Le jambon du Kentucky est réputé, ainsi que celui de Virginie. Le jambon de Smithfield est la crème, si l'on peut dire, des jambons de cet État : peu gras, fumé au bois de caryer[1] et de pommier, affiné au moins un an. Il doit toujours être consommé cuit, après trempage et cuisson à l'eau frémissante.

Il suffit de peu de jambon pour faire de grandes choses : quelques lanières suffisent pour donner du goût à un plat de lentilles, par exemple, à un minestrone ou à une soupe de haricots.

Il fut un temps où la trichinose, maladie parasitaire souvent mortelle causée par des petits vers ronds infestant la viande de porc crue ou insuffisamment cuite, était courante. Les trichines sont neutralisées quand la viande est portée à la température minimale de 60 °C, mais le sceau de l'USDA (département américain de l'Agriculture) indique de toute façon qu'il n'y a aucun danger.

12
OCTOBRE

CURNONSKY

Maurice Edmond Saillant, auteur culinaire qui devint célèbre sous le nom de plume Curnonsky et atteignit un statut quasi légendaire en tant que prince des gastronomes, naquit un 12 octobre 1872 à Angers.

Il adopta ce pseudonyme en 1890, après la parution dans la presse d'une lettre ouverte à Émile Zola qu'il avait signée Curnonsky[2]. Peu après, un mandat du rédacteur en chef du journal lui arriva par courrier, accompagné de la requête d'écrire

1. *Carya*, genre de noyers d'Amérique (*hickory* en anglais) dont le bois est très apprécié pour la fumaison.
2. *Cur non sky?* (« pourquoi pas sky ? » en latin). À la Belle Époque, les noms russes étaient très en vogue.

d'autres articles. Pendant plus de vingt ans, il fut journaliste pour diverses publications ; c'est dans les années 20 qu'il se mit à écrire sur la cuisine et la gastronomie.

Grand et massif, une carrure d'ours, très apprécié en société, il adorait profiter de la vie. En 1927, il fut élu prince des gastronomes au terme d'un vote public organisé par le quotidien *Paris-Soir*. Après cela, on ne l'appela plus que prince, et il fut de tous les dîners en ville et des banquets les plus huppés. Sa physionomie, avec une grande serviette blanche nouée sous le menton — ou plutôt sous les mentons —, était familière à tous les restaurants et dans toutes les cuisines, et son nom passa dans le langage courant.

Bien qu'il appréciât l'attention du public, il vivait simplement et ne recevait jamais chez lui, se décrivant humblement comme un pauvre homme de lettres. Sa connaissance de la cuisine était immense et sa passion pour elle était sincère. Il était capable de manger énormément, mais ne touchait jamais à un plat qui lui paraissait « juste un peu trop loin de la perfection ». Il fut un jour décrit ainsi : « charmant au hors-d'œuvre, suave au poisson, d'excellente humeur au plat de résistance et un peu coquin au dessert ».

Auteur de plus de soixante-dix ouvrages — beaucoup d'entre eux en collaboration —, dont vingt-quatre volumes de *La France gastronomique*, un atlas et une anthologie de la gastronomie française, il vécut jusqu'à quatre-vingt-trois ans et mourut en 1956 d'une chute accidentelle de la fenêtre de son appartement parisien.

13

OCTOBRE

LA POMME DE TERRE

L'humble pomme de terre, membre des solanacées au même titre que la tomate et l'aubergine, fut apportée en Europe pour la première fois au milieu du XVIe siècle par les Espagnols qui avaient exploré l'Amérique du Sud. Depuis au moins deux mille ans, elle était cultivée dans les Andes, dans l'actuel Pérou. Au début, la pomme de terre était regardée avec méfiance et même soupçonnée d'être toxique, mais au moment où Shakespeare fit allusion à elle dans *Les Joyeuses Commères de Windsor*, entre 1597 et 1601, sa réputation s'était améliorée.

Le capitaine Cook introduisit la pomme de terre en Australie en 1770, mais curieusement sa popularité laissa de côté l'Inde et l'Orient. Comme elle croissait en abondance, avec une productivité de douze à quinze tonnes pour un champ de quarante ares, et que pour la propager il suffisait de la planter en petits morceaux pourvus d'un œil, les monarques d'Europe reconnurent son utilité. À la fin du XVIIIe siècle, Frédéric le Grand mangea des pommes de terre en public afin de les populariser en Allemagne ; quant à Louis XVI et Marie-Antoinette, ils déclarèrent eux aussi leur soutien à ce tubercule. Diderot n'était pas du même avis : dans l'*Encyclopédie*, il déclara la pomme de terre insipide de quelque manière qu'on la préparât, et Brillat-Savarin se contenta de dire : « Pas pour moi. » En Irlande, au contraire, qu'elles aient été introduites par sir Walter Raleigh ou qu'elles se soient échouées sur le rivage après le naufrage de l'Invincible Armada en 1565, elles étaient devenues un aliment de base, au point même, dit-on, de détruire l'art culinaire local.

La pomme de terre est riche en potassium, en fer et en vitamine C. Sa peau est comestible mais sans intérêt nutritionnel ; c'est dans une fine couche juste en dessous de cette peau que se concentre l'essentiel des éléments nutritifs, souvent éliminé à l'épluchage. On peut conserver les pommes de terre deux ou trois semaines dans un endroit frais et sombre, sans besoin de les réfrigérer : le froid, en effet, transforme leur amidon en sucre, les rendant trop douces au goût. On peut toutefois inverser ce processus en laissant les pommes de terre quelques jours à température ambiante. La lumière solaire a tendance à verdir leur peau ; les parties vertes d'une pomme de terre sont amères et peuvent se révéler toxiques.

Les pommes de terre à chair farineuse — bintje, manon, monalisa, samba — sont parfaites pour la cuisson au four, la purée et les frites. Les pommes de terre à chair ferme — charlotte, belle de Fontenay, roseval, ratte… — ne conviennent pas à la purée. Aucune pomme de terre ne se congèle bien, sauf dans le cas des frites crues, de la purée et des pommes de terre farcies. Entière et crue, une pomme de terre congelée se ramollit. Et si elle est congelée cuite, par exemple dans une soupe ou un plat cuisiné, elle prend une texture désagréable, molle et granuleuse.

Pour faire des pommes de terre au four, on peut les frotter légèrement d'huile végétale avant de les placer directement sur la grille. Ne les enveloppez pas d'une feuille d'aluminium, qui retient l'humidité et provoque une cuisson à la vapeur, ridant la peau et détrempant l'intérieur.

Il n'y a rien de meilleur que des *rösti*[1] tels qu'on les fait en Suisse ou qu'un gratin de pommes de terre. Ou alors des crêpes de pomme de terre, ou une salade de pommes de terre. Lorsque Waverley Root[2] amena pour la première fois aux États-Unis son épouse française et lui fit visiter pendant un mois les villes de l'Est, il lui demanda quelle était sa spécialité américaine préférée. La pomme de terre de l'Idaho au four, répondit-elle. Selon Waverley Root, la pomme de terre de l'Idaho est un légume unique au monde et qui ne croît qu'aux États-Unis. Avec du beurre fondu et un peu de sel, elle atteint presque la grandeur.

14
OCTOBRE

UN DÎNER À BERLIN

Berlin, 14 octobre 2002. Nuit pluvieuse. Un restaurant aux vives lumières à un angle du Kurfurstendamm. Nappes blanches, plafond haut, murs chargés de tableaux, des journaux dans un casier près du bar. Dans les miroirs au-dessus des banquettes, tous les visages se reflètent. Le serveur est grand ; il porte une chemise blanche à manches courtes et un gilet.

1. Voir le 4 décembre.
2. Voir le 15 avril.

Notre repas se composait d'un steak accompagné d'une sauce Kaiserhof — dont la préparation est un secret jalousement gardé —, de ravioli et d'épinards superbement épicés, de bordeaux et de pain. Notre conversation portait sur la vaste étendue de la ville, que nous avions parcourue ce jour-là ; les lieux que nous y avions vus et qui, par contraste, faisaient paraître celui-ci d'autant plus chaleureux et serein : par exemple la morne place devant l'université Humboldt, où Goebbels avait ordonné un autodafé de livres en 1933, et plus tard dans l'après-midi les restes glaçants de la prison de Plotzensee, convertis en mémorial. Des milliers d'ennemis politiques du IIIe Reich, notamment des Tchèques et des membres de la Résistance allemande, y avaient été exécutés.

Le commis de salle vint débarrasser la table. « Avez-vous apprécié votre repas ? » nous demanda-t-il. Oui, énormément. L'hôtel et son confort n'étaient pas loin, juste à quelques longs pâtés de maisons de distance.

15
OCTOBRE

LE PAVILLON

Le Pavillon, qui deviendra le plus fameux restaurant des États-Unis, ouvre ses portes à Manhattan, sur la 55e Rue, un 15 octobre 1941. Beaucoup jugent sa situation, en face de l'hôtel Saint-Regis, mal choisie, car deux restaurants y ont déjà fait faillite. Henri Soulé, son propriétaire et directeur de salle, est arrivé en Amérique en tant qu'employé du Pavillon français à l'Exposition universelle de New York de 1939. À l'époque, sur la carte des vins, le château-margaux 1929 était à quatre dollars et cinquante cents.

Petit, « avec une tendance à l'embonpoint », diplomate et toujours imperturbable, Soulé se dévouait entièrement à son travail. Il allait rarement au théâtre ou au cinéma ; son seul passe-temps, disait-il, était de payer des factures. Quelques semaines plus tard, le pays était en guerre et les problèmes se multiplièrent, mais le restaurant fut un grand succès dès son ouverture.

16 OCTOBRE

MARIE-ANTOINETTE

Portée dans les rues de Paris dans une carriole ouverte, Marie-Antoinette, neuf mois après l'exécution de son époux le roi Louis XVI, allait à la guillotine ce 16 octobre 1793 après avoir bu un peu de bouillon dans sa cellule sur l'insistance de sa femme de chambre. Toute haïe qu'elle ait été du peuple français à cause de ses origines autrichiennes et de sa frivolité, elle n'avait pourtant jamais prononcé, quand on lui eut appris que le peuple n'avait plus de pain, les mots qui lui furent reprochés pour avoir contribué à déclencher la Révolution : « Qu'ils mangent de la brioche ! ».

▪ Le mot « bouillon » désigne une préparation liquide à base d'eau où l'on fait cuire de la viande, ou du poisson, ou de la volaille, ou des os, avec des légumes et quelques assaisonnements, et filtrée après cuisson.

▪ Si l'on sert le bouillon avec les ingrédients qui y ont cuit, on peut parler de soupe.

▪ Un consommé est un bouillon clarifié, dont toutes les particules ont été éliminées par filtrage.

17 OCTOBRE

CRAIG CLAIBORNE

Nous avions très envie d'inviter Craig Claiborne, à qui nous avions plusieurs fois rendu visite à East Hampton, tant à des soirées habillées pour le Nouvel An qu'à des repas tests où il expérimentait, avec son fidèle collaborateur Pierre Franay, diverses recettes et techniques culinaires. C'était Franay qui cuisinait, tandis que Claiborne, le nez chaussé de lunettes demi-lune, prenait des notes debout devant sa machine à écrire.

Claiborne était le très distingué critique gastronomique et journaliste culinaire du *New York Times*. Il connaissait les plus grands chefs — certains cuisinaient même chez lui lors de ces soirées de fin d'année — et avait mangé dans tous les grands restaurants. Que pouvions-nous lui servir, et de quelle façon ?

Nous nous décidâmes pour un déjeuner au lieu d'un dîner, estimant qu'il serait jugé moins sévèrement. La question des autres invités fut facile à régler : Joe Fox, directeur littéraire à Random House ; sa femme, Anne Isaak, et leurs invités, l'éditeur anglais Christopher MacLehose et sa compagne, Susanna Porter, secrétaire de rédaction.

Nous préparâmes ce déjeuner comme un test : nous faisions toutes les recettes pour la première fois. Potage aux carottes et aux choux de Bruxelles, flet à l'anglaise[1] — grillé au four avec du beurre et un simple saupoudrage de chapelure —, gratin de pommes de terre et, pour le dessert, une tarte au citron.

À table, nous fîmes semblant de ne pas remarquer les réactions au potage. « Délicieux », annonça Craig. Nous nous sentîmes sur le chemin de la victoire. Certains demandèrent à se resservir de gratin. La moindre miette de poisson fut nettoyée, ainsi que la tarte au citron tout entière. Au dessert, Craig avait l'air aux anges et se mit à raconter quelques blagues salaces. Ensuite, observant qu'il se trouvait au milieu d'une assemblée de littéraires censés connaître tout le dictionnaire, il nous lança le défi de trouver les quatre mots de la langue anglaise qui contenaient trois paires de lettres redoublées, en exceptant les noms propres tels que Mississippi ou Tennessee.

« *Committee !* dit enfin quelqu'un au bout d'une ou deux minutes de silence.

— C'en est un.

— *Possessiveness*, ajouta une autre personne.

— Oui. » Il semblait ravi du mal que nous nous donnions.

Enfin, quelqu'un parvint à trouver *addressee*.

1. Voir le 12 mars.

« Vous êtes sûr qu'il y en a quatre ?

— Absolument. »

Personne ne trouvait le dernier.

Il était plus de 3 heures de l'après-midi. Craig nous remercia avec effusion, ajoutant qu'il venait de passer un moment merveilleux. Il adorait être invité chez les gens, mais ceux-ci, intimidés, n'osaient pas le lui proposer. Ils ne se rendaient pas compte que, pour lui, le plaisir résidait surtout dans la compagnie.

Nous nous dirigeâmes progressivement vers la porte de la cuisine, laquelle, comme toujours semble-t-il, était la véritable entrée de la maison, donnant sur sa partie centrale. Nous éprouvions un sentiment de réussite et, il faut bien le dire, un certain soulagement en raccompagnant Craig à sa voiture. Sans que ce déjeuner fût comparable à aucun de ses festins de roi, nous avions été à la hauteur.

Soudain, Fox sortit de la maison et courut vers nous, le triomphe sur son visage : « *Bookkeeping*[1] *!* » s'écria-t-il.

Notre potage aux choux de Bruxelles est l'adaptation d'une recette du livre *The Cuisine of the Rose* (*La Cuisine de la rose*) de Mireille Johnston. Il s'appelle « soupe de Nevers ».

SOUPE DE NEVERS

36 CHOUX DE BRUXELLES, ÉPLUCHÉS ET COUPÉS EN DEUX
4 CAROTTES, ÉPLUCHÉES ET COUPÉES EN RONDELLES
3 CUILLERÉES À SOUPE DE BEURRE
3 CUILLERÉES À SOUPE D'HUILE VÉGÉTALE
2 LITRES DE BOUILLON DE VOLAILLE CHAUD
SEL (INUTILE SI VOUS UTILISEZ DU BOUILLON EN CUBE),
POIVRE NOIR DU MOULIN
3 CUILLERÉES À SOUPE DE CIBOULETTE OU DE PERSIL HACHÉ

Faites revenir les légumes dans le beurre et l'huile pendant 5 minutes. Transférez-les dans une grande casserole, ajoutez le bouillon et portez à ébullition. Faites cuire

1. Traduction de ces quatre mots, dont aucun en français ne comporte trois lettres redoublées : comité, possessivité, destinataire et comptabilité.

15 minutes. Salez et poivrez à volonté et garnissez du persil ou de la ciboulette. Pour huit personnes.

Le gratin de pommes de terre, lui, a pour nom « gratin dauphinois de Mme Cartet » et provient du livre de Patricia Wells *Bistro Cooking* (*Les 200 Meilleures Recettes de bistrot*).

GRATIN DAUPHINOIS DE MME CARTET

1 GOUSSE D'AIL
1 KILO DE POMMES DE TERRE À GRATIN (DE LA CHARLOTTE PAR EXEMPLE), PELÉES ET COUPÉES EN FINES TRANCHES
100 G DE GRUYÈRE SUISSE (OU D'EMMENTAL, DE COMTÉ, ETC.) FRAÎCHEMENT RÂPÉ
250 G DE CRÈME FRAÎCHE

Frottez l'intérieur d'un plat à gratin en porcelaine avec la gousse d'ail coupée en deux. Préchauffez le four à 180 °C. Étalez la moitié des pommes de terre dans le plat. Couvrez de la moitié du fromage et de la moitié de la crème. Salez. Répétez l'opération avec le reste des ingrédients. Faites cuire au four sans couvrir jusqu'à ce que le gratin soit recouvert d'une croûte dorée (ce qui prend entre 50 minutes et 1 heure). Vous pouvez poivrer la surface du gratin si vous le désirez. Pour quatre à six personnes.

18
OCTOBRE

LIEBLING

A. J. Liebling, journaliste, écrivain, collaborateur régulier du *New Yorker*, naquit le 18 octobre 1904. Son intérêt pour la gastronomie se forma tôt dans sa vie, en 1926 et 1927, au temps de ses études à la Sorbonne — ou tout du moins de son inscription à cette université, étant donné qu'il passait le plus clair de son temps dans les cafés, dans des restaurants modestes mais de qualité et d'une manière générale dans la rue. Tout cela est rapporté de façon vive et réaliste dans ses mémoires, intitulés *Between Meals*[1].

Il écrivait de façon spectaculaire, dans un style que l'on admirait pour sa grâce, sa générosité et son érudition. Il aimait à dire qu'il pouvait écrire plus vite que quiconque écrivant mieux que lui et mieux que quiconque écrivant plus vite que lui. Ses sujets de prédilection étaient la boxe, la France, la cuisine et la presse, et il avait une préférence pour les gens aux existences précaires ou courageuses. Parmi les derniers textes qu'il écrivit figure une série d'articles portant sur son dernier voyage sentimental en France, où il s'était maintes fois rendu. Il voulait l'intituler *Recollections of a Gourmet in France* (*Souvenirs d'un gourmet en France*), mais le rédacteur en chef du *New Yorker* objecta qu'il ne viendrait à l'idée de personne de qualifier Liebling, dont l'appétit était gargantuesque, de gourmet. Le titre devint donc *Memoirs of a Feeder in France* (*Souvenirs d'un glouton en France*).

« La condition première pour écrire sur la cuisine, écrivait-il, est d'avoir un bon appétit. Sans cela, il est impossible d'accumuler, dans un délai raisonnable, une expérience de la nourriture suffisante pour pouvoir écrire quoi que ce soit qui vaille la peine d'être noté. »

Il publia plus de quinze ouvrages, tous remarquables par leur fraîcheur intemporelle. Il mourut en 1963, goutteux, chauve, obèse, victime de son mode de vie. Il prononça ses derniers mots dans une ambulance. Inintelligibles, mais en français.

19

OCTOBRE

JONATHAN SWIFT

C'est en 1745, un 19 octobre, que mourut Jonathan Swift, sans doute le plus grand satiriste de la langue anglaise. Son épitaphe, rédigée par lui-même, reflète sa vision du monde. On y trouve les mots suivants : « Le corps de Jonathan Swift… est enterré

1. Littéralement *Entre les repas*, 1963. Non publié en français.

ici, où une féroce indignation n'est plus en mesure de lacérer son cœur. »

Son père était mort avant sa naissance, survenue en 1667, et sa mère l'abandonna bientôt. Élevé par un oncle, il savait déjà lire à l'âge de trois ans. Il devint un brillant écrivain, dont l'œuvre maîtresse fut *Les Voyages de Gulliver*, que l'on devait plus tard transposer en conte pour enfants. Son très caustique *A Modest Proposal* (*Humble Proposition*) présente une solution au problème de la famine en Irlande : vendre les bébés des pauvres pour nourrir les riches. Ce pamphlet, aujourd'hui, est aussi dévastateur qu'il l'était à sa parution, en 1729.

Dans *Directions to Servants* (*Instructions aux domestiques*), dans une veine similaire, il donne des conseils de bonne conduite aux employés de maison. Par exemple :

« Quelle que soit la personne qui rend visite à votre maître ou à votre maîtresse lorsque ceux-ci voyagent à l'étranger, ne vous encombrez pas la mémoire à retenir son nom, car en vérité vous avez bien d'autres choses à garder en tête. C'est d'ailleurs la tâche d'un portier, et la faute de votre maître s'il n'en a pas un chez lui ; et de toute façon, qui se souvient des noms des gens ? »

20

OCTOBRE

CATHERINE DE MÉDICIS

1533, le 20 octobre : Catherine de Médicis, princesse de quatorze ans, apparaît à la cour de France pour épouser le futur Henri II. Elle amène avec elle toute une escorte de cuisiniers, et dans ses bagages des haricots blancs, des graines de brocolis et d'artichauts à planter dans le sol de sa nouvelle patrie. Elle apporte, en fait, bien plus que des légumes : la Renaissance italienne.

En ce temps-là, les femmes ne mangeaient pas avec le roi ou les grands seigneurs, car la mastication était réputée ternir leur beauté. Au lieu de cela, elles se nourrissaient de bouillons dans l'intimité de leurs appartements. Mais Catherine et ses dames d'honneur avaient l'habitude de partager les repas avec les hommes ; elles ajoutèrent donc leur présence aux plaisirs de la table. Épouse d'un roi, mère de trois rois, elle était aussi très gourmande. Elle adorait les grands banquets où elle pouvait se repaître des nombreuses volailles rôties alors si populaires : héron, cygne, cigogne, pintade et même corneille. En femme qui connaissait ses goûts, elle choqua ses sujets les plus respectables par le nombre élevé d'artichauts — réputés aphrodisiaques — qu'elle consommait.

LE BABA AU RHUM

Le 20 octobre 1677, Stanislas Leszczynski, noble personnage qui devait prendre place deux fois sur le trône de Pologne et être deux fois exilé en France, naît à Lwów. Il était très apprécié en France, où il fut gouverneur de Lorraine — dont il embellit la capitale, Nancy — et correspondit avec de nombreux intellectuels. C'est aussi dans ce pays que sa fille, Marie, épousa Louis XV et devint reine de France. On attribue à Stanislas l'amélioration d'une petite brioche qu'il trempa encore chaude dans un sirop au rhum : ainsi naquit le baba au rhum. On raconte que le nom lui en avait été inspiré par son personnage favori des *Mille et Une Nuits*, Ali Baba.

21
OCTOBRE

LES POMMES DU COMMERCE

Au supermarché, une pomme tachée ne se vendra pas, mais
une pomme insipide se vendra très bien,
pourvu qu'elle soit brillante, lisse, immaculée
et totalement uniforme.
Elspeth Huxley

La pomme qui se vend le mieux aux États-Unis est la delicious, qui fut d'abord cultivée dans l'Iowa dans les années 1870 ; mais son goût s'est détérioré au fil des ans, et la variété jaune est encore pire. La pomme delicious, écrivait A. J. Liebling, est « une totale réussite… parce qu'elle n'a absolument pas le goût de pomme », et « la golden delicious… parce qu'elle n'a absolument le goût de rien du tout ».

22 OCTOBRE

LES VINS DE CALIFORNIE

La majeure partie du vin consommé aux États-Unis est produite en Californie. On trouve d'excellentes *wineries* dans le nord de l'État, autour de San Francisco, et une très vaste région viticole au centre. Les vins californiens ont tendance à être riches en alcool ; il n'est pas rare de les voir titrer 15 degrés. Il en existe aussi une immense variété, au sein de laquelle le choix peut être difficile.

Les grands vins de cépage californien sont le cabernet sauvignon, le merlot et le zinfandel. Le meilleur blanc est issu de chardonnay. Le vin de table bon marché porte souvent sur l'étiquette un nom générique tel que Bourgogne ou Chablis, tandis que la qualité au-dessus porte plutôt le nom du cépage prédominant.

Les plus grands vins — réalisés par à peu près une trentaine ou une quarantaine de producteurs de rouge et autant pour le blanc — figurent parmi les grands crus mondiaux. Ce niveau de qualité se distingue généralement par le prix, et par des noms comme Mondavi, Caymus, Stag's Leap ou Beringer. Il existe aussi des crus de propriétés très chers, sans mention du cépage dominant, mais aux noms grandiloquents sans signification particulière : Opus, Dominus, Trilogy…

Il est rare que la bouteille soit millésimée. La Californie possède une longue tradition de vins de qualité stable et régulière, souvent réalisés en assemblant des vins de millésimes différents. Si le millésime est visible, cela signifie que tout le vin de la cuvée a été produit la même année, et il convient alors de se rappeler que les millésimes en Californie n'ont rien à voir avec leurs équivalents en Europe.

Les amateurs de vin sont des gens qui aiment la vie : dans les plus belles régions viticoles — par exemple Napa et Sonoma —, comme dans les grandes régions viticoles d'Europe, se trouvent des restaurants exceptionnels et de charmants petits hôtels.

Je bois à l'occasion, et parfois aussi
quand il n'y a pas d'occasion.
Miguel de Cervantès

23 OCTOBRE

QUAND ALICE WATERS REÇOIT CHEZ ELLE

Trop souvent, quand on reçoit à dîner, on est tellement occupé pendant toute la soirée qu'on finit par se rendre compte qu'on a raté sa propre fête. Alice Waters, chef du restaurant Chez Panisse à Berkeley, n'ignore rien de cette tentation de trop en faire. « Au restaurant, je cuisine toujours entourée d'une brigade de cuistots ; c'est pourquoi, quand je cuisine chez moi pour un dîner, même si je cherche à élaguer le menu, je pèche par excès d'ambition. Je me dis toujours : "D'abord, je servirai des pâtes, et ensuite il y aura de l'agneau" — et ça ne marche jamais. »

Elle a fini par se fixer les règles suivantes :

- Je demande à mes invités de venir dans la cuisine pour manger quelques petites entrées debout. Je les sors au fur et à mesure, ce sont en quelque sorte des tapas.
- L'entrée servie à table est toujours froide.
- Il n'y a qu'un seul plat chaud à préparer juste avant le repas. Lorsque nous passons à table, je l'apporte avec moi. S'il s'agit de viande ou de volaille, je le fais toujours reposer une dizaine de minutes entre la cuisson et le service. Et comme la chaleur extrême affaiblit le sens du goût, le plat bénéficie plutôt de ce petit temps de refroidissement supplémentaire.

■ J'adore la salade. J'en prévois souvent une à la fin du repas. Je l'assaisonne au dernier moment et je la sers avec du fromage.

■ Pour finir, je choisis des fruits ou un dessert froid, un sorbet par exemple, mais rien qui nécessite d'être cuit pendant le repas.

24 OCTOBRE

LE SOMMELIER

C'est souvent au sommelier, chargé du service des vins, qu'incombe la tâche de présenter à table la bouteille qu'on a commandée, afin que l'on puisse en vérifier le nom et le millésime ; puis de l'ouvrir et d'en verser une petite quantité pour tester le vin. Fréquemment, c'est lui qui a composé la carte des vins, sélectionnant les crus et les classant par catégories et par prix. Il est aussi censé pouvoir recommander des vins en fonction des plats choisis.

Le mot « sommelier » vient de « bête de somme », plus précisément de l'homme qui était autrefois chargé du transport des vins à dos d'animal. Ce lien sémantique avec le transport a évolué au fil des âges, jusqu'au XIVe siècle où le mot désignait la personne chargée des bagages royaux pendant les voyages du souverain. Pendant les trois siècles qui suivirent, le terme évolua encore jusqu'à s'appliquer au valet qui portait le vin à la table du roi, avec le panetier, qui servait le pain, et l'échansonnier, qui versait le vin et l'eau de carafes d'argent.

25 OCTOBRE

TROIS LIEUX OÙ DÉJEUNER

Il y a des jours, et il y en a peut-être beaucoup, où l'on aimerait être ailleurs, et d'autres où l'on y est réellement. Ce n'est qu'un peu de rêvasserie, mais si vous pouviez choisir trois lieux au monde où vous aimeriez déjeuner aujourd'hui, quels seraient-ils ?

Tout d'abord, à Paris, au Grand Colbert, une brasserie juste au nord du Palais-Royal, rue Vivienne. Conversations, visages intelligents, cuisine correcte, un air de sophistication, et l'arôme reconnaissable entre tous des cigarettes françaises[1]. Pour un peu, on croirait faire partie de la scène.

Ensuite, un restaurant dans un village presque inaccessible, Erice, haut perché au-dessus de la mer, au nord-ouest de la Sicile. Erice fut dans l'Antiquité le plus fameux temple de la déesse de l'Amour, au sens spirituel comme au sens charnel, mais ce temple a entièrement disparu. De la Via Chiaramonte, descendre une ruelle étroite en pente, traverser un jardin privé, escalader quelques marches vers une petite terrasse ombragée d'une tenture et où sont dressées quelques tables. Voilà, vous êtes chez Ulisse. À hauteur de regard, la cime des arbres, et au-dessous, les toits de tuiles du village. Salade de tomates et d'oignons, *spaghetti al funghi*, une demi-bouteille de vin ; addition minuscule. Le soleil coule à flots, s'abat sur la tenture. Le serveur, en débarrassant la table, chantonne.

Le troisième lieu serait à New York. Parmi d'innombrables possibilités, ce serait la première salle de l'Union Square Café, sur la 16e Rue Ouest. Ce qui nous attire en premier lieu vers un restaurant, c'est son atmosphère et le souvenir de visites précédentes. Il y a à Manhattan d'autres restaurants célèbres, peut-être même — possible mais non certain — plus chic que celui-ci, mais il n'y en a pas de meilleur. Cuisine, service, gens instruits, éditeurs, et peut-être même quelqu'un que vous connaissez.

J. S.

26

OCTOBRE

TROIS LIEUX OÙ DÉJEUNER

Au bout d'une traversée d'une demi-heure à bord d'un petit ferry qui, parti de Dinard, danse sur la mer démontée de novembre,

1. Ce texte a été publié aux États-Unis en 2006.

arrivée à Saint-Malo. Enchâssé dans les vieux remparts de la ville close, le restaurant s'appelle À la Duchesse Anne. Les parois de mosaïque jaune et abricot dans la salle sont comme un refuge contre les rafales qui tourbillonnent à l'extérieur. On est bien soigné : service et cuisine impeccables, dignes de son étoile au Michelin, et la sensation d'avoir touché terre.

À vingt-cinq kilomètres à l'ouest de Florence, près de Carmignano, se trouve Da Delfina. La salle à manger est rustique, dans des tons bruns ; le vrai plaisir se goûte sur une large terrasse où l'on sert à déjeuner en été et en automne. Cette terrasse domine une vallée boisée, et l'on aperçoit à l'horizon ce qui est probablement — si ça ne l'est pas, cela devrait l'être — un pavillon de chasse des Médicis. On est pris de l'irrésistible envie de s'y laisser vivre, jusqu'à ce que le soleil d'octobre vienne toucher les arbres.

À quelques minutes à pied de notre hôtel — le Hilltop —, dans le quartier universitaire de Tokyo, prendre un petit passage, à peine une rue, pour atteindre un endroit que vous n'auriez jamais trouvé si personne ne vous avait rien expliqué. Je ne m'en rappelle pas le nom ; c'est un restaurant de *soba*, une salle animée, harmonieuse, pleine d'hommes en costume et cravate. Pas d'autre visage occidental que les nôtres. Les nouilles de sarrasin, que l'on peut voir fraîchement découpées dans la cuisine, sont servies avec un choix de sauces dans des boîtes en laque qui bientôt s'empilent devant nous. Pas cher, délicieux, c'est pour cela qu'on voyage : pour pénétrer dans un autre monde.

K. S.

27
OCTOBRE

LE VINAIGRE BALSAMIQUE

Le vinaigre balsamique, brun sombre et aromatique, est produit à Modène, ville également renommée pour son *zampone*, un saucisson de pied de porc à cuire qui inspira à Garibaldi un hommage enthousiaste.

La version authentique, telle qu'on la fait à la campagne dans cette région, peut exiger trente ou quarante ans voire des générations d'affinage. Elle est transvasée avec une extrême lenteur d'un fût à l'autre en changeant d'essence à chaque fois — chêne, châtaignier puis genévrier — afin que le vinaigre s'imprègne de leur arôme et de celui du vinaigre qui l'a précédé. Une évaporation se produit pendant l'été torride et une maturation a lieu pendant l'hiver froid et humide. Ce liquide est si prisé qu'on en voit de petites quantités mentionnées dans des legs et des testaments d'autrefois.

Son goût caractéristique, à la fois doux et acide, est puissant : quelques gouttes ajoutées à une simple vinaigrette, à une sauce pour pâtes ou au jus d'une viande ou d'une volaille suffisent à les améliorer. Le véritable vinaigre balsamique n'est pas facile à trouver. Sa variété commerciale est acceptable, sans plus. « Balsamique » signifie « donneur de santé ». Jadis, ce vinaigre avait des applications médicinales, et on le sert encore comme digestif.

28 OCTOBRE

ESCOFFIER

Beaucoup considèrent Auguste Escoffier comme le plus grand chef de l'histoire de la cuisine. Né le 28 octobre 1846, il détient probablement le record de la plus longue carrière dans le métier. Il commença la sienne à l'âge de treize ans au restaurant de son oncle, à Nice. Six ans plus tard, il était chef de son propre établissement à Paris et, avant la quarantaine, chef de cuisine au célèbre hôtel Savoy de Londres.

Il suivait les traces de Prosper Montagné, autre grand chef de son temps, qui était convaincu que la qualité de la cuisine de restaurant souffrait d'un penchant pour les présentations trop sophistiquées. Escoffier adopta l'usage des menus simplifiés, réduisit l'ornementation en cuisine et accéléra le service afin que les mets arrivent chauds à table. Il organisa les brigades de cuisine de façon à augmenter l'expertise, le savoir-faire et l'efficacité en tout.

Il créa lui-même de nombreuses recettes. Selon la mode du temps, on en baptisait certaines en hommage à des artistes célèbres, par exemple Sarah Bernhardt ou Verdi. Son tournedos Rossini, un cœur de filet garni de foie gras et de truffes, fut créé en l'honneur du compositeur, mais ses créations les plus célèbres furent la pêche Melba et le toast Melba, inventés pour la cantatrice Nellie Melba[1]. Il lui arrivait aussi de s'inspirer d'événements marquants : son chaud-froid Jeannette, un blanc de poulet farci servi froid, honorait la mémoire de l'*USS Jeannette*, un navire resté bloqué deux ans dans les glaces polaires avant de se fracasser et de couler. Lors de sa première apparition, le plat fut porté à table au sommet d'un navire en glace sculptée.

En 1898, il quitta Londres pour devenir le premier chef de l'hôtel Ritz, cofondé par César Ritz et lui-même avec l'argent de Richard d'Oyly Carte, propriétaire de théâtre et producteur des opérettes de Gilbert et Sullivan. On l'appelait alors « le roi des chefs et le chef des rois ». Il reçut la Légion d'honneur en 1920, un an avant sa retraite au terme de soixante-deux ans passés en cuisine. Pendant les quinze années qui lui restaient à vivre, il écrivit *Ma cuisine*, puis *Le Livre des menus*, et fut coauteur du *Guide culinaire*, une trilogie comprenant des milliers de recettes et de menus, et dont on peut dire qu'elle codifia la cuisine française.

29 OCTOBRE

LE FOIE GRAS

Bien que l'on gave les oies depuis des siècles, depuis la Rome et même l'Égypte antiques, le foie gras, qui peut aussi provenir de canards, est principalement associé à la France et est une gloire de la cuisine française. Les Romains gavaient les oies avec des

1. Voir le 19 mai.

figues, les Français utilisent du maïs, et le gavage — dont vous aimeriez mieux ne pas connaître les détails — requiert l'emploi d'un entonnoir.

Le foie gras apparaît principalement en hiver, et c'est traditionnellement à Noël et au jour de l'An qu'on l'apprécie. Le foie gras de la meilleure qualité a une consistance de beurre et un goût merveilleux, riche et soyeux. Sa couleur est pâle, presque ivoire, tirant vers le rose. Malgré la quantité astronomique de calories qu'il contient, un bon foie gras ne doit pas présenter d'exsudation de graisse. Le foie gras de canard est de couleur un peu plus soutenue, et son goût est plus prononcé.

En France, le meilleur foie gras est servi cru ; mais la loi interdit de l'importer ainsi aux États-Unis. Légèrement cuit à feu doux, il est dit mi-cuit ou frais, et c'est sous cette forme qu'il vaut peut-être mieux en faire sa première expérience.

On trouve parfois aux États-Unis du foie gras mi-cuit en semi-conserve, mais il est plus largement distribué en boîte ou en bocal stérilisés. La conserve n'altère que très peu sa saveur, mais il est important de bien lire l'étiquette. « Foie gras entier » signifie que le foie est, évidemment, entier (ou presque). « En conserve » signifie que le foie n'a pas besoin d'être conservé au réfrigérateur et que vous pouvez le garder pendant des années, pendant lesquelles il peut même s'affiner jusqu'à un certain point, comme un bon vin ou une boîte de sardines. Il doit être conservé dans un lieu frais et sombre en retournant la boîte de temps à autre. Les conserves où vous lisez « bloc » sont d'une qualité inférieure ; elles contiennent des morceaux de foie gras assemblés — à raison d'environ cinquante pour cent de l'ensemble — et pressés. Évitez aussi le foie gras truffé, qui ne vaut pas son supplément de prix, car l'arôme de truffe y est insignifiant.

Il faut servir le foie gras frais mais non glacé, en tranches fines, et rien de plus sophistiqué qu'un bon pain blanc de campagne. Servi trop froid, le foie perd de son goût ; trop chaud, il perd son charme. L'accompagnement idéal est un sauternes bien frais. Lorsque vous tranchez le foie gras, trempez la lame de votre couteau dans l'eau chaude après chaque découpe et essuyez-la à chaque fois.

30
OCTOBRE

IRMA ROMBAUER

Irma Louise Rombauer naquit à Saint Louis le 30 octobre 1877, deuxième fille d'une famille de robustes immigrants allemands. Son père était médecin. En 1930, pour l'aider à se remettre du choc terrible du suicide de son mari, son entourage l'encouragea à se distraire en rassemblant ses idées sur la cuisine, matérialisées pour la plupart dans soixante-treize recettes qu'elle avait fait imprimer au miméographe pour son groupe confessionnel. Pendant tout un été, dans une petite auberge de Charlevoix (Michigan), elle commença l'écriture de *Joy of Cooking*, qui allait devenir le best-seller absolu du livre de cuisine en Amérique du Nord. En 1931, elle en fit imprimer trois mille exemplaires à compte d'auteur. Clair, précis et rédigé dans un style bienveillant, le livre, contenant cinq cents recettes dûment testées, reflétait parfaitement l'esprit sage et compréhensif de son auteur.

C'était pendant la Grande Dépression. Au bout de deux ans, elle n'en avait vendu que deux mille exemplaires, mais un éditeur, Bobbs-Merrill, décida en 1936 de s'en charger. Le livre continua de se vendre modestement jusqu'à ce que parût, en 1943, une nouvelle édition revue et augmentée qui contenait les réponses à pratiquement toutes les questions culinaires qu'on pût humainement se poser. *Joy of Cooking* en est maintenant à plus de quinze millions d'exemplaires vendus, et aucun autre livre de cuisine n'a encore réussi à l'égaler en popularité.

31
OCTOBRE
CHÂTAIGNE ET MARRON

Au coin des rues de Manhattan, en automne, l'odeur des marrons grillés fait partie des plaisirs qu'offre la ville. Une main partiellement gantée, les doigts noircis par le charbon, remplit un sachet de papier de sept ou huit marrons, dont la peau croustillante, retroussée par la chaleur, révèle un délicieux intérieur jaune pâle. Énergétiques et nourrissants, les marrons et les châtaignes réconfortent les riches et les pauvres depuis la plus haute antiquité. Xénophon décrit comment les enfants de la noblesse perse étaient gavés de châtaignes pour prendre du poids, et ces fruits furent une source de nourriture importante pour le peuple pendant les années difficiles qui suivirent la chute de l'Empire romain. Jusqu'à l'arrivée de la pomme de terre, les châtaignes étaient en France un aliment de base. La farine de châtaigne était autrefois l'ingrédient de la polenta ; on faisait des soupes de châtaignes, des pains de châtaigne.

La châtaigne est la variété sauvage, dont la coque renferme deux ou trois amandes. Elle n'a pas autant de goût que le marron, la variété cultivée, dont l'amande est d'un seul tenant. Leur récolte est des plus faciles, ce qui contribua aussi à leur succès populaire : elles tombent au sol à maturité.

Le châtaignier vit longtemps. Il y en avait un, réputé vieux de deux mille ans et planté par les Romains, qui croissait au pied du mont Etna. Il fut détruit en 1850 par une éruption du volcan. On trouvait aussi en Amérique de grandes forêts de châtaigniers, du Maine à la Floride, et vers l'ouest jusqu'en Arkansas. Ces arbres majestueux atteignaient des hauteurs de trente mètres. Ils furent tous attaqués par une maladie à la fin du XIXe siècle. En 1940, il n'en restait plus un seul.

En tant que nourriture des pauvres, les châtaignes ont vécu. Mais il y a encore la crème de marron pour fourrer des crêpes et des gâteaux, et la farce aux marrons pour la dinde rôtie. Meilleurs que tout sont les marrons glacés, d'abord pochés dans un sirop jusqu'à ce qu'ils soient imprégnés de sa douceur vanillée, puis lustrés d'une couche de sucre, translucide et d'aspect irrégulier — ce qui est normal. Le glaçage des marrons, probablement inventé en France au temps de Louis XIV ou plus anciennement en Italie, se déroule en seize étapes distinctes. De nos jours, on les fabrique à base de marrons italiens congelés, car en France on ne les produit plus en quantité suffisante.

Lorsque vous achetez des marrons, choisissez-les lourds, durs et d'une couleur marron brillante. Si vous voulez les rôtir chez vous, commencez par inciser en X le sommet de leur coque afin de permettre à l'amande de cuire et de se déployer. Disposez-les sur une plaque à pâtisserie garnie d'une fine couche de gros sel afin d'éviter que les marrons ne brûlent, et passez-les environ vingt minutes au four à 200-220 °C.

NOVEMBRE

■ L'ÉCREVISSE ■ LES GUIDES DE RESTAURANTS
■ SANDWICH ■ LE RISOTTO ■ LE SIÈGE DE PARIS
■ LE CORTÈGE ROYAL ■ LA CUISINE CHINOISE
■ SALICE SALENTINO ■ LA SAUCE BÉCHAMEL
■ LES *TAMALES* ■ LES HUÎTRES
■ ANTOINE ET CLÉOPÂTRE ■ L'HUILE D'OLIVE
■ LES INUITS/ESKIMOS ■ LE CHOU
■ JASON EPSTEIN SUR LA CUISINE
■ LA FONDUE ■ LA CANNEBERGE
■ LES DIFFÉRENTES FORMES DE PÂTES
■ GRIMOD DE LA REYNIÈRE ■ LA MEILLEURE
DES CUISINIÈRES ■ LE CROISSANT ■ LA DINDE
■ COMMENT RÔTIR UNE DINDE
■ COMMENT DÉCOUPER UNE DINDE
■ THANKSGIVING ■ L'OS À VŒUX
■ LES BONBONS ■ LE GROS-PLANT
■ CHURCHILL

1er

NOVEMBRE

L'ÉCREVISSE

Très appréciée en Europe au moins depuis le Moyen Âge, l'écrevisse fut couramment pêchée dans la Seine par les Parisiens jusqu'au XVIe siècle. Au XIXe, elle était devenue très à la mode, rare et chère. Tout le monde s'accordait à dire qu'un plat d'écrevisses était le signe infaillible d'une entreprise de séduction quand un homme, au restaurant, en commandait pour une dame.

2

NOVEMBRE

LES GUIDES DE RESTAURANTS

Il y a guide de restaurant et guide de restaurant. Et il y a aussi le *Zagat*, dont le domaine s'étend désormais de la côte Est à la côte Ouest, avec des éditions étrangères. L'idée de base du *Zagat* est simple et démocratique : laisser le public décider, qu'il soit ou non bien informé, et sans distinction de goûts et de critères. Le résultat est un guide peu fiable. Les notices sont floues, imprécises et souvent contradictoires. Il n'est pas rare que le restaurant se révèle l'opposé, d'une manière ou d'une autre, de sa description. Si l'établissement est bien noté pour la cuisine et mal pour le décor, votre expérience vous montrera peut-être le contraire. Lorsque l'excellence du restaurant ne laisse aucun doute, le *Zagat* ne se trompera pas ; mais en tout autre cas, il n'est utile que pour les numéros de téléphone, le type de cuisine servi et les horaires d'ouverture.

Le meilleur guide de restaurants reste un individu connaissant son sujet, doté d'un bon palais et de principes élevés, d'un œil et d'un jugement impartiaux, et ayant beaucoup exploré et voyagé.

J. A. P. Cousin, expert critique, avait mis au point en 1925 pour les restaurants de Paris un système de classement un peu snob, mais concis :

- La perfection
- Le dernier mot
- Très haut niveau
- Chic
- Fiable
- Bon et copieux
- Bon petit restaurant
- Bonne ambiance

On pourrait y ajouter les critères suivants :

- Novateur
- Accueillant
- Non encore découvert
- Pas cher
- Scandaleux

À part les types de cuisine, on n'a pas besoin de grand-chose d'autre.

3
NOVEMBRE

SANDWICH

John Montagu, quatrième comte de Sandwich, naquit le 3 novembre 1718. Il grandit dans le Cambridgeshire, à Hinchingbrooke House, ancienne maison de famille et lieu de naissance d'Oliver Cromwell. Montagu fit des études à Cambridge mais les arrêta avant d'obtenir un diplôme. Cela ne l'empêcha pas de s'élever au rang de premier lord de l'Amirauté ; il occupait cet office (1771-1782) lorsque l'Angleterre perdit des colonies à la suite de la guerre d'Indépendance américaine. Il cofinança l'expédition du capitaine Cook. Lorsque celui-ci, en 1778, découvrit les îles Hawaï, il les rebaptisa « îles Sandwich » en hommage au comte, remplaçant ainsi leur nom indigène, qu'elles récupérèrent plus tard.

Aussi accompli que de mœurs dissolues, Montagu passait ses jours et ses nuits entre sa table de travail et les tables de jeu ; c'est d'ailleurs à l'une d'entre elles qu'il se trouvait le jour où, ne souhaitant pas interrompre une partie pour aller manger, il commanda de la viande entre deux tranches de pain. La pratique eut un succès fou.

4

NOVEMBRE

LE RISOTTO

Le risotto est un plat italien à base de riz cuit lentement par absorption dans un liquide, ce qui lui donne un goût exceptionnel. On peut ajouter à un risotto tant d'ingrédients différents — champignons sauvages, fruits de mer, asperges, viande — qu'il s'agit davantage d'un style de cuisine que d'une recette. Dans *The Food of Italy* (*La Cuisine italienne*), Waverley Root en rassemble trente-sept recettes. Burton Anderson, dans *Treasures of the Italian Table* (*Trésors de la table italienne*), transmet le témoignage d'un chef italien dont la description du riz et de la préparation du risotto est impressionnante de précision et d'exhaustivité.

Le riz arborio, d'origine italienne et facile à trouver dans le commerce, est le meilleur pour faire un risotto. Les grains adhèrent entre eux sans devenir pâteux et absorbent une généreuse quantité de bouillon, donc de saveur. La confection d'un risotto prend entre vingt et trente-cinq minutes et demande que le riz soit remué fréquemment et mouillé par petites quantités à la fois. Il est très agréable de le préparer dans une atmosphère totalement détendue, avec tous les invités assis à une grande table de cuisine.

Il existe deux styles de risotto : *milanese*, plus compact et un peu plus sec, et *veneto*, plus liquide. La même technique est employée pour les deux, mais la finition est différente.

Rien n'égale un bon risotto. Il est très rare d'en trouver un authentique au restaurant, car sa préparation exige trop de travail et, comme pour un soufflé, trop de temps. Dans les restaurants, on fait généralement le risotto en interrompant sa cuisson aux trois quarts et en la reprenant à la commande ; la perfection du plat s'en ressent.

Le meilleur risotto que nous ayons jamais mangé, à l'exception de quelques efforts personnels, nous fut servi dans un petit hôtel sur le lac de Garde, en Italie. C'était un *risotto alla parmigiana*, la forme la plus simple et la plus pure de ce type de plat. Il ne contient que du riz, du beurre, des échalotes, du bouillon et du parmesan fraîchement râpé, et sa texture est *all'onda*, onctueuse et soyeuse, comme l'aiment les Vénitiens. C'était à la fin de la saison touristique et l'hôtel était presque vide. Le chef, sans doute, n'avait rien de mieux à faire.

Après dîner, nous demandâmes au propriétaire si nous pouvions avoir une plus puissante ampoule pour la lampe de chevet de notre chambre, car celle que nous avions éclairait trop peu. Il finit par se laisser fléchir, se dirigea vers le coffre-fort dans son bureau, l'ouvrit et nous donna une de ses plus fortes ampoules — elle devait faire quarante watts.

RISOTTO ALLA PARMIGIANA

400 G DE RIZ ARBORIO
1 OIGNON MOYEN, FINEMENT HACHÉ
4 CUILLERÉES À SOUPE D'HUILE D'OLIVE
46 CL DE VIN BLANC SEC
75 CL (OU MOINS) DE BOUILLON DE VOLAILLE CHAUD, NON SALÉ
SEL
BEURRE
100 G DE PARMESAN FRAÎCHEMENT RÂPÉ
FACULTATIF : CHAMPIGNONS, PETITS POIS FRAIS, POINTES D'ASPERGES, JAMBON CRU, OU TOUT CE QU'IL VOUS PLAIRA, DÉJÀ PRÉPARÉ (SAUTÉ, CUIT À LA VAPEUR, POCHÉ...)

Lavez et égouttez le riz dans une passoire. Dans une casserole à fond épais ou une cocotte, faites revenir les oignons sur feu moyen à l'huile d'olive jusqu'à ce qu'ils deviennent translucides (3 à 4 minutes).

Sur feu moyen à vif, ou vif, ajoutez le riz. Remuez-le avec une spatule pendant 4 à5 minutes en raclant bien le fond du récipient. Ne laissez pas le riz prendre couleur. Ajoutez le vin blanc sans cesser de remuer jusqu'à évaporation complète (à peu près 3 minutes).
Ajoutez lentement le bouillon, un demi-verre à la fois, toujours en remuant sur feu assez vif. Vous pouvez saler pendant la cuisson. En 12 à 15 minutes, tout le bouillon doit être absorbé. En fin de cuisson, le riz doit être crémeux et onctueux, sans être collant.
Incorporez alors le beurre et retirez du feu. (D'après un ami italien, excellent cuisinier, le secret consiste à retirer la casserole du feu avant que le riz soit complètement cuit.)
Ajoutez alors les légumes ou tout autre ingrédient, puis le parmesan, et servez immédiatement. Pour cinq ou six personnes.

L'opinion populaire veut que le risotto ne se garde pas, mais nous faisons des galettes frites avec nos restes de risotto.

5

NOVEMBRE

LE SIÈGE DE PARIS

De même que la qualité d'un roman ou d'une nouvelle tient à sa façon d'exprimer le lieu où son action est située, un bon repas est l'heureux résultat de l'excellence de ses ingrédients. L'essentiel est de se procurer des ingrédients frais et locaux. Mais certaines circonstances peuvent constituer un défi. En 1870, pendant le siège de Paris qui marqua le point culminant de la guerre franco-allemande, le peuple affamé fut obligé de manger ses animaux familiers : chats et chiens, ainsi que les rats et les pensionnaires du zoo de Vincennes. Le quatre-vingt-dix-neuvième jour du siège, qui se trouvait être une veille de Noël, figuraient au menu du très distingué restaurant Voisin les plats suivants : consommé d'éléphant, chameau rôti, ours et kangourou.

6
NOVEMBRE
LE CORTÈGE ROYAL

Au Moyen Âge, l'intendance des souverains anglais était organisée avec un tel faste que, dans les cuisines de Richard II, plus de deux mille cuisiniers travaillaient pour nourrir les dix mille visiteurs quotidiens. Même deux siècles plus tard, sous le règne d'Élisabeth Ire, l'équipe de cuisine comptait cent soixante employés et les invités de la cour représentaient dix fois ce nombre.

Élisabeth et son successeur Jacques Ier avaient l'habitude de parcourir de temps en temps leur royaume, accompagnés de centaines de courtisans et de toute une caravane d'objets domestiques où se trouvaient tapis, instruments de musique et fragments de bibliothèques royales. Ils séjournaient dans les châteaux de leurs sujets fortunés, lesquels se soumettaient à une pression considérable pour s'assurer que rien ne manquât à leur souverain et l'amuser aussi longtemps qu'il resterait chez eux.

Sir Richard Shuttleworth, dans le Lancashire, avait bâti Gawthorpe Hall, une imposante demeure. Terminée en 1605, elle brûla en 1617, peu après que Shuttleworth eut appris que le roi Jacques avait l'intention de s'y inviter. La rumeur courut, probablement à tort, que Shuttleworth y avait lui-même mis le feu plutôt que de faire face aux dépenses encore plus considérables qu'exigerait une visite du roi. Le château fut finalement reconstruit ; Charlotte Brontë, plus tard, y passa quelque temps avec les héritiers Shuttleworth, dont elle était l'amie.

7
NOVEMBRE
LA CUISINE CHINOISE

À travers les âges, la cuisine, inséparable de la philosophie et de la religion, fut toujours pour les Chinois un sujet de tout premier plan. Empereurs, lettrés, écrivains, tous se sont penchés sur elle, y compris Confucius, le plus grand philosophe chinois, qui attachait une importance extrême à la façon dont la table était dressée et le repas servi. Ce qui ne l'empêchait pas de donner ce conseil : « Vivez humblement. »

L'alimentation chinoise est relativement pauvre en calories, ce qui reflète probablement la modestie de ses origines : peu de matières grasses, dont très peu de graisses d'origine animale. Presque jamais de lait ou de produits dérivés du lait. Le riz est courant, mais pas essentiel, surtout dans le Nord où l'on en produit peu. Un repas chinois, toutefois, inclura toujours les trois ingrédients suivants : gingembre frais, sauce de soja et ciboules.

Le couvert individuel consiste habituellement en un bol, une assiette, une paire de baguettes et une cuillère ; presque tous les plats sont prévus pour ces quelques ustensiles. À table la place d'honneur est attribuée au convive le plus âgé. Les personnes vouées à atteindre bientôt le statut d'ancêtre reçoivent de la famille, comme de l'État, la plus haute considération.

Il y a plus de mille ans fut composée la fameuse liste des Sept Nécessités dont aucun Chinois, même le plus pauvre, ne saurait se passer : bois de chauffage, riz, huile, vinaigre, sel, sauce de soja et thé.

8 NOVEMBRE

SALICE SALENTINO

Un libraire new-yorkais spécialisé dans les livres culinaires me donna un jour le nom d'un vin italien qu'il aimait beaucoup. C'était un vin bon marché produit dans les Pouilles, l'étroite province située au sud-est de l'Italie, le long de la mer Adriatique. Il l'écrivit pour moi : *salice salentino*, le « c » prononcé *tch*, comme il est de règle en italien.

Je ne pus que louer cette recommandation. Salento, dans les Pouilles, est la péninsule qui forme le talon de la botte. Toute la région est couverte de vignes, et la production viticole est la deuxième d'Italie — la première étant la Sicile —, bien que la majeure partie reste anonyme en servant à des assemblages et que seul un petit pourcentage soit embouteillé sous sa propre appellation. Le salice salentino est un de ces vins, corsé mais velouté, et normalement facile à trouver chez les cavistes, où il se tient modestement au sein du tout-venant.

J. S.

9 NOVEMBRE

LA SAUCE BÉCHAMEL

La béchamel, cette délicieuse sauce blanche qui accompagne les légumes à la crème et forme la base des soufflés et des croquettes, fit sa première apparition en France sous le règne de Louis XIV (1643-1715), bien que sa création soit probablement plus ancienne et pas nécessairement française. Elle porte le nom de Louis de Béchameil, financier corrompu mais de belle figure qui occupait la charge de maître d'hôtel du roi. « Est-il heureux, ce petit Béchameil ! se plaignit un vieux duc, ajoutant : J'avais fait servir des émincés de blancs de volaille à la crème plus de vingt ans avant qu'il fût au monde et, voyez, pourtant je n'ai jamais eu le bonheur de pouvoir donner mon nom à la plus petite sauce ! »

La béchamel, ou béchamelle, est facile à faire et sa préparation ne prend que cinq minutes. Il en existe plusieurs variantes utilisant plus ou moins de beurre ou de farine selon l'épaisseur désirée, mais la recette de base reste la même pour toutes :

SAUCE BÉCHAMEL

2 CUILLERÉES À SOUPE DE BEURRE
3 CUILLERÉES À SOUPE DE FARINE
50 CL DE LAIT PORTÉ À FRÉMISSEMENT DANS UNE PETITE CASSEROLE

Dans une casserole, faites fondre le beurre sur feu doux. Ajoutez petit à petit la farine, tout en mélangeant avec une spatule jusqu'à l'obtention d'un mélange homogène. Ne laissez pas prendre couleur. Retirez du feu. Ajoutez le lait chaud et battez vigoureusement à l'aide d'un fouet.

Remettez la casserole sur feu moyen, sans cesser de remuer jusqu'à l'ébullition, et faites cuire encore une minute, toujours en remuant. Pour un demi-litre.

10 NOVEMBRE

LES *TAMALES*

Les grands seigneurs aztèques mangeaient déjà des *tamales*, si l'on en croit Bernardino de Sahagún, qui accompagnait Cortés en 1519 ; et des *tamales* étaient offertes aux dieux lors d'une fête annuelle, ce qui arrivait moins souvent qu'on ne croit puisque l'année aztèque durait dix-huit mois.

Les Aztèques n'étaient pas les seuls à en manger : les Mayas et les Incas aussi, tout en guerroyant fréquemment les uns contre les autres, puisque les *tamales* pouvaient être confectionnées à l'avance et transportées par les armées. Leurs ingrédients étaient alors essentiellement les mêmes qu'aujourd'hui : une farine de maïs appelée *masa*, de la viande ou du poisson, des haricots, du riz, des légumes, des fruits, des graines oléagineuses et même parfois du gaufre à poche[1], de la grenouille ou des insectes. Et comme aujourd'hui, la pâte de maïs fourrée de l'une ou l'autre de ces garnitures était enroulée dans des enveloppes de maïs ou dans des feuilles de bananier et cuite à la vapeur.

Au Mexique, les *tamales* sont vendues dans la rue ; le fromage et les piments y remplacent les ingrédients plus exotiques cités plus haut. On les fait aussi à la maison, souvent à l'occasion de repas de famille ou entre amis.

11 NOVEMBRE

LES HUÎTRES

L'âme courageuse et anonyme qui mangea pour la première fois une huître crue fut suivie par des amateurs tels que Néron,

1. *Geomys*, petit mammifère d'Amérique qui stocke sa nourriture dans ses abajoues.

Sénèque, Casanova — qui en mangeait cinquante par jour —, Henri IV dit le Vert Galant, qui, lui, en mangeait jusqu'à trois cents par repas ; Louis XIV, qui en consommait presque autant et les faisait venir de ses bancs royaux ; Abraham Lincoln, et tant d'autres.

Dans l'Antiquité, les bancs d'huîtres sauvages bordaient les côtes d'Europe sur une longueur de six mille cinq cents kilomètres, de la Scandinavie à la Grèce, passant autour des îles Britanniques, de la France, de l'Espagne et de l'Italie. Ce riche filon ne subsiste maintenant qu'en de rares endroits, et partout l'abondance d'huîtres sauvages a diminué.

On respectait jadis la règle des mois en « r » en ne mangeant d'huîtres crues qu'entre septembre et avril. La raison en est qu'avant l'ère de la réfrigération, il était difficile de les transporter par temps chaud. Mais de nos jours, les huîtres sont consommables toute l'année, même si, de mai à août, elles fraient et sont donc plus laiteuses que fermes.

Les meilleures huîtres sont de taille moyenne et sont élevées en eaux froides. Le mieux est de les manger crues, avec un filet de citron ou un peu de vinaigre à l'échalote. Un vin blanc bien frappé les rend divines.

12 NOVEMBRE

ANTOINE ET CLÉOPÂTRE

Selon Plutarque, Cléopâtre apparut pour la première fois devant Marc Antoine remontant le Cydnus « dans un navire dont la poupe était d'or, les voiles de pourpre, les avirons d'argent, et le mouvement des rames cadencé au son des flûtes, qui se mariait à celui des lyres et des chalumeaux. Elle-même, magnifiquement parée, et telle qu'on peint la déesse Vénus, était couchée sous un pavillon brodé en or : de jeunes enfants, habillés comme les peintres peignent les Amours, étaient à ses côtés avec des éventails pour la rafraîchir[1] ».

1. Plutarque, *Vie des hommes illustres*, « Vie d'Antoine », trad. Ricard, 1840.

Shakespeare, qui s'y connaissait en belles histoires, immortalisa la scène à l'acte II de sa pièce *Antoine et Cléopâtre* :

La barque où elle était couchée resplendissait comme un trône,
Incendiait l'eau ; la poupe était d'or martelé ;
De pourpre les voiles et parfumées au point
Que les vents amoureux pâmaient sur elles ; les avirons étaient d'argent,
Qui battaient les flots en cadence, au son des flûtes…

Etc. Il continue :

La barque accoste ; un messager d'Antoine
Invite Cléopâtre à souper ; elle refuse ;
Mieux vaut que ce soit lui qui vienne[1]*…*

À partir de cette nuit-là, Antoine et Cléopâtre feront tout ce qui sera en leur pouvoir pour s'épater mutuellement par l'extravagance et l'opulence des repas qu'ils donneront. Il avait déjà offert une maison à un cuisinier qui lui avait servi un dîner particulièrement réussi, mais on disait que cette fois, fou d'amour, il avait gratifié d'une cité entière un autre cuisinier qui avait plu à Cléopâtre.

Lorsqu'il la rejoignit à Alexandrie, Antoine se constitua une cour afin de pouvoir la recevoir. Un soir, un visiteur fit observer qu'il y avait huit sangliers sur la broche et en déduisit qu'on attendait beaucoup d'invités. Non, lui dit le cuisinier ; seulement douze, mais comme il était impossible de savoir exactement quand Antoine serait prêt à passer à table, et que le rôti devait être cuit à la minute près, il fallait huit sangliers à différents points de cuisson pour être sûr d'en avoir un parfaitement cuit au moment voulu.

13

NOVEMBRE

L'HUILE D'OLIVE

L'olivier est aussi ancien que l'histoire écrite. Lent à croître et d'une étonnante longévité — entre trois cents et six cents

1. Trad. André Gide.

ans —, il en existe de si vieux, tout tordus, au bois aussi dur que du fer, qu'ils ont probablement porté leurs premières olives peu après que Christophe Colomb fut parti pour le Nouveau Monde.

On dit que les premiers oliviers de Grèce furent plantés à Mycènes, la ville dont Agamemnon, héros de la mythologie, était roi, et dont on peut encore voir les ruines. On peut aussi entrer dans un espace qui fut probablement la chambre où Agamemnon, enfin de retour de la guerre de Troie, fut assassiné par son épouse infidèle et l'amant de celle-ci. Tout alentour, et en contrebas, s'étend un incroyable paysage de collines couvertes d'oliveraies à perte de vue. Passer sous la porte des Lions et gravir le chemin rocailleux qui mène aux vestiges du palais royal, c'est entrer dans le sanctuaire de l'immémorial.

Les olives sont d'abord vertes, puis noires si on les laisse mûrir sur l'arbre. L'huile qui en est extraite est importée en grande quantité d'Espagne, de France, de Grèce, de Californie et d'Italie, entre autres pays producteurs. L'une de ses qualités est d'être dépourvue de cholestérol. Dans l'Antiquité, elle avait aussi des usages médicinaux et servait à nettoyer la peau, car le savon n'existait pas encore.

L'huile d'olive italienne, qui compte parmi les meilleures, est strictement réglementée : la qualité supérieure doit être extra-vierge, issue de première pression à froid ; les olives entières sont écrasées sans briser le noyau et aucun intrant chimique n'est autorisé. « Extra-vierge » caractérise les huiles à faible taux d'acidité, donc meilleures au goût. Les qualités inférieures sont dites « huile d'olive vierge » et « huile d'olive pure » ; la dernière contient souvent des additifs chimiques qui réduisent son acidité.

Pour la salade et tous les usages en cru, seule l'extra-vierge doit être utilisée. Pour la cuisson, un grade inférieur est acceptable, bien qu'il faille se rappeler que l'huile d'olive, contrairement à d'autres huiles végétales, est plus qu'un simple lubrifiant : elle communique sa saveur particulière.

Curieusement, la loi italienne ne requiert pas qu'une huile soit composée à cent pour cent d'huile produite dans la région indiquée sur l'étiquette. Une huile officiellement « de Toscane » peut donc partiellement, ou même entièrement, venir d'ailleurs et même d'aussi loin que l'Afrique du Nord. Il existe tant de marques d'huile d'olive, dont certaines courantes mais de bonne qualité, qu'il est vraiment nécessaire de les sélectionner d'abord en fonction de leur réputation, pour choisir ensuite celle qu'on trouve la plus agréable au goût.

14
NOVEMBRE
LES INUITS/ESKIMOS

Pour ceux qui vivent sous un climat arctique, les aliments riches en graisses et en protéines sont essentiels, et la viande — de phoque, de caribou, d'ours polaire, de morse — ou le poisson sont partagés entre tous les membres de la communauté après la chasse et la pêche. Malgré la présence croissante des aliments industriels, il existe encore une forte tradition de repas communautaires. Les Inuits sont convaincus que la nourriture transforme l'étranger en ami et même double de volume lorsqu'elle est partagée.

Les Inuits du Nord-Ouest canadien célèbrent chaque année une fête qui résume parfaitement cette philosophie. La veille, les enfants vont de porte en porte afin de collecter de la nourriture pour cette fête. Le lendemain, tout en partageant le repas, hommes et femmes se demandent l'un à l'autre leurs biens les plus précieux, qu'ils échangent avec facilité, car tout refus serait considéré comme une offense. Ensuite, une fois que les objets ont été placés entre les mains de leurs nouveaux propriétaires, ils dansent tous ensemble.

15 NOVEMBRE

LE CHOU

Il n'est fait aucune mention du chou dans la Bible, mais les Grecs et les Romains en mangeaient tous. L'empereur Tibère demanda un jour au Sénat de voter sur la question de savoir s'il existait au monde rien de meilleur que le bœuf au chou.

Diogène à un jeune courtisan : « Si tu ne te nourrissais que de chou, tu n'aurais pas besoin de flatter les puissants. »

Le jeune courtisan à Diogène : « Si tu flattais les puissants, tu n'aurais pas besoin de te nourrir uniquement de chou. »

En Russie, la soupe au chou, appelée *chtchi*, contient du chou, des carottes, de la viande, des oignons, du céleri et de l'ail ; on l'acidifie avec des pommes, de la crème aigre ou du jus de choucroute. Fort appréciée depuis au moins mille ans, on la trouve dans la littérature russe — vers et prose —, sur la table des riches et des pauvres, et dans les souvenirs émus de tous les exilés.

16 NOVEMBRE

JASON EPSTEIN SUR LA CUISINE

Comme tous les grands cuisiniers, Jason Epstein décide de ce qu'il va préparer à partir de ce qu'il trouve au marché et de l'état dans lequel il le trouve. À New York, il habite près de Chinatown, où les légumes, les fruits, le poisson et la viande s'achètent dans de petits magasins et sont superbes. On reconnaît un bon restaurant à son respect de la qualité et de la fraîcheur de ses ingrédients. C'est aussi sa méthode.

Dans un dîner, dit-il, l'important, c'est le timing. Il faut s'assurer que tout est fait au bon moment. Il n'établit pas de planning ni ne dessine de schéma, il organise tout dans sa tête. Un autre talent utile est de savoir faire dorer les ingrédients tels que viande ou poisson sans qu'ils attachent au fond du récipient. « On ne peut rien faire dorer dans le Teflon », explique-t-il.

Le secret consiste à attendre que la poêle soit très chaude avant d'ajouter l'huile, et quand elle commence à fumer, on peut ajouter les produits.

Parmi les innombrables restaurants où il a mangé en France, il avoue une affection particulière pour le Relais de la Poste, à Magescq, petite ville à une cinquantaine de kilomètres de Biarritz. Après cette conversation, nous avons cherché l'endroit dans le Michelin : Magescq, 1 218 habitants ; Relais de la Poste : treize chambres, signalisées en rouge, ce qui signifie « particulièrement agréable ». Le restaurant a deux étoiles. Quelques spécialités : poitrine de pigeon aux champignons sauvages, gibier en saison.

Jason s'y est rendu de nombreuses fois, la première alors qu'il voyageait en compagnie de Gore Vidal, « quand nous étions encore en bons termes, précise-t-il. Ce restaurant ne change jamais. Les serveurs sont toujours les mêmes. La fille des patrons, qui vous apporte votre jus d'orange frais le matin, a toujours douze ans ».

17

NOVEMBRE

LA FONDUE

À quoi aspire un poète : à être
Comme un fromage de la vallée,
Local, mais loué ailleurs.
W. H. Auden

Gruyères (la ville prend un « s » final, mais son célèbre fromage n'en prend pas) se trouve une centaine de kilomètres au nord-est de Genève, au cœur de la Suisse. La région produit un des deux fromages — l'autre étant l'emmental — qui forment la base de la fondue. Pour reconnaître un authentique gruyère suisse, cherchez la mention « Switzerland » ou l'image d'une arbalète estampée sur la croûte. Ce plat a sans doute ses origines dans les petits villages perchés dans la montagne, où en hiver la nourriture était rare : les villageois faisaient fondre leurs vieux fromages sur les braises et plongeaient du pain dans la marmite pour les manger.

Il existe d'autres fondues, de viande cuite à l'huile bouillante (fondue bourguignonne) ou de fruits trempés dans le chocolat, mais la fondue classique est à base de fromage, légèrement saupoudré de farine, mouillé au vin blanc et fondu dans un caquelon frotté d'ail. Le caquelon est apporté à table et gardé au chaud sur un petit réchaud, après quoi le plat est partagé au sens littéral du terme.

18
NOVEMBRE

LA CANNEBERGE

La canneberge est l'un des trois fruits indigènes d'Amérique du Nord, avec la myrtille et le raisin Concord. Les Indiens les firent connaître aux Pèlerins. Ils les mangeaient écrasés, mélangés à du miel ou à du sucre d'érable. Ces baies leur servaient aussi de conservateur : mélangées à de la viande séchée dans une préparation appelée pemmican, elles permettaient de la garder plus longtemps. Les canneberges écrasées étaient aussi utilisées comme teinture ou en compresses pour guérir les blessures.

Leur forte acidité fait d'elles un conservateur efficace et aide à stopper la prolifération bactérienne, les rendant notamment aptes à prévenir les infections urinaires chez la femme. Elle les rend aussi plus stables que les autres fruits ; même la congélation n'altère en rien leur valeur nutritionnelle. Les canneberges sont, de surcroît, très riches en vitamine C. Les marins américains les mangeaient pour prévenir le scorbut, tout comme les marins anglais consommaient des citrons verts.

Leur nom anglais, *cranberry*, vient de leur fleur, dont le pétiole se courbe, faisant pencher l'inflorescence vers le bas comme la tête d'une grue (*crane*). Elles poussent sur des arbrisseaux qui peuvent porter des fruits jusqu'à cent cinquante ans si personne ne les abîme et qui se plaisent particulièrement dans les tourbières glaciaires non marécageuses, sur des sols acides et sablonneux. Leur récolte s'étend de septembre à décembre ; elles sont donc fraîches pour Thanksgiving et Noël. À l'intérieur de chaque baie se trouve une petite poche d'air qui leur permet de flotter : il suffit donc de les détacher de leurs tiges, d'inonder les champs, puis de recueillir les baies au râteau.

19 NOVEMBRE

LES DIFFÉRENTES FORMES DE PÂTES

Sur les menus italiens, les pâtes peuvent apparaître sous forme de soupe, *pasta in brodo* ; servies avec une sauce, *pasta asciutta* ; ou cuites au four, *pasta al forno*.

Il existe plus de noms de pâtes de formes différentes que d'étoiles dans le ciel, ou peu s'en faut. Ces noms sont tous italiens, bien entendu, et il y en a de très beaux. Par exemple :

- *Anelli*, « anneaux », ou *anellini*, « annelets ».
- Ou *occhi di passeri*, « yeux de moineau ».
- Ou encore *risino*, « petit riz ».
- Ou *semi di melone*, « graines de melon ».
- Ou *stelle*, *stellini* : « étoiles », « petites étoiles ».

Ça, c'était pour la soupe. Non destinées aux soupes :

- *Cappelli di prete*, « chapeaux de curé ».
- *Farfalle*, « papillons », et *farfalloni*, « grands papillons », ainsi que *farfallette*, « petits papillons ».
- Il y a aussi *maruzze*, « coquillages », de tous les calibres, dont les *maruzzine*, « petits coquillages ».
- *Rigati* signifie « cannelés » ; ceux-ci aussi existent en divers calibres : *ziti rigati*, *rigatoni*, *cannelle rigati*, etc.

Certaines de ces innombrables formes vont mieux avec certaines sauces. Parfois, quand nous recevons à dîner pour une occasion spéciale, nous distribuons un petit menu afin que les convives puissent anticiper ce qui sera servi, et c'est toujours un plaisir d'y noter le nom d'une pâte peu connue et d'entendre :

« *Tripolini* ? Qu'est-ce que c'est ? » Ce sont de petits nœuds qui commémorent la conquête de Tripoli, bien entendu.

20
NOVEMBRE
GRIMOD DE LA REYNIÈRE

Paris, le 20 novembre 1758. Alexandre Balthazar Grimod de La Reynière vient au monde, mal formé, doté de mains rudimentaires, l'une en griffe et l'autre en patte d'oie. Baptisé à la va-vite, car on craint qu'il ne vive pas, il racontera plus tard, entre autres fables, qu'une truie lui a mangé les doigts quand il avait trois ans.

Avocat et critique dramatique, il passa inaperçu jusqu'à un certain dîner mythique qu'il donna en 1783. L'Ancien Régime tremblait déjà sur ses fondations et l'ancienne cuisine était proche de sa disparition. Les invitations gravées, immenses, ressemblaient à des faire-part de décès. Lorsque les invités entrèrent dans la salle à manger, toute drapée de noir et éclairée par des centaines de bougies, un cercueil trônait au milieu de la table. Il y eut neuf services, entre lesquels Grimod parla de ses ancêtres, réputés de naissance roturière. Il acquit à la suite de ce repas une réputation de fou, mais une réputation tout de même.

À un autre de ses dîners, en l'absence de ses parents, il revêtit un énorme cochon des beaux habits de son père et l'assit à la place d'honneur. Ses parents, rentrés avant l'heure, en furent scandalisés et le firent enfermer dans un monastère pendant presque trois ans — « pour son bien », dirent-ils. C'est à la table du père supérieur qu'il commença à s'intéresser sérieusement à la gastronomie.

Il ouvrit plus tard une épicerie à Lyon, mais ce qui le rendit célèbre fut son *Almanach des gourmands*, tout premier guide des restaurants et des commerces de bouche parisiens, émaillé de textes spirituels et d'un style raffiné portant sur la préparation des plats et la manière de les servir. Ce livre, qui fut édité en série entre 1804 et 1812, connut un immense succès. Grimod fut le premier véritable critique gastronomique de l'histoire, et l'invention du journalisme culinaire peut lui être attribuée. Il constitua aussi un jury composé de douze membres pour tester des produits — pâtisseries, viandes et toute autre denrée qu'on pût lui soumettre — et leur décerner un certificat de reconnaissance officielle.

Après avoir hérité de sa mère une fortune considérable, il épousa l'actrice Adélaïde Thérèse Feuchère, sa maîtresse depuis longtemps, et se retira dans un château à la campagne pour vivre avec des amis proches. Il mourut la nuit de Noël 1837, en plein réveillon.

Une recette qu'il nous a laissée décrit certains ingrédients en s'aidant des noms de plusieurs actrices de l'époque : une bécasse « tendre comme Mlle Volnais », une poularde « aussi blanche que Mlle Belmont ».

21
NOVEMBRE

LA MEILLEURE DES CUISINIÈRES

Le 21 novembre est l'anniversaire de Lorry Hubbard, la meilleure cuisinière amateur que nous connaissions. Elle place la barre si haut que personne d'autre ne peut l'atteindre, mais être invité à dîner chez elle, c'est déjà quelque chose.

Son père aimait préparer des braisés et des potages et cultiver son jardin d'herbes aromatiques. Il lui arriva même d'élever une oie dans le sous-sol de leur maison pour la faire rôtir à Noël. Sa mère n'avait aucun intérêt pour la cuisine, mais elle déclarait qu'elle consentirait à faire les courses si Lorry faisait elle-même le repas du dimanche ; Lorry recueillit donc des recettes à la bibliothèque et dans l'édition du jeudi du *Chicago Tribune*.

« Je n'ai pas le temps de cuisiner » est une phrase qu'on entend souvent. Lorry dirige une entreprise qui publie des documents éducatifs pour l'enseignement artistique. Elle a cinq grands enfants, deux enfants d'un premier lit de son mari et des petits-enfants. Elle prend soin de son jardin et élève des golden retrievers pour la reproduction et les concours canins. Elle s'occupe de trois maisons, dont une en France, et son mari, qui est également son associé, est dans une chaise roulante depuis avant leur mariage, qui date de plus d'une vingtaine d'années. Pour se détendre et pour le plaisir, elle cuisine.

Voici comment elle imagine un menu simple pour un dîner estival : hors-d'œuvre ou pâté (ou un foie gras frais qu'elle confectionne elle-même s'il y a suffisamment d'invités) ; carpaccio de saumon accompagné d'une salade de sucrine ; magret de canard sauce au cognac ; risotto aux champignons et aux petits pois ; et pour le dessert, pêches au coulis de framboise. Quand il lui arrive de se réveiller à 5 heures du matin, elle cuisine — par exemple un strudel aux pommes, de mémoire, sans s'aider d'une recette — parce que son mari Tom aime bien un petit quelque chose de sucré le matin. Parfois, avoue-t-elle, elle triche : elle achète la pâte feuilletée.

Toutes ses maisons sont pleines à craquer de livres de cuisine, évidemment. Son préféré est *Mastering the Art of French Cooking* de Julia Child[1]. Elle préfère la première version (1931) de *Joy of Cooking*[2] aux éditions revues et augmentées, parce que les nouvelles sont « plus diététiques ». Son ingrédient préféré est le sel marin, dont elle mesure toujours à l'instinct la quantité idéale. Dotée de longues années d'expérience, elle peut discerner, en jetant juste un œil sur une recette, si celle-ci fonctionnera ou non, et elle ne se sent pas contrainte par le texte : elle improvise à sa guise.

Une chose qui ne lui cause aucun souci, c'est l'après-repas. « Je connais des femmes qui, quand elles font la cuisine, pensent au désordre qu'elles créent, mais moi, je n'y pense jamais », déclare-t-elle. Elle et son mari s'étonnent du nombre de gens qui préfèrent aller au restaurant et ne mettent que rarement la main à la pâte. Quelle drôle d'idée !

Voici deux de ses recettes favorites parmi tant d'autres :

1. Voir le 15 août.
2. Voir le 30 octobre.

POULET À LA FRANÇAISE

1 POULET DE 1,5 À 2 KG, LAVÉ ET ESSUYÉ AVEC DU PAPIER ABSORBANT
1 CUILLERÉE À CAFÉ DE THYM SÉCHÉ OU D'HERBES DE PROVENCE, OU ALORS 1 CUILLERÉE À SOUPE DE THYM FRAIS EFFEUILLÉ
1 CUILLERÉE À CAFÉ DE ROMARIN SÉCHÉ, ÉMIETTÉ, OU 1 CUILLERÉE À SOUPE DE ROMARIN FRAIS, HACHÉ AU COUTEAU
SEL, POIVRE DU MOULIN
3 CUILLERÉES À SOUPE D'HUILE VÉGÉTALE
3 OU 4 TRANCHES DE POITRINE FUMÉE COUPÉES EN LARDONS DE 7 À 8 MM D'ÉPAISSEUR ENVIRON
1 GROS OIGNON GROSSIÈREMENT HACHÉ
2 BRANCHES DE CÉLERI GROSSIÈREMENT HACHÉES
2 GROSSES CAROTTES GROSSIÈREMENT HACHÉES OU 12 PETITES CAROTTES NOUVELLES
2 GOUSSES D'AIL HACHÉES
DE 8 À 12 PETITES POMMES DE TERRE NOUVELLES (ROSEVAL DE PRÉFÉRENCE)
1 POIGNÉE DE PETITS HARICOTS VERTS FRAIS TRÈS FINS
250 G DE PETITS CHAMPIGNONS DE PARIS ÉMINCÉS
250 G DE TOMATES EN CONSERVE, ÉGOUTTÉES
25 CL DE VIN BLANC SEC
ENTRE 12 ET 25 CL DE BOUILLON DE VOLAILLE (COMMENCEZ AVEC 12 CL ET AJOUTEZ-EN AU FUR ET À MESURE)
30 G DE FARINE WONDRA[1]
PERSIL FRAIS HACHÉ

Préchauffez le four à 200 °C. Saupoudrez l'intérieur du poulet de la moitié des herbes, salez-le et poivrez-le à l'intérieur et à l'extérieur. Faites chauffer l'huile dans une cocotte en fonte sur feu moyen. Quand elle est bien chaude, faites-y dorer le poulet sur toutes ses faces avant de le déposer dans une assiette.

Ajoutez les lardons dans la cocotte et faites-les bien dorer. Ajoutez ensuite tous les légumes et faites revenir 5 minutes sur feu moyen en remuant de temps en temps. Ajoutez le vin, le poulet, les tomates, le bouillon, le reste des herbes. Salez, poivrez, et portez à ébullition.

1. Voir le 9 janvier.

Couvrez la cocotte, mettez-la au four et faites cuire entre 50 minutes et 1 heure.
Débarrassez le poulet et les légumes dans un grand plat creux ou dans un saladier, et gardez au chaud.
Dégraissez le jus de cuisson et faites-le réduire à environ 40 cl. Ajoutez petit à petit la farine Wondra en fouettant jusqu'à ce que la sauce épaississe légèrement. Laissez cuire doucement pendant environ 5 minutes, le temps de découper le poulet.
Nappez le poulet et les légumes de la sauce à l'aide d'une cuillère, garnissez du persil. Pour quatre à six personnes.

GRATIN DE COURGETTES, D'AUBERGINES, DE TOMATES ET DE POIVRONS

1 GROSSE COURGETTE, PELÉE OU NON, COUPÉE EN TRANCHES DE 7 MM D'ÉPAISSEUR
1 GROSSE AUBERGINE, ÉPLUCHÉE, COUPÉE EN TRANCHES DE 7 MM D'ÉPAISSEUR
3 OU 4 TOMATES FRAÎCHES, MONDÉES ET COUPÉES EN TRANCHES DE 1,2 CM D'ÉPAISSEUR
1 DEMI-POIVRON ROUGE, COUPÉ EN LANIÈRES DE 7 MM DANS LE SENS DE LA LONGUEUR
1 DEMI-POIVRON VERT, COUPÉ EN LANIÈRES DE 7 MM DANS LE SENS DE LA LONGUEUR
1 OIGNON BLANC MOYEN, EN TRANCHES FINES
1 CUILLERÉE À SOUPE D'AIL HACHÉ
1 PETITE POIGNÉE DE FEUILLES DE BASILIC FRAIS
ENTRE 8 ET 12 CL D'HUILE D'OLIVE
SEL, POIVRE DU MOULIN
3 CUILLERÉES À SOUPE DE PARMESAN EN COPEAUX OU FRAÎCHEMENT RÂPÉ

Préchauffez le four à 190 °C. Saupoudrez légèrement de sel les courgettes et les aubergines dans une passoire, et laissez-les s'égoutter pendant environ 20 minutes.
Rincez-les bien et épongez-les avec du papier absorbant.
Huilez légèrement un plat à gratin. Alignez les tranches de courgettes au bord du plat sur toute sa longueur.
Ajoutez une rangée d'aubergines le long de la rangée de courgettes. Faites ensuite une rangée de tranches de

tomates en les intercalant avec les tranches d'oignon. Faites à côté une autre rangée de tomate et d'oignon, ou posez-la sur la rangée de courgettes. Parsemez les légumes d'ail haché, puis disposez joliment les lanières de poivron rouge et de poivron vert entre les rangées. Répartissez sur l'ensemble les feuilles de basilic, versez l'huile d'olive goutte à goutte sur toute la surface, salez et poivrez légèrement.
Mettez le plat au four, couvert d'une feuille d'aluminium, et faites cuire 20 minutes. Retirez l'aluminium, saupoudrez de parmesan toute la surface du gratin, baissez la température du four à 180 °C et faites cuire encore 20 minutes ou jusqu'à ce que les légumes soient tendres. Pour quatre à six personnes.

22

NOVEMBRE

LE CROISSANT

Assiégée par les Turcs en 1686, Budapest, dit la légende, fut sauvée de l'invasion par l'alerte lancée par les boulangers qui, travaillant aux premières heures du matin, entendirent des bruits dans un tunnel situé au-dessous d'eux. Ils furent récompensés par l'obtention du droit de confectionner une pâtisserie de la forme du croissant qui figurait sur le drapeau ottoman. Cette pâtisserie fut imitée à Paris, où elle devint le croissant.

La véritable histoire du croissant est presque aussi inexacte : il semble que ces viennoiseries soient apparues, ou tout du moins aient été mentionnées pour la première fois, dans un livre de cuisine français paru en 1853, et la première recette officiellement publiée ne date que de 1906. Les croissants — ou au moins ceux vendus comme « croissant au beurre » dans les boulangeries parisiennes — sont très riches en beurre. La simple mention « croissants » indique qu'ils contiennent moins de beurre ou seulement de la margarine. Dans un cas comme dans l'autre, sans eux, il n'y a pas de petit déjeuner français.

23
NOVEMBRE

LA DINDE

En Europe, on mangeait déjà de la dinde en 1540, un bon siècle avant que les Pèlerins en eussent goûté à Plymouth. On y voyait à tort un mets venu d'Orient, ce qui tenait à la croyance initiale que Christophe Colomb avait atteint les Indes en naviguant vers l'ouest. En France, le volatile fut d'abord appelé « coq d'Inde », puis plus tard dinde ou dindon. Les Anglais, croyant qu'il leur était venu de Turquie, lui donnèrent le nom de ce pays.

En réalité, la dinde est originaire d'Amérique du Nord, et faisait les délices de ses premiers habitants. Il se peut que Colomb ait croisé le chemin de quelques dindons en 1502, lors de son quatrième voyage, mais il fallut attendre la conquête du Mexique par Cortés en 1521 pour que l'oiseau fût introduit en Espagne, puis de là dans tout l'Ancien Monde, où il devint vite populaire. En Angleterre, on en menait de grands troupeaux à pied ; on leur enveloppait les pattes de toile à sac ou même de bottillons en cuir afin de leur permettre de marcher jusqu'à Londres, ce qui pouvait prendre une semaine ou davantage. Il fallait qu'ils arrivent à temps pour Noël ; bientôt ils remplacèrent l'oie sur les tables de réveillon.

24
NOVEMBRE

COMMENT RÔTIR UNE DINDE

Benjamin Franklin fut toujours convaincu que le dindon aurait mérité d'être l'oiseau national à la place de l'aigle chauve, car c'était un oiseau « beaucoup plus respectable et originaire d'Amérique du Nord ». Il faisait allusion au dindon sauvage, plus petit que l'espèce domestique et décrit comme « méfiant jusqu'au génie ». Il semble que ce soit un dindon sauvage qui ait été mangé à la première fête de Thanksgiving, à Plymouth Rock, en 1621. Presque trois cent cinquante ans plus tard, une dinde rôtie conditionnée sous vide avec tous ses abattis fut le premier repas mangé sur la Lune.

Il existe des méthodes différentes pour rôtir une dinde farcie, toutes émanant d'excellents cuisiniers. L'une d'elles consiste à préchauffer le four à 160 °C et à rôtir le volatile couvert d'une couche de mousseline, en l'arrosant de temps en temps. Une autre — que nous préférons — consiste à faire d'abord dorer la dinde en la laissant au four à 230 °C pendant vingt minutes, puis en baissant la température entre 160 et 180 °C et en arrosant très souvent à travers la mousseline. Une dinde farcie de trois à huit kilos doit être rôtie entre vingt et vingt-cinq minutes par livre. Au-dessus de huit kilos, comptez entre dix-huit et vingt minutes par livre.

25

NOVEMBRE

COMMENT DÉCOUPER UNE DINDE

La découpe des viandes et des volailles a toujours été considérée comme un art depuis au moins l'Antiquité romaine, époque où des modèles en bois étaient utilisés dans les cuisines pour l'instruction des commis et où l'on jouait de la musique pendant leur apprentissage afin de développer chez eux l'aptitude à manier le couteau avec grâce et en cadence.

À la fin du XVIIIe siècle, pour parler de tranchage en langue anglaise, on employait trente-huit mots différents selon l'espèce : le pigeon était *thighed*, le faisan *allayed*, le cerf *broken* et le saumon *chined*. Comme par le passé, c'est toujours un honneur d'être chargé de la découpe à table, bien qu'on tombe rarement sur des pièces plus compliquées que dindes, poulets, gigots ou rôtis.

Pour une dinde :

1. Détachez d'abord l'ensemble pilon-cuisse en maintenant le pilon avec une fourchette à découper. Coupez à travers la peau, puis écartez la cuisse de la carcasse afin de sectionner la jointure qui rattache les deux.

2. Pour trancher les filets, plantez la fourchette au milieu de l'os dorsal, situé vers le haut quand la dinde est posée sur un plat. Puis découpez des tranches fines en un mouvement descendant et en pivotant légèrement quand vous arrivez à la jointure de l'aile. Tranchez tout un côté avant de vous attaquer à l'autre, qui doit rester intact tant qu'on n'en a pas besoin, afin de conserver le moelleux de la viande.

En ce qui concerne le bœuf, il est habituellement plus tendre s'il est tranché perpendiculairement au fil, c'est-à-dire aux fibres musculaires ; mais dans le cas d'un train de côtes rôti, il est plus facile de trancher entre les côtes, c'est-à-dire dans le sens du fil.

26

NOVEMBRE

THANKSGIVING

En 1789, première année de son mandat, George Washington déclara le 26 novembre « journée publique d'action de grâces et de prières publiques en reconnaissance aux nombreux signes de faveur de Dieu tout-puissant ». Ce n'était pas la première fois qu'on fêtait Thanksgiving, mais c'était la première fois qu'on le faisait officiellement dans la toute jeune nation des États-Unis.

Le premier Thanksgiving fut célébré à Plymouth (Massachussetts) en 1621 par les Pèlerins et les chefs indiens Squanto, Samoset et Massasoit, en compagnie de quatre-vingt-dix de leurs hommes. Pendant le siècle et demi qui suivit, chaque colonie d'Amérique organisa ses propres fêtes de Thanksgiving, souvent liées à des victoires militaires spécifiques ou à une bonne récolte, et habituellement marquées non par des festins mais par des jeûnes et des prières.

En 1863, le président Abraham Lincoln proclama le quatrième jeudi de novembre Fête nationale. En 1939, le président Franklin Delano Roosevelt chercha à faire mieux encore en déplaçant ce jour au troisième jeudi du mois, espérant ainsi anticiper sur la saison des emplettes de Noël et revitaliser l'économie pendant la Grande Dépression. Mais la réprobation publique fut si vive que, deux ans plus tard, le 26 novembre 1941, il signa un projet de loi pour remettre la fête au quatrième jeudi initial.

27 NOVEMBRE

L'OS À VŒUX

Les superstitions liées au bréchet des volailles remontent à deux mille cinq cents ans, au temps des Étrusques, qui attribuaient à certaines poules le pouvoir de prédire l'avenir. On traçait sur le sol un cercle que l'on divisait en vingt-quatre sections, une pour chaque lettre de l'alphabet étrusque, et l'on y jetait du grain. On posait ensuite une question à la poule et on la plaçait au milieu du cercle. Tel un ouija à plumes, elle mangeait les grains dans un ordre qui donnait la réponse, par exemple le nom d'un futur mari ou l'issue d'une querelle. Ensuite, on tuait la poule, on faisait sécher son bréchet et on le gardait comme talisman.

Lorsque, plus tard, les Romains adoptèrent cette pratique, ils y ajoutèrent le détail suivant : deux personnes tiraient chacune sur une branche du bréchet en faisant un vœu. Le gagnant était celui qui obtenait la partie la plus longue de l'os, incluant la pointe. De là l'expression anglaise *lucky break* pour désigner l'instant où la chance nous sourit.

28 NOVEMBRE

LES BONBONS

Le mot *candy*, qui signifie en anglais « bonbon », vient de l'arabe *qand*, « sucre » — qui est toujours l'ingrédient principal de cette friandise. À l'origine, il s'agissait d'un mélange de fruits secs et de miel. Plus tard, cette friandise fut à base de sucre de canne, dont l'Inde fut le premier exportateur de l'histoire il y a plus de cinq mille ans. Comme l'indique le mot « bonbon », elle a toujours été appréciée pour le plaisir que procure la douceur de son goût.

Comme beaucoup d'articles de luxe, les bonbons furent un privilège des riches pendant tout le Moyen Âge, mais au xve siècle le prix du sucre avait baissé et ces douceurs furent accessibles à presque toutes les couches de la société. Parmi les différentes formes, le massepain était l'une des plus populaires : c'était une pâte composée de sucre, d'amandes et de blanc d'œuf façonnée dans les formes les plus fantaisistes, et on la confectionne encore aujourd'hui. Les dragées, évoquées en 1822 par Clement Clarke Moore dans son poème *La Nuit avant Noël*, sont dégustées depuis l'époque de Shakespeare.

La forme de friandise sucrée la plus appréciée dans le monde est le chocolat. Les bonbons qui ne contiennent pas de chocolat se répartissent entre bonbons durs et bonbons mous, selon le degré de cristallisation du sucre pendant leur fabrication. Parmi les bonbons mous, citons les boules de gomme, les caramels mous, la barbe à papa, les bonbons au sucre tiré et les *jelly beans* américains, dont le cœur gélatineux fut peut-être inspiré par les loukoums orientaux, qui existent depuis les temps bibliques. Les *jelly beans* s'imposèrent aux États-Unis pendant la guerre de Sécession, lorsqu'ils furent mis en avant en tant que cadeau sentimental à envoyer aux soldats unionistes.

Quand Mary Poppins chantait « Il suffit d'une cuillerée de sucre pour faire passer le médicament », elle se souvenait probablement que, jusqu'en 1300, les bonbons étaient vendus exclusivement par les médecins pour masquer le goût des potions amères.

29
NOVEMBRE

LE GROS-PLANT

Le vin blanc appelé gros-plant tire son nom de son cépage, cultivé au sud du pays nantais, dans la basse vallée de la Loire, ce qui l'apparente au muscadet. Selon l'expert en vins Robert Parker, il est si « vert », si acide, qu'il faut être masochiste pour en boire. D'autres, plus cléments que lui, le décrivent comme un vin blanc simple qui s'accorde bien avec les produits de la mer. C'est dans ces conditions que nous l'avons rencontré pour la première fois, en France, à l'automne 1976.

À la fin du mois de novembre de cette même année, nous étions en train de filer à toute allure sur l'autoroute en direction de Cherbourg et de la dernière traversée saisonnière du *Queen Elizabeth II*, quand soudain nous aperçûmes, sur une grande pancarte, le mot « gros-plant » accompagné d'une flèche qui indiquait un chemin de terre. Nous fîmes demi-tour et empruntâmes cette voie qui nous mena à une ferme entourée d'une cour parcourue par des poules. Dans un appentis, un homme et son fils de dix ans étaient en train de coller des étiquettes sur leurs bouteilles de vin ; le fils encollait le papier et le père l'ajustait sur le verre. Nous en achetâmes une caisse.

Sur le quai du port à Cherbourg, alors que nous attendions d'embarquer, nous vîmes une véritable pyramide de caisses en bois semblables à la nôtre, mais marquées de noms tels que « Blanc de blancs Taittinger », « Champagne » et du nom de leur propriétaire, « Rockefeller ». Nous éprouvâmes un sentiment de connivence limité. En ce temps-là, les droits de douane n'étaient que de dix cents par bouteille de vin et il n'y avait pratiquement aucune limitation de bagages.

Longtemps, aux États-Unis, le gros-plant fut difficile à trouver. On n'en a jamais produit beaucoup, la majeure partie est bue localement, et les Américains ont tendance à préférer les vins plus faciles, plus tendres que ce blanc sec au goût de pierre à fusil. Maintenant, il est devenu plus accessible depuis que son voisin le muscadet a gagné en popularité. C'est un vin bon marché et, pour qui aime ce genre-là, il est bon.

30

NOVEMBRE

CHURCHILL

30 novembre 1874. À Blenheim, maison ancestrale de son père et seul grand palais d'Angleterre n'appartenant pas à la famille royale, trois cent vingt chambres, bibliothèque de plus de soixante mètres de longueur, vastes terres alentour ; dans une petite chambre adjacente au grand salon, c'est-à-dire aussi loin que sa mère a pu aller après avoir quitté le bal, Winston Churchill — qui deviendra le plus grand Premier ministre d'Angleterre et, à l'exception de Shakespeare, probablement son plus grand homme —, vient au monde à 1 h 30 du matin.

Pendant toute sa longue existence, il mangea et but de très bon cœur. Voici comment il décrivit un jour un dîner auquel il avait pris part : « Il aurait été parfait si le vin avait été aussi froid que la soupe, le bœuf plus tendre que les domestiques, le cognac aussi vieux que le poisson et la soubrette aussi chaude que la duchesse. »

DÉCEMBRE

▪ LA PIZZA ▪ LE *CHILI CON CARNE*
▪ LA PRÉSENTATION DES PLATS ▪ LES *RÖSTI*
▪ PAIN ET HISTOIRE ▪ LA COUPOLE
▪ LES CUISINES DE L'INDE
▪ LES HIVERS À ASPEN ▪ CLARENCE BIRDSEYE
▪ AU CINÉMA ▪ LE KETCHUP ▪ MADAME BOVARY
▪ LE PREMIER REPAS ▪ LA *FRITTATA*
▪ LES BOUGIES ▪ DELMONICO'S ▪ LA BOSTON
TEA PARTY ▪ AMPHOUX ▪ LES SALLES
À MANGER ▪ LE ROQUEFORT ▪ UN DÎNER
DE SKI DE FOND ▪ LE PANETTONE
▪ LE SUCRE D'ORGE ▪ LE CHAMPAGNE
▪ LA VEILLÉE DE NOËL ▪ LE RÉVEILLON DE NOËL
▪ LE *BOXING DAY* ▪ LOUIS PASTEUR
▪ BOURGOGNE-CHAMBERTIN
▪ MME DE POMPADOUR ▪ LE COULIBIAC
▪ REPAS MAGNIFIQUES

1er

DÉCEMBRE

LA PIZZA

La toute première livraison de pizza de l'histoire émanait d'une commande du roi Umberto Ier et de la reine Margherita d'Italie, le 1er décembre 1889. Alors qu'ils rendaient visite à la famille de la reine près de Naples, ils entendirent parler d'une spécialité populaire appréciée par les pauvres, qui la mangeaient à la main après l'avoir achetée à des vendeurs de rue ou dans des pizzerias en plein air. Désireux d'y goûter, ils ne parvinrent pas à se mêler au peuple lorsqu'ils se rendirent à la pizzeria la plus proche. Ce fut Rafaele Esposito, propriétaire de la plus célèbre d'entre elles, qui vint à leur rencontre. Il apporta les ingrédients nécessaires à trois variétés différentes afin qu'ils pussent les déguster, mais la reine montra une nette préférence pour la pizza garnie de tomate, de mozzarella et de basilic frais — le rouge, le blanc et le vert du drapeau italien. Esposito la baptisa margherita en hommage à la reine, donnant à Naples, par la même occasion, la réputation d'avoir inventé la pizza.

Les origines réelles de la pizza sont beaucoup plus anciennes. Tant les Grecs que les Étrusques avaient chacun leurs versions de pains ronds au bord relevé pour contenir d'autres ingrédients. Au Ier siècle de notre ère, Caton, à Rome, mentionna par écrit « des disques de pain plats, arrosés d'huile d'olive, d'herbes et de miel, et cuits sur des pierres chaudes ». L'ingrédient essentiel qu'est la tomate ne fut ajouté que quinze siècles plus tard, quand elle fut importée du Nouveau Monde ; et les tomates cultivées dans les terres volcaniques proches du Vésuve sont une des principales raisons pour lesquelles la pizza napolitaine est encore à l'heure actuelle considérée comme le modèle du genre.

Ce furent des immigrants italiens qui introduisirent la pizza en Amérique. La première pizzeria ouvrit à New York en 1905. Il fallut pourtant attendre la fin de la Seconde Guerre mondiale, et le retour d'Italie de soldats conquis par cette délicieuse galette que l'on mangeait sans couteau ni fourchette, pour que la pizza prît réellement son essor. Elle reste, dans le monde entier, un des plats les plus populaires.

2 DÉCEMBRE

LE *CHILI CON CARNE*

En France, pour commander un verre de vin ordinaire, on dit : « Un coup de rouge ! » Au Texas, pour commander un chili, on peut dire : *A bowl of red !* (« Un bol de rouge ! »)

Le *chili con carne* — littéralement « *chili* à la viande » — est, lexicalement, une redondance. Tous les *chilis* contiennent de la viande, à moins évidemment qu'on n'ait affaire à une version végétarienne, et les versions texanes les plus authentiques ne contiennent pas grand-chose d'autre : pas de tomates, et surtout pas de haricots. Le Texas semble être l'origine du *chili*, probablement né dans les quartiers pauvres à l'époque (le tout début du XIXᵉ siècle) où le territoire de cet État appartenait au Mexique. On en trouve des traces dans les textes à partir de 1857. Peu après apparurent les *chili queens* de San Antonio. Au crépuscule, leurs chariots, éclairés de lanternes vivement colorées, prenaient place dans les rues. Ils étaient chargés d'une grande marmite de *chili* ainsi que de tables et de tabourets qu'on posait alentour.

Comme le Coca-Cola, le *chili* a fait la conquête du monde, ou tout au moins de l'Amérique du Nord. Les recettes en sont innombrables et beaucoup ne manquent pas de créativité, mais en se répandant vers le nord et l'est, le *chili* s'est transformé ; on y trouve maintenant des tomates et des haricots rouges, ainsi que des oignons, des poivrons verts, du céleri, etc.

La popularité du *chili* tient au fait que tout le monde peut en faire — les ingrédients sont faciles à trouver — et que le plat est excellent, seul ou accompagné de riz et de diverses garnitures. Il est aussi bon, voire meilleur, le lendemain.

Voici une recette de *chili* qui plaira à tout le monde, même si elle n'est pas à la hauteur pour gagner le premier prix dans un concours de *chili con carne* au Texas.

CHILI CON CARNE

3 CUILLERÉES À SOUPE DE MARGARINE OU D'HUILE D'OLIVE
2 GROS OIGNONS FINEMENT HACHÉS,
DONT UN POUR SERVIR AVEC LE *CHILI*
2 GOUSSES D'AIL HACHÉES
500 G DE BŒUF HACHÉ AU COUTEAU OU AU HACHOIR
1 GROSSE BOÎTE DE TOMATES EN CONSERVE AU BASILIC,
AVEC LEUR JUS
1 POIVRON VERT FINEMENT HACHÉ
HUILE DE SÉSAME
SAUCE WORCESTERSHIRE
2 CUILLERÉES À SOUPE DE POUDRE DE *CHILI*
1 CUILLERÉE À SOUPE DE SEL
1 FEUILLE DE LAURIER
1 CUILLERÉE À CAFÉ DE CUMIN EN POUDRE
1/4 DE CUILLERÉE À CAFÉ DE CAYENNE
1 DEMI-CUILLERÉE À CAFÉ DE SEL AU CÉLERI
BASILIC FRAIS
1 BOÎTE DE HARICOTS ROUGES
CHEDDAR BIEN AFFINÉ, POUR SERVIR AVEC LE *CHILI*
RIZ CUIT, POUR SERVIR SOUS LE *CHILI*

Faites revenir l'oignon et l'ail dans la margarine jusqu'à ce qu'ils soient bien dorés. Ajoutez la viande hachée et faites-la dorer. Ajoutez le reste des ingrédients, portez à ébullition, baissez le feu et laissez mijoter, sans couvrir, entre 2 et 3 heures. Ajoutez un peu d'eau de temps à autre selon nécessité. Un quart d'heure avant de servir, ajoutez le contenu de la boîte de haricots. Servez sur du riz avec l'oignon haché et le cheddar râpé. Pour quatre personnes.

3

DÉCEMBRE

LA PRÉSENTATION DES PLATS

Alice Waters[1] fit un jour remarquer que, d'après son expérience, on pouvait toujours deviner si le chef était un homme ou une

1. Voir le 28 avril.

femme en examinant la disposition de l'assiette : l'homme bâtit une tour, la femme construit un nid.

La présentation des plats était autrefois beaucoup plus compliquée. Ce qu'on appelait « service à la française » au début du XIXe siècle était un style très formel qui consistait à apporter à table une multitude de plats en trois étapes successives : hors-d'œuvre et entrées, rôti et légumes, puis enfin desserts et fruits. Les invités pouvaient choisir ce qu'ils désiraient, comme sur un buffet géant, jusqu'à ce que le service fût débarrassé et le suivant apporté à table, mais aucun plat censé être servi chaud ne le restait.

Dans les années 1860, l'ambassadeur du tsar Alexandre II en France décida d'instituer le service à la russe pour sa table ; tout Paris adopta bientôt ce mode de présentation, moins grandiose. Les plats étaient présentés successivement à chaque invité et servis par la gauche, puis débarrassés par la droite.

Un siècle plus tard, la Nouvelle Cuisine apparut en France, sous l'égide de Paul Bocuse, de Jean et Pierre Troisgros, d'Alain Chapel et de Michel Guérard. Ils simplifièrent encore davantage la présentation en privilégiant la fraîcheur des ingrédients, en diminuant les quantités de crème et de beurre, en évitant les juxtapositions baroques de goûts et de textures, et en servant de petites portions disposées avec raffinement.

4

DÉCEMBRE

LES *RÖSTI*

Dans les villages et les petites villes des Alpes qui sont devenus, au fil du temps, de célèbres stations de sports d'hiver, on perçoit encore parfois l'âme d'une vie plus ancienne, plus simple : les prairies escarpées, couvertes de neige, où paissent les troupeaux en été ; les granges et les chalets qui tiennent encore bon après des siècles d'intempéries, d'histoires familiales, de fortune et d'infortune ; des maisons aussi robustes que des banques et beaucoup plus confortables.

Le ski, dans les Alpes, se pratique la plupart du temps au-dessus de la limite des arbres, dans des champs de neige immaculés, entourés de pics rugueux. L'air glacé vous frappe au visage ; la sensation grisante d'être très haut au-dessus d'une multitude de banalités s'impose à vous. Plus bas, vous apercevez les sapins, et quand vous les traversez, vous n'entendez que le doux glissement de vos skis sur la neige. Au bout d'un moment, devant vous à travers les arbres, apparaîtra la silhouette d'une bâtisse qui se révélera être un restaurant ou une auberge. Entrez : l'endroit explose de bruit et de chaleur, les tables sont noires de monde ; un parfum envoûtant, venu de la cuisine, emplit l'air. Sur la *karte* sont notés des soupes, des plats de viande prêts à vous réconforter ; et parfois aussi, modestement, ce modeste plat de pommes de terre sautées typique des montagnes, facile à réaliser mais insurpassable : les *rösti*.

RÖSTI

2 OU 3 POMMES DE TERRE (CHARLOTTE OU SAMBA), CUITES LA VEILLE EN ROBE DES CHAMPS
60 G (OU MOINS) DE LARD DE POITRINE TAILLÉ EN PETITS LARDONS
1 CUILLERÉE À SOUPE DE SEL
8 CL (OU PLUS) D'HUILE D'OLIVE OU (MEILLEUR MAIS MOINS DIÉTÉTIQUE) 60 G DE SAINDOUX

Épluchez les pommes de terre et râpez-les grossièrement. Mélangez-les aux lardons. Faites chauffer l'huile ou le saindoux dans une grande poêle en fonte assez grande pour les contenir. Ajoutez les pommes de terre et le lard, en les retournant à plusieurs reprises afin qu'ils soient bien imprégnés d'huile. Faites cuire sur feu moyen en remuant fréquemment, jusqu'à ce que le lard soit cuit. Si les pommes de terre se dessèchent, couvrez la poêle. Au bout de quelques minutes, étalez les pommes de terre en forme de galette d'épaisseur régulière. Sur feu plus vif, faites cuire jusqu'à ce qu'une croûte dorée se forme sous la galette. Retournez celle-ci sur une assiette, côté doré vers le haut. Pour trois ou quatre personnes.

5 DÉCEMBRE

PAIN ET HISTOIRE

Le pain est normalement le seul aliment qui reste sur la table durant toute la durée du repas. Son nom est presque synonyme de nourriture et, par extension, de vie.

Le mot *lord*, en anglais, vient d'un terme anglo-saxon qui signifie « celui qui garde le pain » et *lady* vient de « celle qui pétrit la pâte ». En argot américain, *bread*, « pain », est l'équivalent de cette autre substance indispensable à la vie, l'argent. *Dough* (« pâte »), aussi, désigne communément l'argent, comme d'ailleurs « blé » en français.

Dans l'ancienne Rome, après les périodes maigres, les céréales étaient subventionnées ; plus tard, au temps de Jules César, elles furent même distribuées gratuitement à cent cinquante mille hommes adultes. Ces céréales furent finalement remplacées par des rations de pain gratuites, complétées de rations de saindoux et même de vin. À Rome, les céréales provenaient d'Égypte, de Sicile et d'Afrique du Nord, transitant par le port d'Ostie, puis chargées sur des barges sur le Tibre en direction de Rome.

Dans la Grèce antique, on transformait en pain plus de soixante-dix variétés de céréales. Mais aux XVIIe et XVIIIe siècles, en France, le bon pain coûtait cher, jusqu'à la veille de la Révolution française où le prix du pain représentait presque quatre-vingt-dix pour cent du salaire quotidien d'un ouvrier moyen.

6 DÉCEMBRE

LA COUPOLE

Quand la Coupole ouvrit ses portes en décembre 1927, douze mille bouteilles de champagne Mumm furent ouvertes pour célébrer l'événement. Les vingt-quatre piliers de la salle à manger avaient été décorés par des artistes locaux. Le restaurant, un ancien établissement de bois et charbon, était ouvert du petit déjeuner à bien après minuit et devint vite l'endroit où l'on allait pour voir et être vu. On disait, entre les deux guerres mondiales, « les gouvernements se font chez Lipp et se défont à la Coupole ».

Et nous ne parlons même pas des liaisons. Louis Aragon, cofondateur du mouvement surréaliste et amant de longue date de Nancy Cunard, rencontra Elsa Triolet au bar de la Coupole peu après son ouverture. Immédiatement attirée par lui, elle le poursuivit de ses assiduités à tel point qu'il la prit d'abord pour une espionne de la police. Ils se marièrent dans l'année. Plus tard, il écrivit : « Ma vie peut être résumée en un mot : Elsa. »

7

DÉCEMBRE

LES CUISINES DE L'INDE

Le sous-continent indien, avec une population de plus d'un milliard d'âmes et cent cinquante langages et dialectes, ne peut qu'avoir une grande diversité de plats et d'ingrédients qui varient selon les régions. Dans le Nord, où les températures vont de torrides en été à glaciales en hiver, les repas sont plus riches et plus lourds, tandis que dans le Sud, où il fait presque toujours chaud, on consomme moins de viande, trop riche pour la consommation quotidienne. Les différences tiennent aussi à la disponibilité des ingrédients, les régions côtières comptant davantage sur les poissons et les zones arides de l'intérieur consommant davantage de légumineuses pour leurs protéines. Le riz est présent sur tout le territoire, mais surtout dans le Sud, où il apparaît pratiquement à chaque repas.

Les restrictions alimentaires liées à la croyance religieuse établissent d'autres différences : entre les musulmans, à qui le Coran interdit l'alcool, et les hindous, qui ne mangent pas de bœuf parce que la vache est sacrée. Dans la population hindouiste même, les hautes et les basses castes ne mangent pas de la même façon. Les membres des hautes castes, dont font partie les brahmanes, sont souvent végétariens et ont tendance à sélectionner leurs aliments de façon à favoriser leur vie spirituelle et leur santé ; ils préfèrent donc les légumes et les fruits. Les castes inférieures, plus pauvres, mangent traditionnellement tout sauf du bœuf.

En général, la cuisine indienne préparée ailleurs qu'en Inde reflète plutôt les styles du Nord et notamment le *tandoori* du Pendjab, où les viandes sont marinées dans des pâtes d'épices puis rôties dans un four à bois en terre cuite. Elles sont servies avec un pain plat levé appelé *naan*. Les autres pains sont souvent non levés, comme le sont les *papadums*, sorte de galettes de lentilles que l'on fait frire dans l'huile ou rôtir au four jusqu'à ce qu'elles soient croustillantes.

En cuisine indienne, le terme « curry » désigne simplement une sauce, qui peut être douce ou très pimentée. L'ajout de lait de coco peut adoucir le feu d'un curry très épicé. Les recettes sont transmises de génération en génération, incluant des ingrédients courants tels que curcuma, cardamome, piments, coriandre, clous de girofle, gingembre, muscade et fenugrec, plante de la famille des légumineuses aux graines piquantes et aromatiques. Les épices sont grillées à sec puis moulues sur des plaques de granit à l'aide d'une autre pierre cylindrique, un peu à la manière d'un mortier et d'un pilon. La poudre de curry que l'on trouve dans les magasins occidentaux n'est qu'une approximation de ces mélanges.

Il n'est pas rare, en Inde, de se voir servir un repas sur un simple plateau de métal appelé *thali* ou sur une feuille de bananier servant d'assiette. Cette feuille est simplement pliée et jetée quand le repas est fini. Traditionnellement, on mange avec les doigts, uniquement ceux de la main droite car la gauche est considérée comme « sale » et réservée à des usages moins nobles. Il est très mal vu de saluer quelqu'un, ou même de payer, avec la main gauche.

Le breuvage universel est le *chai* — « thé » en hindi —, bouilli avec du lait, de l'eau et des épices telles que cardamome, gingembre, cannelle et girofle, et fortement sucré. Pour le refroidir plus vite et l'oxygéner, il est souvent versé d'un verre à l'autre en levant haut le bras.

8 DÉCEMBRE

LES HIVERS À ASPEN

8 décembre 1993. Encore un hiver parmi la vingtaine que nous avons passée à Aspen, et parmi d'innombrables dîners, celui-ci est resté dans les annales :

« Voilà, la saison commence. Encore très peu de neige. Une poignée de stars — Bruce Willis, Don Johnson, quelques autres — ouvrent un restaurant/lieu d'amusement appelé Planet Hollywood, à quelques pas de la Ute City Banque en allant vers la montagne. Ils paient un loyer de 25 000 dollars par mois (juste pour avoir un ordre de grandeur). Lorenzo et Joyce [Semple, des amis proches] sont venus dîner. Lorenzo, contrairement à son habitude, a bu deux bouteilles de vin et ne voulait plus repartir. Le vin était un chianti-classico 1989 de Ruffino. Il s'en était plaint avant de le déguster — tout le monde sait, disait-il, que le bon millésime est le 1990, mais très vite le vin a commencé à disparaître. Après dîner, nous avons regardé un film français, *Bleu*[1], réalisé par un Polonais. Images éblouissantes, contenu minime — totalement Aspen. »

9 DÉCEMBRE

CLARENCE BIRDSEYE

Le 9 décembre 1886, à Brooklyn, naît Clarence Birdseye. Après avoir quitté l'université faute de pouvoir en payer les droits d'inscription, il part pour le Labrador dans une expédition de

1. *Trois Couleurs : Bleu*, de Krzysztof Kieślowski.

trappage. Sur place, il s'aperçoit que les poissons congelés par le froid glacial après la pêche n'ont rien perdu de leur texture ni de leur goût après cuisson. En 1916, avec sa femme et leur jeune enfant, Birdseye retourne au Labrador. Ils ont apporté plusieurs barils de légumes frais, qu'ils trempent dans l'eau de mer, exposent au vent arctique, et réussissent à congeler.

La première usine de congélation mécanique avait été mise en service cinquante ans auparavant à Sydney, en Australie, et des navires frigorifiques chargés de viandes congelées sillonnaient déjà les océans, mais Birdseye fut le pionnier de la vente de produits surgelés aux consommateurs. Il créa une entreprise de congélation de poissons à New York City, qui échoua, mais en 1926 il en fonda une autre dans le Massachussetts : General Seafoods, plus simplement appelée General Foods.

En 1929, il était en mesure de vendre son entreprise pour la somme alors astronomique de vingt-deux millions de dollars et, en 1937, cinquante-sept produits congelés — légumes, fruits, viandes — étaient expédiés et vendus dans des emballages de carton ciré sous la marque Birdseye, qui devint synonyme de « surgelés ».

Les produits frais et les produits surgelés ont à peu près la même valeur nutritionnelle. Les petits pois surgelés, en fait, en ont davantage que les frais, puisqu'ils passent au congélateur immédiatement après leur cueillette, tandis que les petits pois frais cheminent plus lentement de la ferme au grossiste pour aboutir au magasin de détail, perdant leurs vitamines en route.

On peut congeler presque tout, sauf les œufs dans leur coquille. Plus rapide est la surgélation, meilleur sera le produit, car les minuscules cristaux de glace qui se forment à l'intérieur des aliments sont alors plus petits et affectent moins leur structure interne. Il en découle qu'il est préférable, chez soi, de congeler des petites quantités plutôt que des grandes. On recommande généralement de ne rien garder plus d'un an au congélateur, mais certains ingrédients — lait, lard, viande hachée, poisson, plats cuisinés — gagnent à être congelés encore moins longtemps.

10 DÉCEMBRE

AU CINÉMA

La nourriture apparaît plus rarement dans les films que la sexualité, mais on voit parfois au cinéma un repas précédant ou suivant celle-ci qui laisse au spectateur une trace plus profonde. Dans une scène inoubliable de *Tom Jones*, de Tony Richardson, Albert Finney et Joyce Redman dévorent un poulet avec avidité avant de se dévorer l'un l'autre avec la même gloutonnerie. Dans *La Main au collet*, d'Alfred Hitchcock, Grace Kelly, en dame beaucoup plus convenable, apparaît en gants blancs, son poulet dans un panier de pique-nique qu'elle porte au bras, et demande « l'aile ou la cuisse ? » de façon tout à fait charmante.

Des films dont la nourriture est le sujet central ont été réalisés dans le monde entier : en France *La Femme du boulanger* de Marcel Pagnol, au Danemark *Le Festin de Babette* de Gabriel Axel, au Japon *Tampopo* de Juzo Itami, au Mexique *Les Épices de la passion* d'Alfonso Arau, en Inde *Le Mariage des moussons* de Mira Nair, *La Grande Bouffe*, production franco-italienne de Marco Ferreri, en Grande-Bretagne *Life Is Sweet* de Mike Leigh et à Taïwan *Salé, sucré* d'Ang Lee. En Amérique, les réalisateurs qui ont contribué au genre ont joué sur toute la gamme, de *Diner* (Barry Levinson) à *À table* (Campbell Scott et Stanley Tucci) en passant par *My Dinner with André* (Louis Malle) et *Les Copains d'abord* (Lawrence Kasdan), deux films où la conversation à table est l'action principale, ou peu s'en faut. Et qui est capable de sortir d'une salle où l'on vient de projeter *Le Parrain* sans être pris d'une grosse envie de pâtes ? La longueur du film y est peut-être pour quelque chose.

11 DÉCEMBRE

LE KETCHUP

Le ketchup ou *catsup* a évolué au fil des âges jusqu'à contenir beaucoup moins d'ingrédients exotiques qu'il en comptait à l'origine. Il fut probablement inventé en Chine au début du XVIIe siècle ; appelé *ketsiap* en cantonais, c'était une sauce à base de vinaigre, d'épices et d'entrailles de poisson. Lorsqu'il fut introduit en Malaisie, il devint *ketchap* et voyagea avec des marins anglais jusqu'en Europe où les champignons remplacèrent bientôt les tripes de poisson dans sa composition. Les tomates ne furent ajoutées à la formule qu'à la fin du XVIIIe siècle. Il fut commercialisé pour la première fois aux États-Unis en 1876, et décrit par un fabricant comme « une vraie bénédiction pour maman et les autres femmes de la maisonnée ».

12

DÉCEMBRE

MADAME BOVARY

Gustave Flaubert, dont la première œuvre publiée fut le chef-d'œuvre *Madame Bovary*, naquit à Rouen un 12 décembre 1821 d'un père chirurgien.

Un passage de *Madame Bovary* met en scène le grand bal à la Vaubyessard, auquel sont invités Emma et son insipide médecin de mari par le marquis d'Andervilliers, propriétaire du château. Ce bal qu'elle n'oubliera jamais et qui bouleversera sa vie par son luxe et son raffinement.

Il commence par un dîner où les nombreux messieurs sont assis à une table et les dames à une autre, en compagnie du maître et de la maîtresse de maison et d'un vieux monsieur, le beau-père du marquis. Celui-ci mange comme s'il était seul, une serviette nouée autour du cou et la sauce lui coulant sur le menton. Il a pourtant, lui aussi, été un gentilhomme et, d'après une rumeur, il fut l'amant de la reine Marie-Antoinette.

Il y a des bouquets de fleurs, du cristal, de grandes assiettes et du beau linge. Des corbeilles de fruits, du homard, des cailles rôties, des truffes, du champagne, de l'ananas. Et plus tard, quand tout le monde est presque étourdi d'avoir tant dansé, un souper de potages, de viandes froides en gelée et de bons vins.

Le lendemain, de retour chez eux, Emma et son mari mangent de la soupe à l'oignon et une pièce de veau froid. Le souvenir de ce bal est encore vivace ; il lui perce le cœur. La robe qu'elle portait, ses souliers de satin dont les semelles sentent encore l'encaustique du parquet de la salle de bal sont soigneusement, dévotement, rangés pour ne plus jamais resservir.

La nostalgie de ce monde de luxe et de volupté qu'elle vient d'entrevoir ne la quittera jamais. Il orientera fatalement le reste de sa vie et sa mort.

13
DÉCEMBRE

LE PREMIER REPAS

Le chef, à coup sûr, n'est plus le même que celui qui prépara notre premier repas mangé ici ensemble, il y a plus de trente ans. Mais Tante Louise est toujours là et elle se porte bien — Tante Louise, cette imitation d'auberge rurale française, cette anomalie au coin d'une avenue commerçante dans la partie Est de Denver. Elle s'est élevée socialement depuis notre première visite ; elle est devenue plus chic et a gagné quelques médailles pour l'excellence de son menu et l'étendue de sa cave.

Je ne me souviens de rien de ce que nous avions mangé ce premier soir. Je ne pensais pas vraiment au contenu de mon assiette. Nous avions bu un verre, et après dîner nous étions allés au cinéma. Quel film ? Je ne m'en souviens pas non plus. L'homme assis en face de moi était tout pour moi. J'étais jeune et encore trop inexpérimentée pour avoir de la conversation. Nous avions parlé de l'Europe, qu'il connaissait intimement : Rome, Paris, Londres, Barcelone... Un monde dont je n'avais aperçu que des bribes au cours d'un voyage d'étudiante et que je désirais tant connaître.

Ce fut le premier de milliers de repas — chez nous, à l'étranger, dans des restaurants élégants ou des bouis-bouis inoubliables. Toute une vie de repas. Il m'a toujours dit que la conversation — dont la majeure partie se passe à table — était l'essence d'une vie à deux. J'ai appris à parler.

K. S.

14 DÉCEMBRE

LA *FRITTATA*

On peut faire réchauffer les pâtes le lendemain, soit en les faisant dorer à l'huile d'olive, soit en les ajoutant à une omelette, même si, comme le souligne Marcella Hazan, un reste de pâtes est un ingrédient rare. Il est même intéressant, dit-elle, de faire cuire des spaghetti spécialement pour une *frittata*, qui est une omelette italienne cuite des deux côtés sur feu doux ; une sorte de gâteau d'œufs dont les diverses garnitures permettent à la cuisinière de donner libre cours à sa créativité.

FRITTATA

1 ŒUF PAR PERSONNE
PARMESAN REGGIANO FRAÎCHEMENT RÂPÉ
SEL, POIVRE DU MOULIN
HERBES FRAÎCHES
HUILE D'OLIVE
GARNITURE : PÂTES CUITES DE LA VEILLE, LÉGUMES, FRUITS DE MER, JAMBON, OU TOUT RESTE QUE VOUS AVEZ SOUS LA MAIN (SI VOUS UTILISEZ DES SPAGHETTI, MÉLANGEZ-LES AVEC DU BEURRE JUSTE APRÈS L'ÉGOUTTAGE AFIN DE LES EMPÊCHER DE COLLER ENSEMBLE)

Battez les œufs dans un bol, ajoutez les autres ingrédients et mélangez bien. Versez dans une poêle chaude contenant de l'huile d'olive. Faites cuire sur feu très doux, en soulevant doucement les bords afin de laisser l'œuf cru tomber au fond de la poêle. Lorsque le dessous de la *frittata* est ferme et doré, retournez-la pour faire dorer l'autre face. Si vous voulez, vous pouvez passer la poêle sous le gril du four, mais n'attendez pas que l'omelette prenne trop de couleur. Coupez-la en tranches et servez immédiatement, ou servez plus tard à température ambiante.

15
DÉCEMBRE
LES BOUGIES

Le plus simple des repas prend une autre dimension lorsqu'il y a des bougies sur la table. Plus il y en a, mieux c'est, bien qu'il convienne d'éviter la surenchère. À Aspen, il y avait une dame qui désirait organiser un dîner très raffiné. Elle se rendit à Wax and Wicks, le magasin de bougies local. Elle voulait acheter des bougies par douzaines, mais celles que lui montra le commerçant étaient trop chères pour elle. Il lui en montra d'autres. Non, celles-ci aussi étaient trop chères. En avait-il encore d'autres moins onéreuses ? Il lui apporta ce qu'il avait de plus bas de gamme. Il n'avait vraiment rien de moins cher ? « Désolé, madame, répondit-il froidement, nous ne louons pas de bougies. »

16
DÉCEMBRE
DELMONICO'S

Le 16 décembre 1835, un incendie anéantit une bonne partie du sud de Manhattan, dont un restaurant qui sera ensuite reconstruit non loin de là. Il deviendra le restaurant du siècle, non seulement à New York mais pour tout le pays. Fondé par deux frères d'origine suisse et portant leur nom, Delmonico's fut acclamé, beaucoup imité mais jamais égalé. Il suivait le principe des restaurants européens qui offraient un menu varié au lieu du menu fixe proposé habituellement par les restaurants américains ; et ce menu alla jusqu'à compter trois cent quarante plats.

Chez Delmonico's, la cuisine comme le service étaient extraordinaires et le décor somptueux. Il y avait des lustres argentés, des orchestres, des salons tendus de satin. Le restaurant employait des chefs français et avait son propre jardin potager pour garantir la fraîcheur des produits. Les caves regorgeaient des meilleurs vins. La maison ne vit jamais ses prix élevés comme un problème ;

ils contribuaient même à son attrait auprès des clients. À l'apogée du restaurant, vers la fin du XIXe siècle, Delmonico's avait quatre adresses en ville et sa clientèle provenait de la crème de la haute société — hommes d'affaires, stars, artistes. Charles Dickens y mangea au cours de son voyage en Amérique, et le nom de Diamond Jim Brady[1], prodigieux glouton de l'époque, reste intimement lié à celui du restaurant.

À la longue, des différends entre les héritiers eurent raison de Delmonico's, et la Prohibition, en 1920, acheva de lui régler son compte. Le nom du restaurant était depuis si longtemps synonyme d'excellence que la justice décida qu'il faisait partie du langage courant et que chacun pouvait l'utiliser comme bon lui semblerait.

LA BOSTON TEA PARTY

C'est un 16 décembre 1773 que fut servi le thé le plus célèbre de l'histoire, dans le port de Boston, par des colons déguisés en Indiens. Irrités par la décision qu'avait prise le Parlement anglais de court-circuiter les intermédiaires américains dans le commerce du thé, ils jetèrent trois cargaisons entières — soit trois cent quarante-deux caisses — de thé anglais par-dessus bord. L'un de ces « Indiens » était Paul Revere[2], dont la chevauchée historique, deux ans plus tard, est censée avoir inspiré une recette de lapin de garenne imprimée dans l'un des tout premiers livres de cuisine parus aux États-Unis.

17 DÉCEMBRE

AMPHOUX

Au tout début du XIXe siècle, Mme Amphoux possédait une fameuse distillerie à la Martinique. Elle y produisait des liqueurs de cacao, de café et de vanille. L'étiquette de ces liqueurs portait son

1. Voir le 12 août.
2. Voir note du 10 mai.

nom ; et bien qu'il n'existe pas encore de restaurant chic appelé Amphoux, on se dit toujours qu'il devrait y en avoir un.

18
DÉCEMBRE

LES SALLES À MANGER

18 décembre 1902 : tous les membres du cabinet du président Theodore Roosevelt, assis dans la State Dining Room — la grande salle à manger —, lèvent leur verre et portent un toast à la nouvelle Maison-Blanche. La rénovation vient juste d'être achevée ; les appartements ont été agrandis de façon à héberger Mme Roosevelt et ses six enfants, et les parties publiques ont été réorganisées et remises à neuf.

Lorsque Thomas Jefferson était président, il avait installé son bureau dans la State Dining Room et y laissait son oiseau moqueur apprivoisé y voleter à loisir. Plus tard, Andrew Jackson, habitué à la rude vie militaire, n'en jugea pas moins nécessaire de faire transférer les écuries hors de vue des fenêtres de la salle à manger afin d'éviter que l'odeur du crottin de cheval ne vînt perturber le fumet des plats. Roosevelt, lui, put couvrir les murs de ses trophées de chasse et n'eut plus besoin de faire renforcer les parquets chaque fois qu'il recevait à dîner.

La mode des salles à manger dans les demeures bourgeoises ne datait que du siècle précédent ; elle s'était d'abord imposée dans les manoirs ruraux de l'aristocratie anglaise, puis plus tard sous le règne de la reine Victoria. Avant cette époque, on mangeait dans la cuisine, à une table rangée contre le mur et que l'on tirait près de la cheminée à chaque fois qu'on s'en servait.

19
DÉCEMBRE

LE ROQUEFORT

Des trois grands bleus — roquefort, stilton et gorgonzola —, le roquefort est le seul à base de lait de brebis. C'est aussi celui qui a la plus longue histoire, laquelle remonte au moins au Iᵉʳ siècle de notre ère et à l'éloge que Pline l'Ancien en fit alors. Il est depuis toujours fabriqué au même endroit, dans les caves du Combalou, dans le Sud-Ouest. Sa création fut probablement accidentelle : un morceau de pain et un peu de fromage sec laissés ensemble dans des caves ont fait se développer la moisissure et l'ont communiquée au fromage.

Le roquefort était le fromage préféré de Charlemagne, et Casanova en vantait les vertus reconstituantes si on l'associait à un vin de Chambertin. Rabelais, qui exerçait la médecine dans cette région, se félicitait d'avoir toujours du roquefort à portée de main.

Pour obtenir la moisissure du roquefort, on procède encore comme à l'origine : on inocule une culture pure de *Penicillium roqueforti* à des morceaux de pain, puis on l'ajoute au fromage où elle se développe ensuite pendant des mois dans des caves.

Ces caves — on n'a jamais réussi à reproduire ailleurs les conditions qui leur donnent ces qualités — sont sillonnées de fissures qui permettent à l'air frais et humide de circuler, tandis que la température reste toute l'année à un niveau constant de 6 à 9 °C. À l'instar des vignobles les plus précieux, les caves sont régulièrement contrôlées par un groupement de plus d'une demi-douzaine de sociétés commerciales.

L'authenticité du roquefort est protégée depuis 1411 par un cahier des charges accordé au petit village de Roquefort-sur-Soulzon. Chaque fromage doit peser environ trois kilos et être estampé d'une brebis rouge. On peut l'acheter en portions préemballées, mais il n'est jamais meilleur qu'à la coupe.

L'inimitable Curnonsky, prince des gastronomes, recommandait d'accompagner un roquefort, à la fin d'un repas, d'une bouteille de clos-de-vougeot ou de château-haut-brion. Ce serait bête de le contredire.

20

DÉCEMBRE

UN DÎNER DE SKI DE FOND

En 1993, cinq jours avant Noël, nous avions organisé un grand dîner dans notre maison d'Aspen. L'événement avait commencé au crépuscule par un parcours de ski de fond derrière le lycée. À mi-parcours, nous avions disposé sur une table des petites pommes de terre au four, de la crème aigre et du caviar. Un lecteur de CD portatif jouait du Vivaldi. Il y avait aussi des glaçons, de la vodka et des bougies pour éclairer tout ça.

Tout le monde rentra chez nous bien rafraîchi par le froid ambiant. Nous étions quinze. Un bon feu flambait dans la cheminée. Sur le buffet se trouvaient du gravlax, du céleri rémoulade, une soupe froide de concombre et de la tapenade. Un peu plus loin sur la table, un tian de légumes trouvé dans *Les 200 Meilleures Recettes de bistrot* de Patricia Wells, et un hachis Parmentier. Au dessert, gâteau au chocolat, tarte aux poires et aux amandes, et café. Le vin était un côtes-du-rhône tout simple. Ce fut une soirée neigeuse et inoubliable.

La soupe froide de concombre est un de nos potages favoris ; nous la servons été comme hiver.

SOUPE DE CONCOMBRE

4 CUILLERÉES À SOUPE DE BEURRE
50 G D'OIGNON HACHÉ OU 2 BLANCS DE POIREAU COUPÉS EN FINES TRANCHES, PUIS HACHÉS
600 G DE CONCOMBRE LAVÉ, NON PELÉ ET COUPÉ EN PETITS CUBES
2 GROSSES POIGNÉES DE FEUILLES DE CRESSON
175 G DE POMMES DE TERRE CRUES COUPÉES EN PETITS CUBES
1 LITRE DE BOUILLON DE VOLAILLE
4 BRANCHES DE PERSIL PLAT
1 CUILLERÉE À CAFÉ DE SEL (À SUPPRIMER SI LE BOUILLON EST DÉJÀ SALÉ)
1 DEMI-CUILLERÉE À CAFÉ DE POIVRE NOIR DU MOULIN
1 DEMI-CUILLERÉE À CAFÉ DE MOUTARDE EN POUDRE (OU DE MOUTARDE DE DIJON)

50 CL DE CRÈME LIQUIDE ENTIÈRE
Pour garnir : ciboulette ciselée, concombre et radis hachés

Faites fondre le beurre dans une casserole et faites-y suer l'oignon ou le poireau jusqu'à ce qu'ils deviennent translucides. Ajoutez les autres ingrédients sauf la crème et les légumes pour la garniture finale. Portez à ébullition. Faites cuire 15 minutes sur feu doux ou jusqu'à ce que les pommes de terre soient tendres. Passez la soupe au mixeur, puis goûtez et rectifiez l'assaisonnement. Gardez-la au réfrigérateur pour bien la refroidir. (À ce stade, vous pouvez la garder au congélateur.) Avant de servir, ajoutez la crème et la garniture. Pour huit personnes.

21

DÉCEMBRE

LE PANETTONE

Le panettone, ce gâteau léger et savoureux qui symbolise Noël dans toute l'Italie, est une spécialité de Milan, dont il est originaire. Waverley Root, dont l'érudition en matière de cuisine italienne était admirable, y voyait le meilleur accompagnement qui soit pour le café du matin. En forme de dôme surhaussé, que certains considèrent comme un hommage aux dômes des églises milanaises, il contient du beurre, du lait, du sucre, des œufs, des raisins secs et des fruits confits en petits morceaux.

Dans les foyers d'Italie, la tradition veut que le chef de famille en coupe trois grandes tranches et que le reste de la famille mange un petit morceau de chacune pour favoriser la bonne fortune. Le duc de Milan en personne pratiquait jadis cette cérémonie chaque année.

Le mot « panettone » proviendrait de *pane*, « pain », et du suffixe *-tone* qui indique une grande dimension, mais cette étymologie ne fait pas l'unanimité. Le panettone doit être légèrement réchauffé afin que son bel arôme beurré se dégage, et il est aussi excellent grillé.

Si vous avez la chance de passer près d'une bonne boulangerie où l'on fabrique du panettone, profitez-en ; sinon, certaines marques en fabriquent des versions industrielles respectables. Si vous êtes à Milan aux alentours de Noël, allez à la Pasticceria Cova, où l'on dit que le panettone fut inventé, ou à la Pasticceria Ambrosiana, une des meilleures de la ville.

22
DÉCEMBRE

LE SUCRE D'ORGE

C'est en 1670, dit-on, que les sucres d'orge en forme de canne recourbée furent inventés par le maître de chapelle de la cathédrale de Cologne, qui les distribuait à ses petits choristes pour les calmer pendant les longues messes hivernales. Il leur donna la forme des crosses que portaient les bergers qui, selon l'Évangile de saint Luc, furent les premiers à entendre la bonne nouvelle de la naissance de Jésus. Plus de deux siècles plus tard, on ajouta à la recette de l'essence de menthe poivrée, et ces friandises trouvèrent leur aspect définitif bien connu, rayé de blanc et de rouge.

La colonne rayée de rouge et de blanc qui signale les échoppes de barbier ne s'inspire pas des sucres d'orge mais de sources bien antérieures. En Angleterre, jusqu'au milieu du XVIIIe siècle, la Guilde des chirurgiens et des barbiers pratiquait des saignées et des opérations chirurgicales, et leur enseigne symbolisait les chiffons ensanglantés qui séchaient au vent. En 1745, lorsque cette guilde se divisa, l'enseigne fut laissée aux barbiers, qui continuaient à se servir de lames tranchantes.

23
DÉCEMBRE

LE CHAMPAGNE

Le champagne était le vin de l'aristocratie russe et du champ de courses anglais, et grâce à l'ascension des classes moyennes, il devint le vin d'à peu près tout le monde. Stimulant *ab initio*, et stupéfiant après, il était beaucoup plus sucré autrefois qu'il ne l'est aujourd'hui : c'était un vin de dessert. Mme de Pompadour, favorite de Louis XV, l'adorait ; elle se sentait « pleine de beauté » quand elle en avait bu.

Originaire de la région de Reims, où depuis plus de mille ans on faisait déjà un vin blanc tranquille, il aurait acquis ses qualités effervescentes au XVIIe siècle. Selon la légende, un moine appelé dom Pérignon aurait laissé fermenter ce vin dans une bouteille bouchée.

L'élaboration du champagne a toujours été coûteuse et donc le prix du vin élevé. Le processus implique une première fermentation qui s'interrompt en hiver, toujours froid dans ces régions au nord-est de Paris. Le vin est mis en bouteilles, un peu de sucre est ajouté, et au printemps, malgré le fait que le vin est stocké au frais dans des caves souterraines à une température constante, quelque chose de magique se produit : une seconde fermentation en écho à la montée de la sève dans les arbres. Cette seconde fermentation en bouteille est décisive. Plus tard, la lie est minutieusement éliminée, une petite dose de sucre est encore ajoutée, et le bouchon caractéristique en forme de champignon et le muselet en fil de métal sont posés.

Fait en grande partie de cépage pinot noir, celui des grands bourgognes rouges, le champagne est de couleur pâle parce que les peaux des raisins sont vite retirées du moût avant le pressage. Cependant, le blanc de blancs est issu de chardonnay ou de pinot blanc.

Comme tous les vins blancs, le champagne — à l'exception des très grands crus — doit être bu relativement jeune, de préférence dans une flûte et non dans les coupes évasées qui provoquent la dissipation de la bulle. La bouteille doit être fraîche mais non glacée. Et comme tout vin, le champagne a des millésimes, des bons comme de moins bons.

Le champagne le plus sec est appelé « brut » ; ensuite viennent l'extra-dry, le sec et le demi-sec. Les plus gros calibres de bouteilles, comme en Bourgogne[1], portent de merveilleux

1. Comme, en réalité, tous les vins français.

noms bibliques. Après le magnum, qui contient deux bouteilles, on trouve :

Le jéroboam (quatre bouteilles)
Le réhoboam (six bouteilles)
Le mathusalem (huit bouteilles)
Le salmanazar (douze bouteilles)
Le balthazar (seize bouteilles)
Le nabuchodonosor (vingt bouteilles)

Balthazar était l'un des trois Rois mages, Nabuchodonosor un grand roi de Babylone qui conquit la Judée et détruisit Jérusalem quelque cinq cents ans avant Jésus-Christ.

24 DÉCEMBRE

LA VEILLÉE DE NOËL

Pendant des années, minuit était passé depuis longtemps quand nous finissions enfin de rassembler tous les jouets et d'entasser les paquets sous l'arbre que nous venions d'orner de guirlandes et de lumières. Le matin arrivait très tôt, comme il fallait s'y attendre. Il était consacré au long rituel d'ouverture des cadeaux dans une abondance de papiers froissés et de boîtes en carton ouvertes, et il n'était pas rare que nous ne sachions plus très bien, dans cette confusion, qui avait offert quoi à qui.

Maria, la femme de Peter Matthiessen, procédait différemment en vertu de ses origines allemandes. Noël était célébré la veille, le 24, avec de vraies bougies sur les branches du grand sapin. La soirée commençait par un bon dîner, puis se poursuivait par l'ouverture des cadeaux. Et tout le monde allait dormir complètement heureux.

Nous nous sommes mis à l'imiter ; nous avons même décidé d'agrémenter la soirée d'une lecture à voix haute, parfois juste en famille, parfois en invitant aussi des amis. La plupart du temps, nous lisions *A Child's Christmas in Wales* (*Un Noël d'enfant au pays de Galles*), le magnifique livre de souvenirs de Dylan

Thomas, différent de Dickens autant qu'il est possible mais si chaleureux et d'une langue si vivante qu'il peut rivaliser avec l'œuvre du maître.

Au réveillon, nous eûmes de la dinde et du pudding flambé,
Et après dîner, les oncles s'assirent devant l'âtre,
Se déboutonnèrent, posèrent leurs grandes mains moites
sur leurs chaînes de montre, gémirent un peu et s'endormirent...

Nous nous passions le livre, chacun en lisant un passage. Nous ouvrions les cadeaux — presque tous, pas tous — et, si la nuit était froide et sans nuages, nous sortions contempler les étoiles. Et après, au lit.

25 DÉCEMBRE

LE RÉVEILLON DE NOËL

Le réveillon de Noël que Scrooge, dans la nouvelle de Dickens *A Christmas Carol* (*Un chant de Noël*), imagine servi à la table de la famille Cratchit reste sans doute la plus fameuse description de repas de toute la littérature anglaise.

> Mme Cratchit préparait la sauce de l'oie... bien brûlante ; Maître Peter réduisait les pommes de terre en purée avec une énergie incroyable ; Miss Belinda sucrait la compote de pommes ; Martha époussetait les assiettes chaudes ; Bob fit asseoir Tiny Tim à son côté à un tout petit coin de la table ; les deux jeunes Cratchit garnirent la table de chaises pour tout le monde, sans oublier les leurs, et, tout en montant la garde chacun à son poste, se plantèrent des cuillères dans la bouche pour ne pas crier « De l'oie ! » avant que ce ne fût leur tour d'être servis. Enfin tous les plats furent portés à table et le bénédicité fut prononcé. Il fut suivi d'un silence ; tout le monde retenait sa respiration alors que Mme Cratchit, couvant son couteau à découper d'un lent regard qui partait du bout du manche pour atteindre la pointe de la lame, se préparait à le plonger dans la poitrine

de l'oie ; mais quand elle s'exécuta et que l'avalanche de farce que tout le monde attendait sortit d'un seul coup, un grand murmure de félicité s'éleva tout autour de la table ; et même Tiny Tim, excité par les deux jeunes Cratchit, frappa la table avec le manche de son couteau en criant faiblement : « Hourra ! »

26 DÉCEMBRE

LE *BOXING DAY*

Le *Boxing Day* ou lendemain de Noël, célébré en Angleterre, au Canada, en Australie et en Nouvelle-Zélande, est lié à l'ancienne fête de saint Étienne, le premier martyr chrétien, qui mourut lapidé. Si le jour de Noël est celui des échanges de présents entre membres d'une même famille, amis et collègues, le *Boxing Day* est le jour où le don suit une seule et même direction, des plus riches aux plus pauvres ou des patrons à leurs employés. Son nom évoque sans doute l'ouverture des boîtes à aumônes dans les églises pour distribuer l'argent aux nécessiteux.

Un célèbre cantique de Noël raconte l'histoire du bon roi Venceslas, le pieux souverain de l'actuelle République tchèque, assassiné par son frère en 929 et qui devint le saint patron de la Bohême. Un soir où il faisait très froid, il vit un de ses pauvres sujets ramasser du bois pour le feu. C'était la nuit de la Saint-Étienne. Il dit à un de ses pages :

Apporte-moi de la viande, apporte-moi du vin
Apporte-moi aussi des bûches de pin ;
Toi et moi, nous le verrons dîner
Quand nous les lui aurons apportés.

Alors que le jour de Noël se passe traditionnellement à la maison avec la famille proche, le *Boxing Day* est consacré aux visites aux grands-parents. Au lieu de la dinde ou du rôti de bœuf de la veille, les hôtes servent du jambon ou de l'agneau rôti.

27
DÉCEMBRE
LOUIS PASTEUR

Le vin est la plus saine
et la plus hygiénique des boissons.
Louis Pasteur

Louis Pasteur naquit à Dole, dans le Jura, le 27 décembre 1822. Avant de s'atteler aux moyens de rendre le lait consommable, il étudia, à la demande de Napoléon III, les causes de la dégradation du vin et de la bière, véritable désastre économique pour les producteurs français dans les années 1850. Pasteur identifia le problème comme étant d'origine bactérienne et découvrit que, si l'on chauffait les solutions sucrées initiales à 55 °C, les bactéries étaient éliminées et le problème avec elles. Ce procédé, qu'on appela plus tard pasteurisation, est à la base de la science microbiologique.

Un peu plus tard, il sauva l'industrie française de la soie en identifiant les vers à soie malades, ce qui permit de les séparer des vers sains, et plus tard encore il développa la théorie des microbes comme origine de certaines maladies, ainsi que des méthodes d'inoculation contre la rage, la tuberculose, le choléra et l'anthrax. Il mourut en 1895, à l'âge de soixante-douze ans, véritable héros national. Sa messe funéraire fut célébrée à Notre Dame de Paris et il fut inhumé dans une crypte à l'Institut Pasteur, qu'il avait fondé et dirigé, et qui continue d'être un centre de recherche d'importance mondiale sur les maladies infectieuses.

28
DÉCEMBRE
BOURGOGNE-CHAMBERTIN

1832 : le canal de Bourgogne est enfin ouvert au bout de plus de deux siècles de préparatifs et environ soixante ans de construction proprement dite. Pour la première fois, il est possible d'acheminer de façon régulière des vins de Bourgogne jusqu'à Paris.

Le cépage pinot noir produit certains des plus grands vins du monde dans les sols calcaires de la côte de Nuits, petite région au sud de Dijon et à l'extrémité septentrionale de la côte d'Or. L'un de ces vins est le chambertin. Il doit son nom à Bertin, propriétaire local qui, au Moyen Âge, cultivait des vignes dans son champ (d'où champ-Bertin) et leur appliquait les méthodes viticoles des moines des abbayes voisines.

Pendant des siècles, on produisit, sur ces vingt-huit hectares, un vin que Napoléon préférait à tout autre, au point, disait-on, d'ordonner aux troupes françaises de présenter les armes à chaque fois qu'elles passaient à côté du vignoble. Dumas écrivait : « Rien ne fait voir l'avenir couleur de rose comme de le contempler à travers un verre de chambertin ». Et Talleyrand, expert en bonne chère et en grands vins, adoptait une approche plus moderne : « Quand on vous sert un tel vin, on prend le verre avec respect, on le contemple, on le respire, après quoi on le pose et on en parle. »

29

DÉCEMBRE

MME DE POMPADOUR

Une petite fille que l'on baptisa Jeanne Antoinette Poisson naquit le 29 décembre 1721 dans une famille de bourgeois parisiens. Plus tard, elle deviendrait la maîtresse de Louis XV, qui la fit marquise de Pompadour, et pendant plus de vingt ans son influence sur le roi et le gouvernement resta inégalée.

Très tôt, elle avait appris qu'on tient les hommes par le sexe et la bonne cuisine, et elle fit bon usage de l'un et de l'autre. Intelligente, élégante, elle organisait pour le roi des dîners intimes et s'entourait d'écrivains et d'artistes de premier plan — Voltaire, Helvétius, Boucher… On disait d'elle qu'elle avait reçu une éducation accomplie en tout, sauf en morale, qui l'aurait empêchée d'arriver à ses fins. Quand, selon la description du temps, elle ne fut « plus apte à l'amour », elle s'arrangea pour faire accomplir cette tâche par des femmes plus jeunes, et resta ainsi indispensable au roi et sa plus proche confidente. Elle mourut à quarante-deux ans.

« ... Le roi éprouve une grande privation, écrivit Voltaire ; il était aimé pour lui-même par une âme née sincère, qui avait de la justesse dans l'esprit et de la justice dans le cœur ; cela ne se rencontre pas tous les jours. »

Cette opinion n'avait rien d'universel. Diderot, de son côté, observait : « Madame de Pompadour est morte. Que reste-t-il donc de cette femme qui nous a tant coûté en hommes et en argent, nous a laissés sans honneur ni énergie, et qui a renversé tout le système politique de l'Europe ? »

30 DÉCEMBRE

LE COULIBIAC

30 décembre 2000. Craig Claiborne écrit : « Le coulibiac est le plus grand plat du monde, il n'y a rien qui lui soit comparable. » Un merveilleux pâté, ou tourte, contenant du saumon, des champignons, des oignons, du riz, des œufs durs et de la *vésiga* ou *vyaziga*, moelle épinière d'esturgeon séchée, réputée apporter une qualité particulière de goût et de texture, sans toutefois être essentielle, arrive à table dans une croûte dorée.

Le *coulibiac*, *coulibiaca* ou *koulibiaca* fut créé au XIXe siècle ; il fut servi au tsar par le grand chef français Édouard Nignon, qui durant sa longue carrière avait aussi été chef pour l'empereur d'Autriche et pour le président Woodrow Wilson. La préparation était compliquée, mais Claiborne était formel : il n'existait rien de comparable, ni oie, ni dinde, ni gibier, ni rien d'autre. « Bénie soit la table de fête où trône un coulibiac. »

Nous décidâmes d'exécuter sa recette pour le réveillon du Nouvel An.

Le lendemain soir, nous étions trois couples en tenue de soirée. Nous avons bu du champagne, parlé, grignoté des petits fours. Il n'y eut pas d'entrée. Claiborne nous avait dit qu'il ne pensait pas qu'on puisse faire précéder un coulibiac par quoi que ce soit, sinon par du caviar.

Nous avions travaillé sur ce plat pendant deux jours. Il fut porté à table dans une croûte blonde où l'on pouvait lire le millésime qui s'annonçait, 2001, en relief sur la pâte. La dernière demi-tasse de beurre fondu fut versée à l'intérieur par un trou que nous avions ménagé dans la pâte pour laisser échapper la vapeur.

C'était une vision impressionnante. Le coulibiac était assez gros pour nourrir douze personnes, ainsi que nous pûmes le constater, et il sentait très bon. Un fumet délicieux emplit la pièce alors que nous le découpions en tranches généreuses. Nous n'avions pas mis de *vésiga*, ou *vyaziga*, surtout parce que nous n'en avions pas trouvé. Personne ne s'en aperçut. Le coulibiac était extrêmement riche, et même quand les invités s'en furent resservis, il en restait encore pour deux repas.

Dans le second volume des *Âmes mortes*, le chef-d'œuvre de Gogol, se trouve un passage où Tchitchikov, le héros à la moralité douteuse, va à la pêche et fait la rencontre d'un propriétaire terrien nommé Pétoukh. Pétoukh est un gourmand dont la vie entière tourne autour de la nourriture, et après un grand dîner donné chez lui, Tchitchikov entend son hôte donner des instructions à un domestique pour les délices du lendemain :

« "Et pour la tourte au poisson, dit Pétoukh, tu la feras carrée… Dans un angle, tu mettras des joues et de la moelle épinière séchée d'esturgeon ; dans un autre, du sarrasin, des petits champignons, de l'oignon, puis de la laitance, de la cervelle, et puis… et puis… enfin, tu sais ce que je veux dire… Aie soin que la croûte soit bien colorée par un bout et plus pâle de l'autre…" Ce disant, Pétoukh claquait de la langue et se pourléchait les babines. »

Nous n'avions besoin d'aucune aide pour identifier ce qu'il décrivait.

31
DÉCEMBRE
REPAS MAGNIFIQUES

Parfois, on oublie. Voici le menu que nous avions établi il y a quelques années :

RÉVEILLON DU NOUVEL AN — 1986

Saumon fumé d'Écosse

Pâté de campagne (veau et porc)

Pâté de foies de volaille maison

Risotto con funghi

Salade de cœurs d'artichaut, d'épinards, d'endives et de romaine

Sorbet Campari-orange

Desserts et liqueurs

Vin : château-duhart-milon rothschild 1976

La préparation du dîner nous avait pris un jour et demi, mais d'une part c'était pour le Nouvel An, et d'autre part deux cuisiniers excellents, quoique amateurs, figuraient parmi les invités ; donc cela en valait largement la peine. Comme nous nous étions mis à table tard, la nouvelle année était déjà là quand nous avions porté un toast. Le sol était couvert de neige, la nuit était sombre et lumineuse. Le château-duhart-milon est un quatrième grand cru classé, mais à le boire, on aurait dit un premier. Une telle soirée n'a pas de prix.

TABLE DES RECETTES

ENTRÉES

PLATS

POULET MARENGO	14 juin
RISOTTO ALLA PARMIGIANA	4 novembre
RÖSTI	4 décembre
SPAGHETTI ALLA CARBONARA	29 janvier

SAUCES

MAYONNAISE	7 juillet
SAUCE BÉCHAMEL	9 novembre
VINAIGRETTE FAVORITE D'ALEXANDRE DUMAS	27 mai
VINAIGRETTE MAISON	23 mars

DESSERTS

FIGUES AU WHISKY	25 août
FRAISES À LA CUSSY	17 juin
MARRONS CHAUDS	31 octobre
PÊCHE MELBA	19 mai
SALADE DE FRUITS FRAIS *VOTRE DÉVOUÉ SERVITEUR*	13 avril
SORBET À L'ANANAS	11 janvier
TARTE AUX MYRTILLES	22 juin

BOISSONS

BELLINI	11 août
BLOODY MARY	29 juin
CAFÉ AU LAIT	27 mars
DAÏQUIRI	21 juillet
MARTINI	22 février / 23 juillet

RÉALISATION NORD COMPO À VILLENEUVE D'ASCQ
NORMANDIE ROTO IMPRESSION S.A.S À LONRAI
DÉPÔT LÉGAL : OCTOBRE 2015 N° 123484 (1503911)
IMPRIMÉ EN FRANCE